손금해석의 정석

生老病死

手相解釋의 定石

太陽丘　木星丘
幸運線　頭腦線
感情線
生命線
月丘　金星丘

大韓國人 安重根

地平 編著

손금해석의 정석

초   판 발행일   2017년 7월 01일
리커버 발행일   2020년 1월 01일

지 은 이   지평地平 편저
펴 낸 이   김 민 철
펴 낸 곳   문 원 북
표   지   wellpine
디 자 인   황 지 영

등록번호   제 4-197호
등록일자   1992년 12월 5일
주   소   서울시 마포구 토정로 222 한국출판콘텐츠센터 422
대표전화   02-2634-9846   팩스 02-2365-9846
이 메 일   wellpine@hanmail.net
홈페이지   http://cafe.daum.net/samjai

ISBN 978-89-7461-392-1

이 책은 저작권법에 의해 보호를 받는 저작물이므로 저자와 출판사의 동의 없이 내용의 일부를 인용하거나 발췌하는 것을 금합니다.

※ 파손된 책은 구입처에서 교환해 드립니다.

手相解釋의 定石
손금해석의 정석

地平 編著

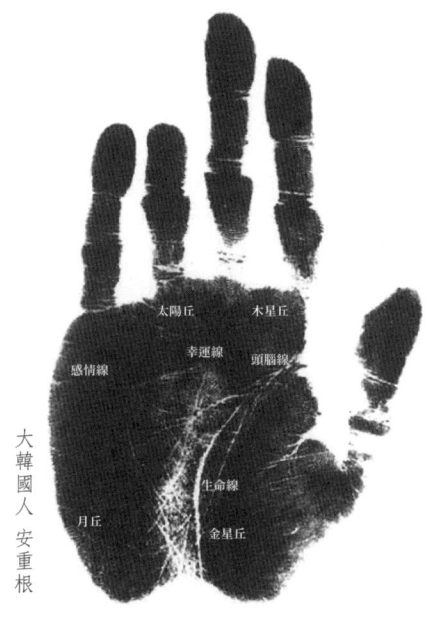

大韓國人 安重根

문원북 BOOK

머리말

　손금은 그 손을 가지고 있는 사람의 성품을 반영하는 거울입니다. 기본 선인 두뇌선, 감정선, 생명선, 운명선을 전체적으로 살펴보면 손금 주인을 이해할 수가 있습니다.

　이 책은 순서대로 읽으면 누구나 손금이 갖고 있는 여러 가지의 숨은 뜻을 해석하는 방법을 배울 수 있게 구성되어 있습니다. 처음 손금을 배우는 분이나, 쉽게 싫증을 내는 성격인 분은 응용 편인 제4장부터 읽어도 괜찮습니다. 제4장을 읽다 보며 자신에게 적용할 수 있는 부분을 발견하게 되고, 관심이 있는 선이나 표시를 앞쪽에서 다시 찾아 자세히 알아볼 수도 있습니다.

　얼굴이 똑같이 생긴 사람이 없는 것처럼 손금도 제각기 다릅니다. 간혹 아무리 공부해도 손금을 이해 못하겠다고 생각 할 수도 있습니다. 손에 있는 선은 주름으로, 매일 복잡하게 변화하기 때문에 전체를 완전히 이해할 수 없지만, 모르는 부분은 불가능한 것만 보지 말고 아는 것에 주

목하고, 이해된 것부터 차근차근 해석하고 손금주인과 이야기를 나누다 보면 시행착오를 거쳐 자기 것으로 만들 수 있습니다.

　손금은 세월과 함께 변화하면서 '운세는 변할 수 있다'고 알려 줍니다. 만약 불길한 표시를 발견했다면 화를 최소한으로 줄일 수 있는 현실적인 방법을 찾아 실행해야 합니다. 그리고 좋은 징조의 선을 발견했을 때에는 행운을 쟁취할 수 있도록 적극적으로 행동해야 합니다. 손금이 아무리 좋아도 집에 가만히만 있으면 아무 일도 일어나지 않습니다.

　취업난과 장기화된 경기 불황으로 연애, 결혼, 출산, 내 집 마련, 인간관계 등 5가지를 포기한 5포시대를 살고 있는 우리, 손금이 당신과 당신을 알고 있는 주변사람들을 인도해 주는 훌륭한 조타수의 역할을 하길 바랍니다.

지평 地平

목차

머리말 • 4

시작하기 전에
손금을 배우면 알 수 있는 것

손금을 배우는 이유는 무엇일까? ·· 14
4가지 기본선 이란 ·· 16
기본선의 위치 • 17

보조선이란 무엇을 말하는가 ·· 18
보조선과 표시 위치 1 • 19 | 보조선과 표시 위치 2 • 21
보조선과 표시 위치 3 • 23

유년법 ··· 24
생명선 유년을 보는 방법 • 25 | 운명선 유년을 보는 방법 • 26
태양선과 결혼선 유년을 보는 방법 • 27 | 두뇌선 유년을 보는 방법 • 28
감정선 유년을 보는 방법 • 29
손금해석 Tip 왼손? 오른손? 손금은 어느 쪽으로 볼까? • 30

제1장
9개의 구와 풀이방법

구를 통해 손금을 이해하자 ·· 32
구의 위치 • 33 | 목성구 • 34 | 토성구 • 34 | 태양구 • 35
수성구 • 35 | 금성구 • 36 | 월구 • 36 | 제1화성구 • 37
제2화성구 • 37 | 지구 • 38

6 손금 해석의 정석

구와 선의 관계 ··· 38
목성구의 영향을 받는 선과 표시 1 • 40
목성구의 영향을 받는 선과 표시 2 • 41
목성구의 영향을 받는 선과 표시 3 • 42
목성구의 영향을 받는 선과 표시 4 • 43
토성구의 영향을 받는 선과 표시 1 • 44
토성구의 영향을 받는 선과 표시 2 • 45
태양구의 영향을 받는 선과 표시 1 • 46
태양구의 영향을 받는 선과 표시 2 • 47
수성구의 영향을 받는 선과 표시 1 • 48
수성구의 영향을 받는 선과 표시 2 • 49
수성구의 영향을 받는 선과 표시 3 • 50
금성구의 영향을 받는 선과 표시 1 • 51
금성구의 영향을 받는 선과 표시 2 • 52
월구의 영향을 받는 선과 표시 1 • 53
월구의 영향을 받는 선과 표시 2 • 54
제1화성구의 영향을 받는 선과 표시 1 • 55
제1화성구의 영향을 받는 선과 표시 2 • 56
제2화성구의 영향을 받는 선과 표시 1 • 57
제2화성구의 영향을 받는 선과 표시 2 • 58
지구의 영향을 받는 선과 표시 1 • 59
지구의 영향을 받는 선과 마크2 • 60
손금해석 Tip 서양 손금의 기본은 구 • 61

제2장
4대 기본선을 풀이하자

기본선 ·· 64
기본선의 위치 • 65

두뇌선 ·· 66
두뇌선의 분류 • 67 ｜ 두뇌선의 중요 선의 형태와 표시 • 81

감정선 ·· 82
감정선의 분류 • 83 ｜ 감정선의 중요 선의 형태와 표시 • 98

운명선 ·· 100
운명선의 분류 • 101 ｜ 운명선의 중요 선의 형태와 표시 • 112
유년법으로 보는 운세의 변화 • 113

생명선 ·· 114
생명선의 분류 • 115 ｜ 생명선의 중요 선의 형태와 표시 • 125
유년법으로 보는 생명선의 표시와 선의 종류 • 126
생명선 안쪽, 금성구에 있는 선 • 127
손금해석 Tip 운명선이 없어도 괜찮아 • 128

제3장
기타 중요선을 살펴보자

보조선과 표시 ················· 130
대표적인 보조선 • 131

결혼선 ························· 132
결혼선의 분류 • 133 | 결혼선의 중요 선의 형태와 표시 • 142

태양선 ························· 143
태양선의 분류 • 144 | 태양선의 중요 선의 형태와 표시 • 150
유년법으로 보는 금전운과 성공운의 변화 • 151

재운선 ························· 152
재운선의 분류 • 153

금성대 ························· 158
토성고리 ······················· 160
태양고리 ······················· 161
신비의 십자선 ··················· 162
기타 신비의 십자선 • 163

태양십자선 ····················· 164
봉사십자선 ····················· 165
직감선 ························· 166
불심문 ························· 167
가족고리 ······················· 168
행운의 M ······················· 169
리더선 ························· 170

솔로몬 고리 …………………………………………………… 171
승운선 ………………………………………………………… 172
희망선 ………………………………………………………… 173
향상선 ………………………………………………………… 174
인내선 ………………………………………………………… 175
행운선 ………………………………………………………… 176
후원선 ………………………………………………………… 177
영향선 ………………………………………………………… 178
운명선 유년법으로 보는 만남운 • 179

여행선 ………………………………………………………… 180
방종선 ………………………………………………………… 181
장해선 ………………………………………………………… 182
건강선 ………………………………………………………… 183
단기선 ………………………………………………………… 184
반항선 ………………………………………………………… 185
사교선 ………………………………………………………… 186
설득선 ………………………………………………………… 187
애정선 ………………………………………………………… 188
생명선 유년법으로 보는 애정선 • 189

부동산선 ……………………………………………………… 190
절 기둥 ………………………………………………………… 190
의료선 ………………………………………………………… 191
손목선 ………………………………………………………… 191
손금해석 Tip 희미한 선이 뜻하는 것은? • 192

제4장
당신의 손금은 무슨 타입일까?

연애운과 결혼운 알아보기 ········· 194
만남의 시기가 다가오고 있는 시기 • 194 | 사랑에 적극적인 타입 • 196
사랑이 많은 타입 • 198 | 혼자서도 살아갈 수 있는 타입 • 200
웨딩마치가 얼마 남지 않은 상황 • 202 | 어릴 때 만나 일찍 결혼한 타입 • 204
늦게 결혼하는 타입 • 205 | 맞선에 맞는 타입 • 206
꽃 가마를 탈 확률이 높은 결혼 • 208 | 가정이 평안한 타입 • 209
자식 복이 많은 타입 • 210 | 결혼 상대의 부모와 관계가 좋다 • 212
파트너와 충돌하기 쉬운 타입 • 214 | 사랑에 소극적 타입 • 216
사랑에 실패하기 쉬운 타입 • 217 | 여러 번 결혼할 가능성이 높은 타입 • 218

금전운을 살펴보기 ········· 220
자산 운용이 능숙한 타입 • 220 | 상속문제로 가정불화가 발생할 타입 • 221
자력으로 부자가 될 수 있는 타입 • 222 | 낭비하는 타입 • 224
절약하는 타입 • 226 | 변통을 잘하는 타입 • 228

건강운을 살펴보기 ········· 230
나이를 먹어도 건강하고 파워풀한 타입 • 230 | 몸이 약한 타입 • 231
몸이 튼튼한 타입 • 232 | 기력이 좋은 타입 • 234
스트레스에 약한 타입 • 236 | 부인병 주의 • 237
내장이 피곤한 상태 • 238 | 호흡기 계통이 약해진 상태 • 239

직업운을 살펴보기 ········· 240
사업으로 성공하는 타입 • 240 | 직장을 옮기는 시기 • 241
출세하는 시기 • 242 | 세계무대에서 활동하는 타입 • 244
근속하기 어려운 타입 • 246 | 영업직에 잘 맞는 타입 • 247

사무직에 어울리는 타입 •248 | IT 관련업무에 잘 맞는 타입 •249
창의성을 요구하는 일에 잘 맞는 타입 •250 | 교사가 어울리는 타입 •251
의료인, 사회복지사가 잘 맞는 타입 •252 | 연구원, 과학자가 어울리는 타입 •253
금융업에 잘 맞는 타입 •254 | 통역사, 여행가이드가 잘 맞는 타입 •255
운명상담사가 어울리는 타입 •256 | 운동선수가 잘 맞는 타입 •257
연예인이 어울리는 타입 •258 | 공무원이 어울리는 타입 •259
헤어 디자이너가 어울리는 타입 •260 | 파일럿이 어울리는 타입 •261

손금으로 성격을 알아 보기 ·· 262
사교성이 좋은 타입 •262 | 기분파 타입 •263 | 덜렁거리는 타입 •264
성격이 급한 타입 •265 | 냉정한 성격의 소유자 타입 •266
자기중심적인 타입 •267 | 자기만의 세계를 갖고 있는 타입 •268
사람들의 사랑을 받는 타입 •269 | 낙천적 타입 •270
신중한 타입 •271 | 리더십을 발휘하는 타입 •272

손금해석 Tip 손금을 제대로 활용하는 방법 •274

선의 종류와 표시 ·· 275

시작하기 전에

손금을 배우면 알 수 있는 것

손금은 각각의 의미가 있습니다.
먼저 어떤 선이 있는지 알아 봅시다.

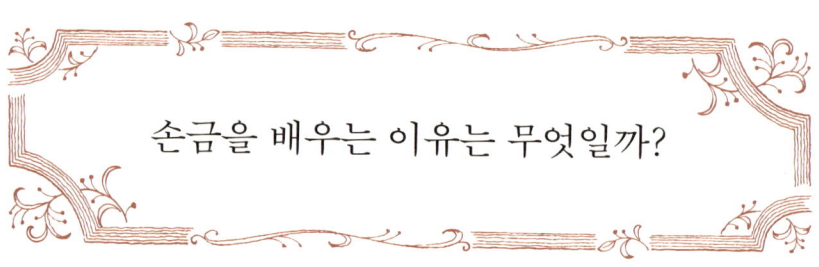

손금이 나타내는 것

손금은 사람의 얼굴과 같이 잘생긴 손금, 못난 손금이 있다 하기보다, 그 손을 가진 사람의 기질을 나타내는 것이라 할 수 있습니다. 손금을 통해 자신의 특징을 파악함으로써 운명을 개척할 수가 있습니다. 자신에게 닥쳐올 행복과, 불행을 예견함으로 정신적 안정과 경제적 안정을 얻을 수도 있을 것입니다.

손에 새겨진 선은 태어날 때부터 죽을 때가지 평생 변하지 않는 것이 아닙니다. 선이 어떻게 변화하는지에 따라 자신이 목표로 하는 방향을 결정하기도 하고, 기회를 잡기도 하며, 위험을 피할 수도 있습니다. 손금에는 현재의 의식과 운기, 건강 상태 등이 그대로 보여줌으로 현재의 손금을 통해 그 사람의 현재, 미래의 흐름을 예견할 수도 있습니다.

또한, 손금은 원만한 인간관계를 만드는 데에도 도움이 됩니다. '저 사람과 나는 잘 맞지 않는 것 같다', '저 사람이 무슨 생각을 하는지 도저히 모르겠다'는 등 누구나 인간관계에서 조금씩 고민을 가지고 있기 마련입니다. 부모님, 같은 환경에서 자란 형제자매라도 성격, 생각, 가치관의 차이로 받아들이기 힘들 때가 있습니다.

그래서 손금을 공부하면 상대방의 장점을 파악하고, 이견으로 함께하지 못하는 어쩔 수 없는 부분까지 이해할 수 있게 되면, 일상에서 받는 스트레스가 줄어들고 커뮤니케이션이 더욱 원활해질 것입니다. 또한 타인에게 객관적인 조언을 할 수 있고, 소중한 사람을 격려하거나 위로하는 데에도 손금에 대한 지식이 큰 도움이 될 것입니다.

구(丘)를 알자

손금을 배울 때는 손가락의 모양과 크기, 두뇌선, 감정선, 운명선, 생명선을 포함하는 4개의 기본선과 보조선, 손금이 뻗은 방향과 선의 진하기 등 모든 부분이 중요합니다. 기억할 것이 많아 보이지만, 기본은 심플합니다. 먼저 '9개의 구'를 기억하면 손금을 더욱 쉽게 해독할 수 있습니다.

9개의 구란 목성구, 토성구, 태양구, 수성구, 금성구, 월구, 제1화성구, 제2화성구, 지구로 분류되는 손바닥의 각 구역을 의미합니다. 반드시 도톰하게 부푼 곳만 구인 것은 아닙니다.

이 책에서는 이 9개의 구를 중심으로 손금을 공부할 것입니다. 제1장에서는 구의 위치와 의미에 대해, 제2장 이후에는 각 선에 대해 알아보도록 합시다. 처음에 구의 위치와 의미를 기억해 두면 그 구와 선의 관계를 통해 선의 의미를 쉽게 이해할 수 있습니다.

이 장에서 먼저 손에 있는 각 선의 명칭을 머릿속에 대강 입력한 후 다음 장부터 본격적으로 읽으시기 바랍니다. 손금 감정은 모든 손을 보는 것이므로 오른손과 왼손을 전부 살펴보겠습니다.

제4장은 응용 편. 연애, 결혼, 직업, 금전운, 건강 등 동서고금을 막론하고 변하지 않는 인류의 관심사에 대해 몇 가지 예를 들어 해설하겠습니다. 제3장까지 배운 지식을 활용하면 쉽게 이해할 수 있을 것입니다. 이 책을 통해 즐거운 마음으로 손금을 배우시기 바랍니다.

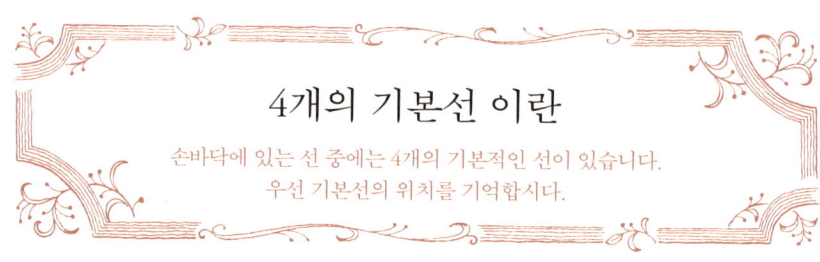

4개의 기본선 이란

손바닥에 있는 선 중에는 4개의 기본적인 선이 있습니다.
우선 기본선의 위치를 기억합시다.

손금의 4개의 기본선은 두뇌선, 감정선, 생명선, 운명선입니다. 이 중에서 운명선은 없는 사람도 많습니다만, 나머지 3개는 대부분의 사람들이 가지고 있습니다. 이 4개의 선을 기본선이라 하며, 손금을 볼 때 가장 중요한 선으로 기질의 60~70%를 파악할 수 있습니다. 먼저 기본선의 명칭과 대략적인 위치에 대해 알아봅시다. 기본선의 세부적인 분류는 2장에서 살펴보겠습니다.

또한, 기본선 이외의 선들은 모두 보조선의 표시입니다. 이는 모든 사람의 손에 있는 것이 아니라 있는 사람도 있고 없는 사람도 있습니다. 보조선의 세부적인 분류는 3장에서 살펴보고, 여기에서는 우선 그 명칭에 대해 알아봅시다.

감정선	두뇌선
새끼손가락의 아래에서 검지 쪽으로 향하는 선 애정, 감성, 타인을 대하는 법을 나타낸다.	검지와 엄지 사이에서 시작해 손바닥을 가로지르는 선 성격, 재능을 나타낸다.

생명선	운명선
검지와 엄지손가락 사이에서 손목 쪽으로 향하는 선 생명력, 건강 상태, 수명을 나타낸다.	시작점과 관계없이 중지 쪽으로 향하는 선 직업 타입, 운세의 흐름을 나타낸다.

기본선의 위치

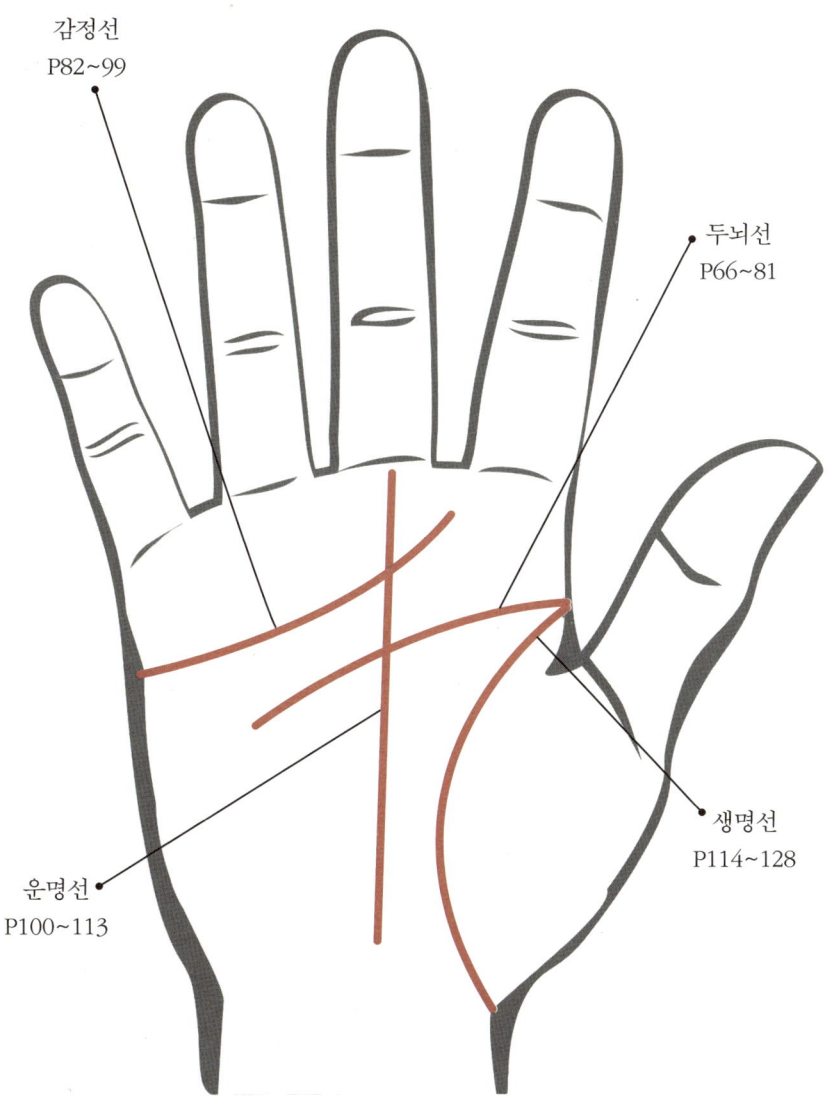

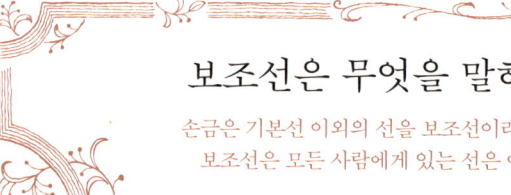

보조선은 무엇을 말하는가

손금은 기본선 이외의 선을 보조선이라 부릅니다.
보조선은 모든 사람에게 있는 선은 아닙니다.

재운선
재물운, 비즈니스 능력을 나타낸다.

태양선
성공운, 인기운, 재물운, 예술적 센스를 나타낸다.

결혼선
결혼, 만남 시기, 결혼생활 상태를 나타낸다.

태양환
예술적 센스, 화려함을 나타낸다.

토성환
고독한 성질, 감성의 예민도, 탐구심, 끈기를 나타낸다.

금성대
감수성, 미적 센스, 관능성을 나타낸다.

봉사 십자선
봉사 뜻 그대로 봉사정신을 나타낸다.

태양 십자선
예술적 정신을 나타낸다.

신비의 십자선
조상과 신의 가호, 영감, 신앙심을 나타낸다.

보조선과 표시의 위치 1

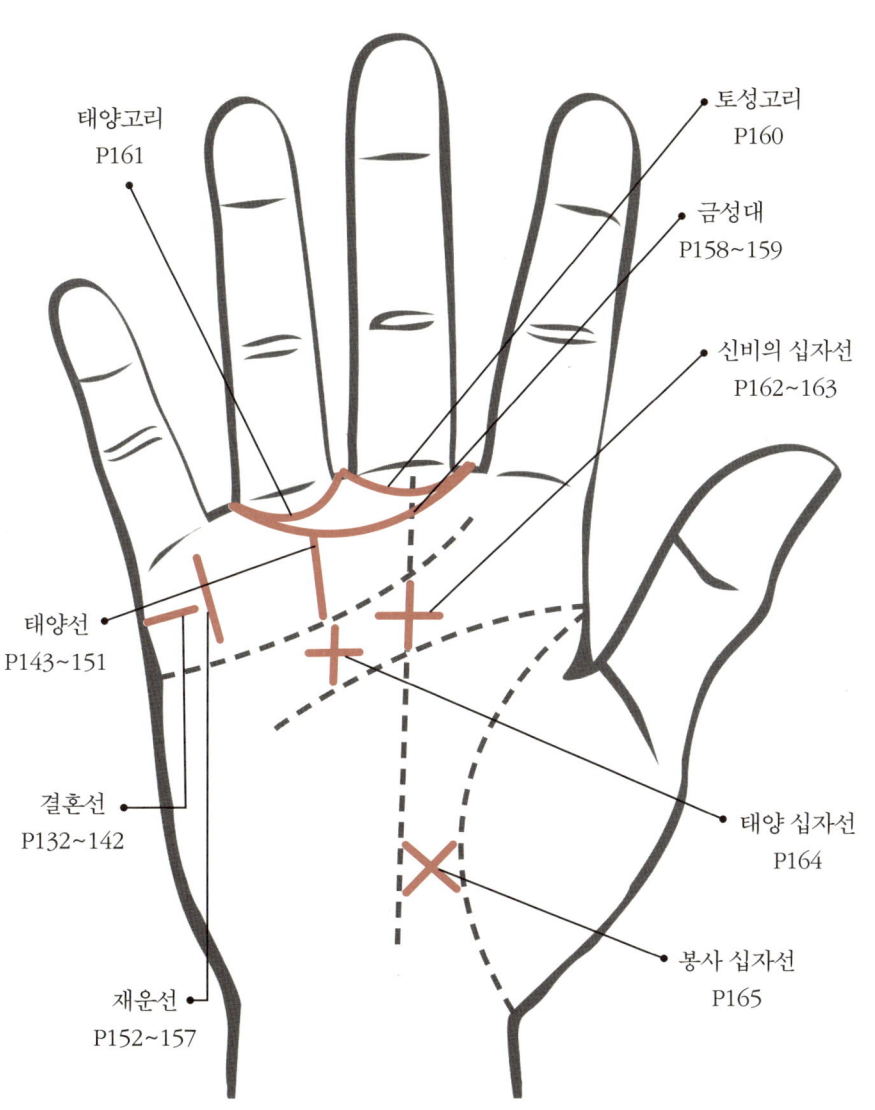

시작하기 전에 | 손금을 배우면 알 수 있는 것

행운의 M	가족고리
균형 있는 인격과 행운을 나타낸다.	가족과의 연을 나타낸다.
불심문	직감선
조상의 가호와 덕을 나타낸다.	직감력, 본질을 간파하는 힘을 나타낸다.
승운선	솔로몬고리
상승지향, 타인으로부터의 후원, 상승운을 나타낸다.	명예, 영향력, 지도력을 나타낸다.
리더선	인내선
리더십, 지도력, 관리능력을 나타낸다.	인내하고 성공하는 것을 나타낸다.
향상선	희망선
향상심, 상승지향을 나타낸다.	뜻, 꿈, 희망, 재물운, 야심을 나타낸다.
영향선	후원선
타인이나 결혼상대와의 만남에 대한 좋은 운을 나타낸다.	타인으로부터의 후원, 원조, 만남에 대한 운을 나타낸다.
행운선	
우연한 만남과 기회를 나타낸다.	

보조선과 표시의 위치 2

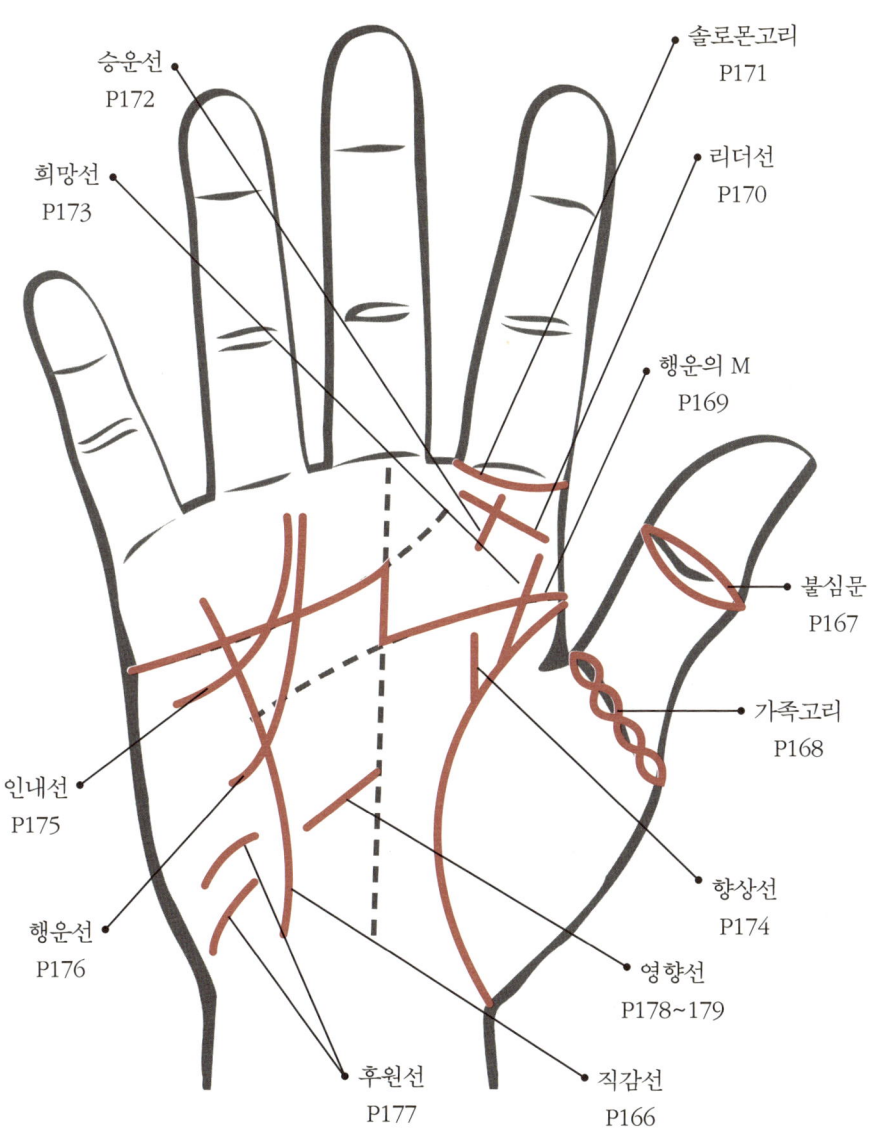

건강선	장해선
건강 상태를 나타낸다.	각 선의 에너지를 약화시키는 것을 나타낸다.

방종선	여행선
육체의 피로, 쇠약을 나타낸다.	여행, 해외와의 연, 독립운을 나타낸다.

사교선	단기선
협동성, 통솔력을 나타낸다.	적극성, 지기 싫어하는 성질을 나타낸다.

반항선	부동산선
자기주장의 강도를 나타낸다.	부동산으로 재산을 축적할 것인지를 나타낸다.

애정선	설득선
파트너, 가족과의 연을 나타낸다.	설득의 능숙도를 나타낸다.

손목선	의료선
건강 상태를 나타낸다.	타인에 대한 관찰력을 나타낸다.

만선(절 기둥)
조상과 인연, 조상의 보살핌, 부동산운을 나타낸다.

보조선과 표시의 위치 3

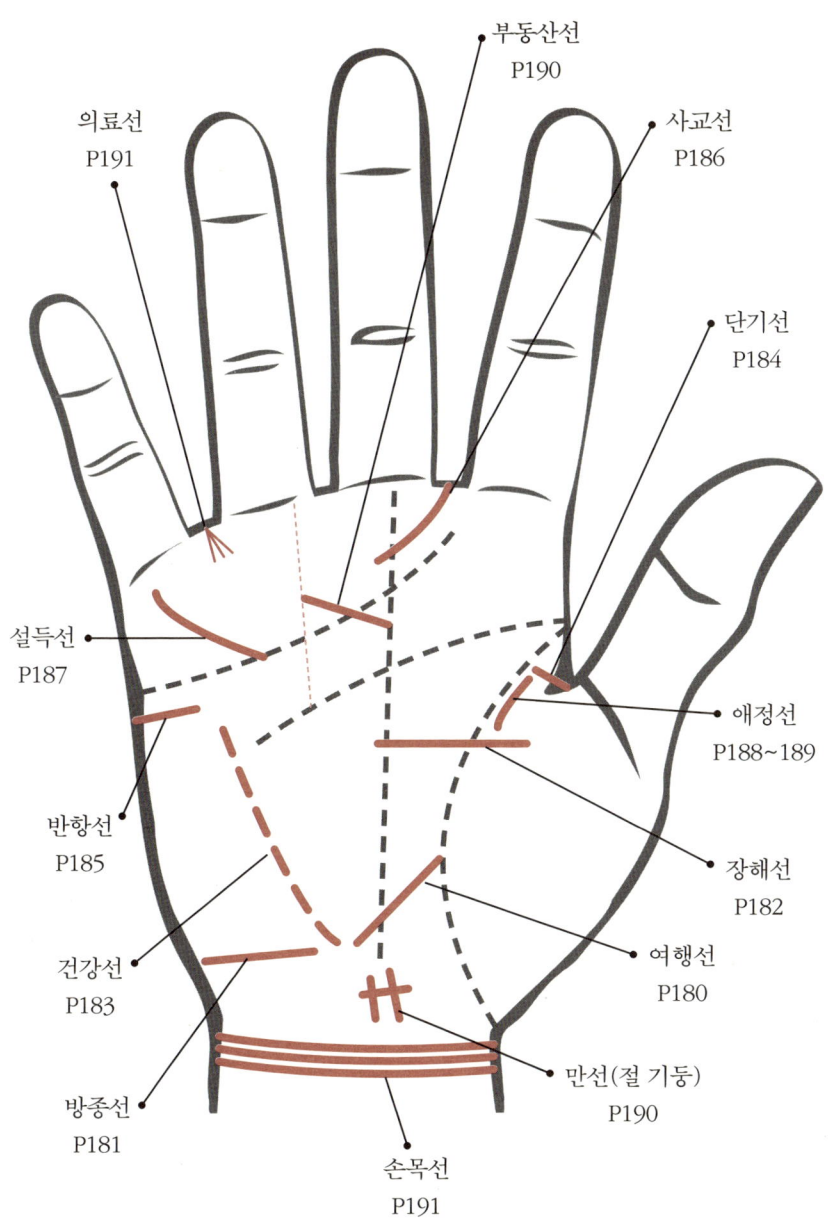

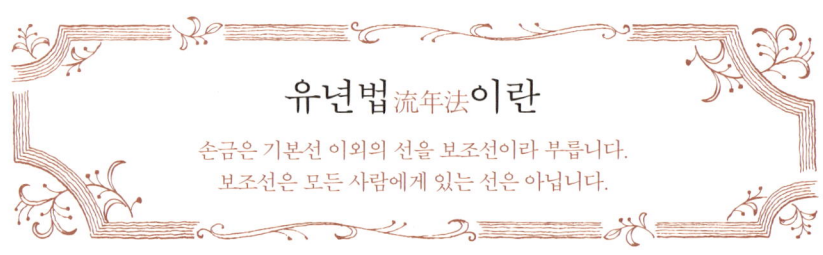

유년법流年法이란
손금은 기본선 이외의 선을 보조선이라 부릅니다.
보조선은 모든 사람에게 있는 선은 아닙니다.

　유년법이란 손금에 나이를 대입시켜 손금에 나타난 암시가 몇 살쯤 일어날지 예측하는 방법입니다. 유년법 중에서도 건강상태가 변화하는 시기를 나타내는 생명선과 운세가 변화하는 시기를 나타내는 운명선 유년법이 주로 사용됩니다. 예를 들어 선이 진하거나 이중인 시기는 해당 선이 강한 의미를 지니게 되고, 섬 무늬가 있는 시기는 사고가 일어날 확률이 높다고 봅니다. 이러한 시기에 나이를 견주어 대입시키면 몇 살 정도에 그 일이 일어날지 대략적으로 유추할 수 있습니다. 30세냐 31세냐 구체적인 나이에 얽매이기보다 전체적인 운기의 흐름을 파악해 대비하거나 기회를 살릴 수 있는 것이 중요합니다.

결혼선 유년법	운명선 유년법
이성과의 만남이 피크인 시기, 결혼에 적합한 시기를 봅니다.	직업운, 인생의 전환기가 도래하는 시기를 봅니다.

생명선 유년법	감정선 유년법
건강 및 운기의 상태가 변화하는 시기를 봅니다.	지선의 위치 등으로 애정운이 상승하는 시기나 어지러운 시기를 봅니다.

두뇌선 유년법	태양선 유년법
지선의 위치 등으로 의욕이 향상되는 시기나 고민하기 쉬운 시기, 비즈니스 찬스를 봅니다.	사회적인 평가 및 성공 시기를 봅니다.

생명선 유년을 보는 방법

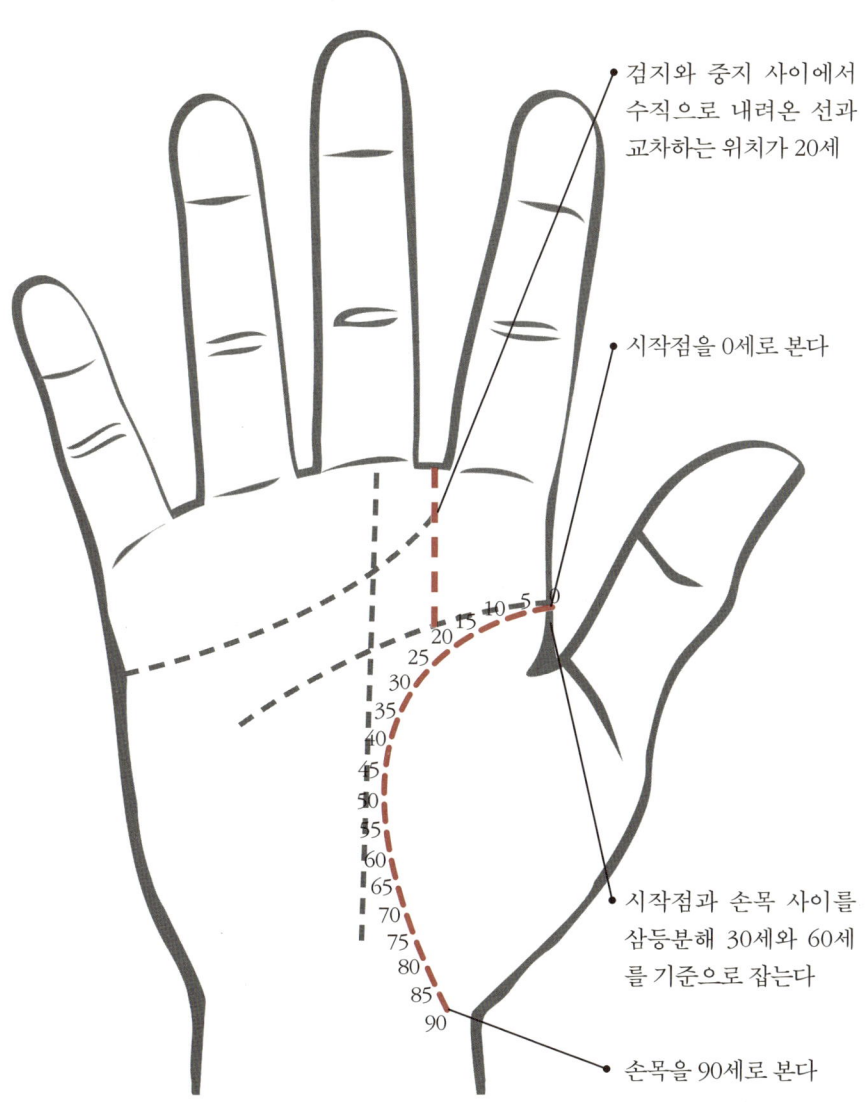

운명선 유년을 보는 방법

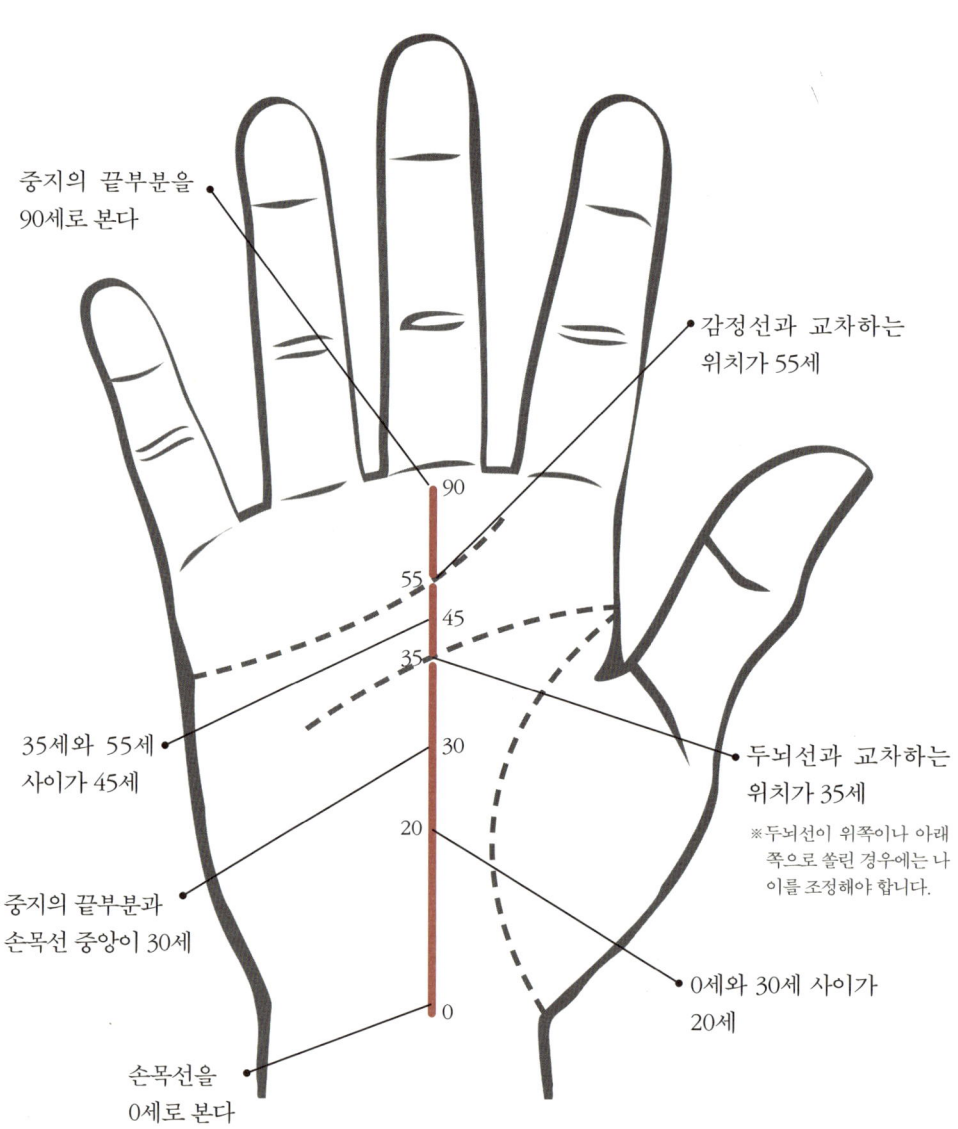

태양선과 결혼선 유년을 보는 방법

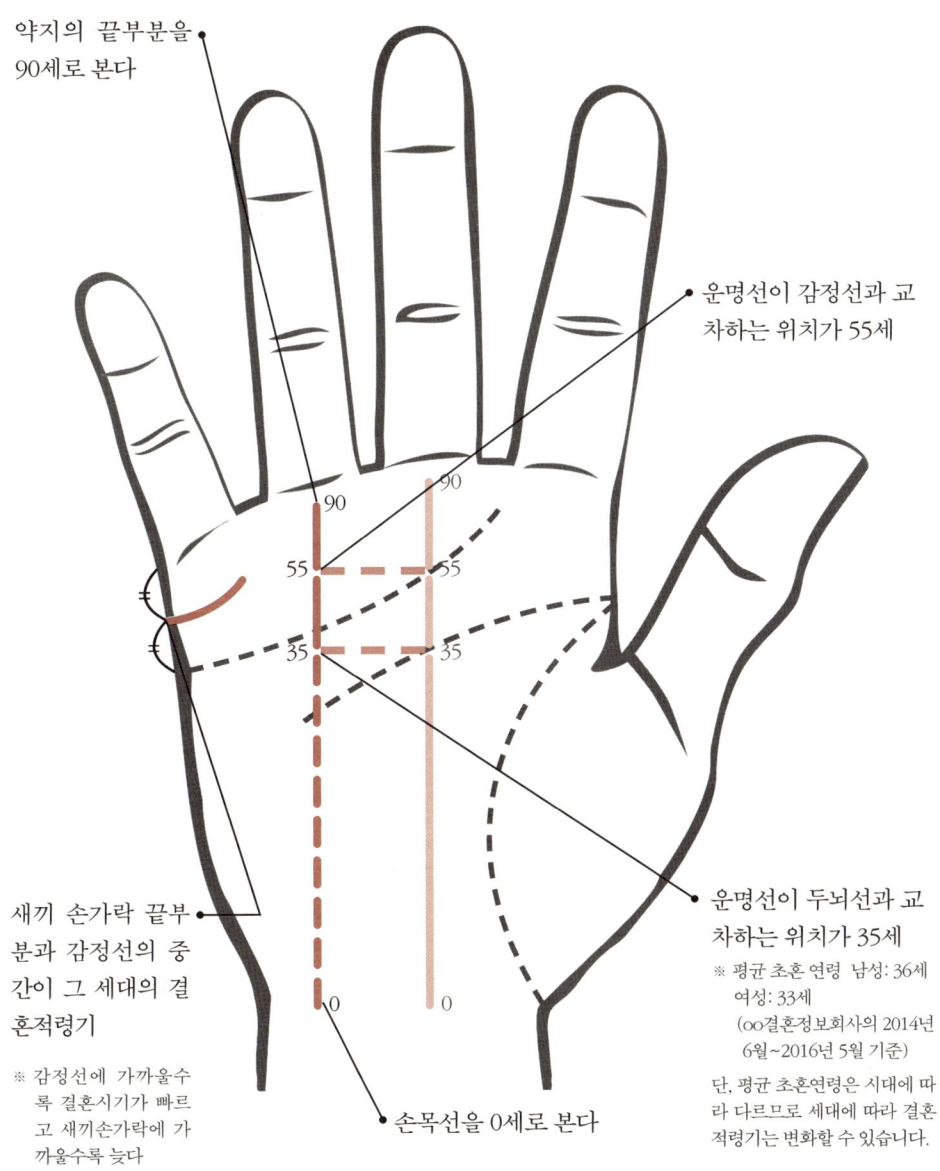

시작하기 전에 | 손금을 배우면 알 수 있는 것 27

두뇌선 유년을 보는 방법

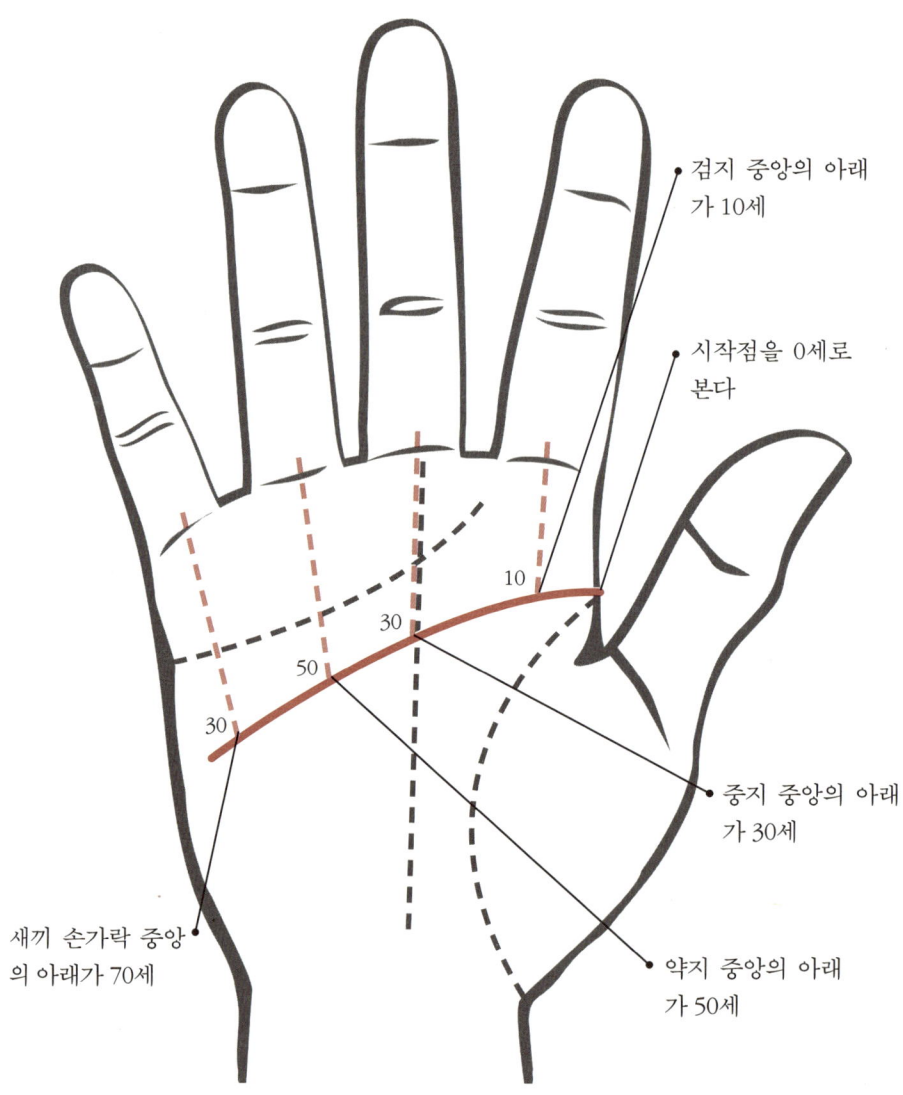

감정선 유년을 보는 방법

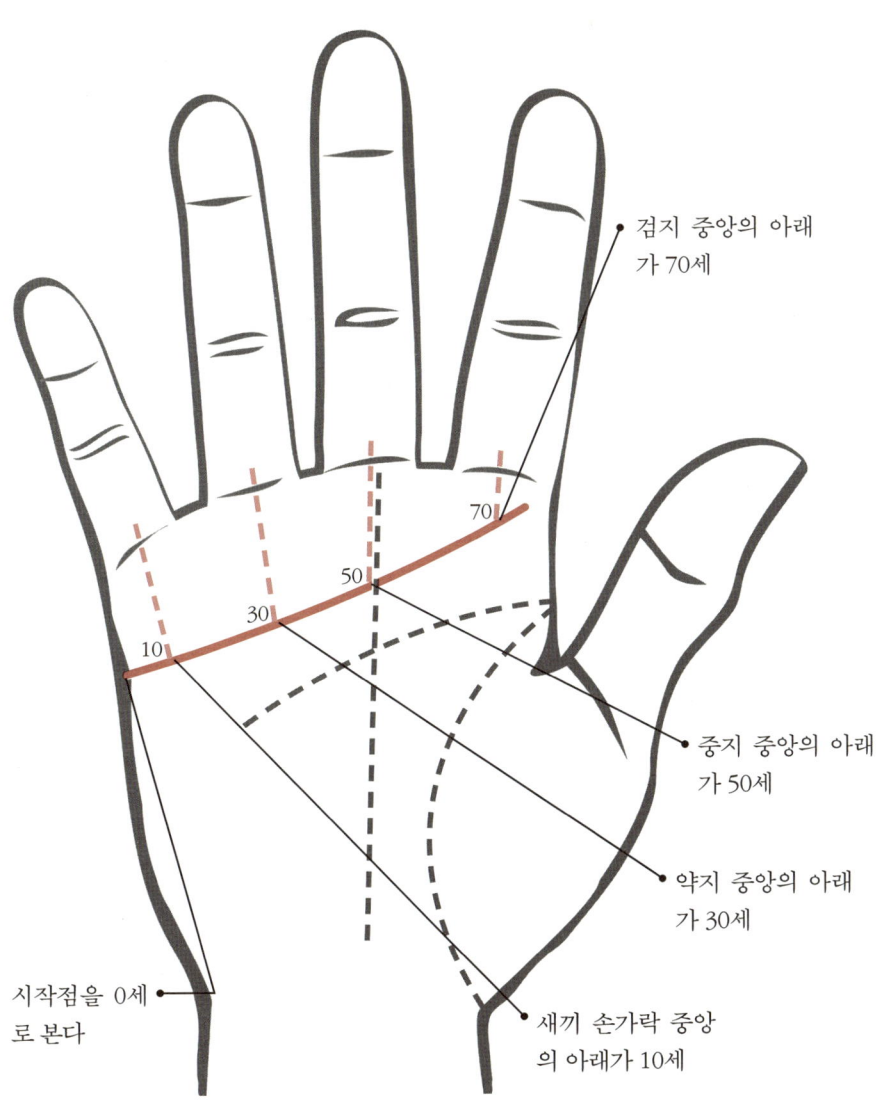

시작하기 전에 | 손금을 배우면 알 수 있는 것

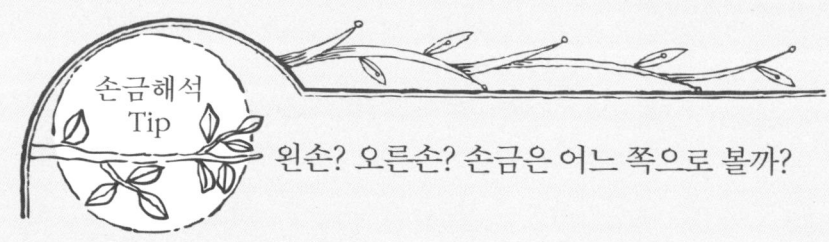

왼손? 오른손? 손금은 어느 쪽으로 볼까?

손금을 볼 때는 반드시 양손을 보고 종합적으로 판단해야 합니다.

오른손은 일반적으로 후천적인 운세(현재, 미래)를 나타내는데, 평소 자주 쓰는 손으로 사회적인 성격 즉 겉으로 드러나는 성격을 알 수 있습니다.

왼손은 타고난 '본연'의 성질이나 행동패턴, 선천적인 운세를 나타낸다고 보면 됩니다. 그러나 평소 경계심을 가지지 않는 친한 사람과 있을 때는, 오른손 특징이 당신의 성격을 지배 합니다.

왼손과 오른손의 손금 차이가 큰 사람일수록 성격과 운세가 복잡하다고 할 수 있습니다. 그 사람이 자라온 환경에 따라 나타나는 성격이 다르기 때문입니다. 왼손과 오른손의 특징차이를 파악하고 양쪽 모두 자신의 성격임을 이해하면, 원만한 인간관계를 구축할 수 있습니다.

또한, 왼손이든 오른손이든 손금은 모두 변화합니다. 손금이 잘 변화하는 손은 어느 쪽이든 그 사람에게 큰 의미를 가집니다. 선, 혈색 등 손금의 변화는 모두 그 사람에 대한 메시지이므로 잘 받아들여 활용하기를 바랍니다.

제1장

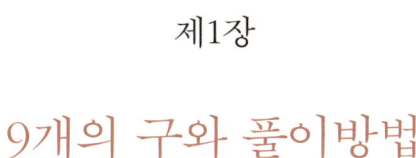
9개의 구와 풀이방법

손금을 볼 때 손바닥을 9개의 구로 구분하는데
1장에서는 구에 대해 자세히 알아보겠습니다.

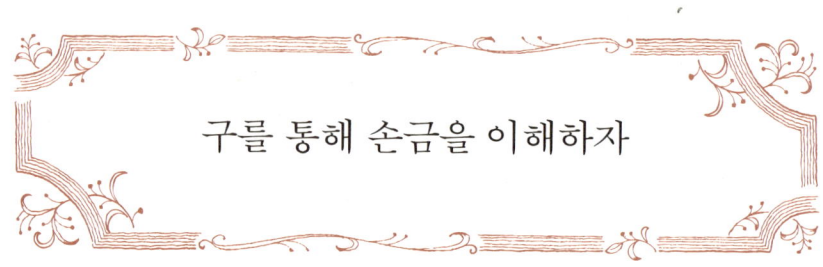

구를 통해 손금을 이해하자

이 책은 서양의 수상학(手相學)을 기본으로 삼고 있습니다. 서양 수상학은 손바닥에 9개의 구(둔덕)를 규정하고 있으며, 이 구에는 각각의 뜻이 있습니다. 일반적으로 구라 하면 살이 도톰하게 부푼 모양을 떠올릴 수 있습니다. 그러나 구가 반드시 볼록한 부분을 의미하는 것은 아닙니다. 볼록하든 움푹 패였든 '약지의 바로 아래의 위치, 구역을 '태양구'라고 합니다. 이 구의 위치(구역)와 뜻이 손금을 해독하는 단서가 됩니다.

손금을 배우기 위해서는 우선 '선의 이름과 뜻을 암기해야 한다'고 생각하는 분들이 많을 것입니다. 하지만, 이를 암기하기에 앞서 구의 위치와 뜻을 기억해 놓으면 손금을 더욱 쉽게 이해할 수 있습니다. 이 책은 많은 페이지를 구에 대한 설명을 하고 있습니다. 구가 가장 중요한 요소라고 생각하기 때문입니다.

예를 들면 재운선은 새끼 손가락 아래에 세로로 뻗은 선으로, 선이 깨끗하면 금전운이 많다는 뜻입니다. 이는 수성구(새끼 손가락 아래)가 돈과 관련된 데에서 유래합니다. 가령 재운선이라는 이름과 풀이를 잊어버려도 수성구에 대한 의미를 파악하고 있으면 수성구에 있는 선은 재물운을 나타내는 선이라는 것을 바로 알 수 있습니다. 손금은 종류가 많지만, 구는 단 9개밖에 없으므로 간단하게 외울 수 있습니다. 한편, 구에 대한 이해 없이 선만 암기하면 이해의 폭이 넓어지지 않아 응용력과 판단력을 키울 수 없습니다.

구丘의 위치

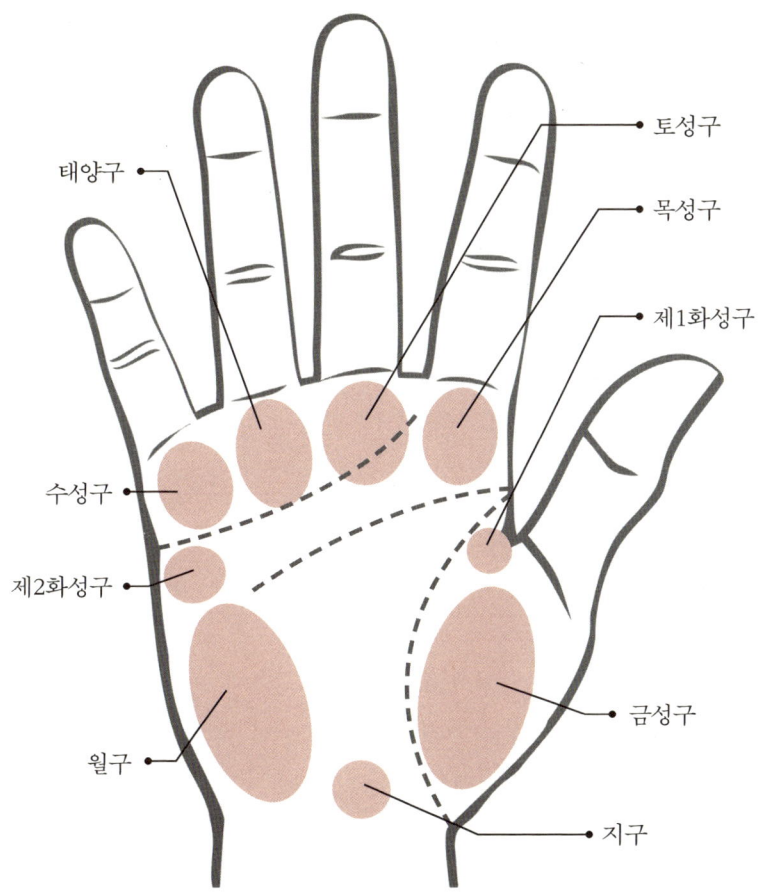

 '구'를 이해함으로써 손금의 본질적인 의미를 파악할 수 있게 되므로, 구를 먼저 암기하는 것이 수상학을 습득하는 지름길이라 할 수 있습니다. 먼저 구의 대략적인 의미를 머릿속에 넣으시기 바랍니다. 88쪽부터는 각 구에서 실제로 볼 수 있는 다양한 선과 표시를 소개하니 자신의 손과 대조하면서 읽어 보시길 바랍니다.

목성구 木星丘

검지 아랫부분으로, 자신감, 독립심, 지배욕, 관리능력, 통솔력 등 사람들의 위에 굴림 하기를 좋아합니다. 지위, 직함을 지향하는 욕구가 강해 약간 잘난 체 하는 성향이 있어, 무리를 지위하거나 을 돌보며 가르치는 능력도 있습니다. 이 구가 볼록하면 프라이드가 높아 타인으로부터 지시 받는 것을 좋아하지 않습니다.

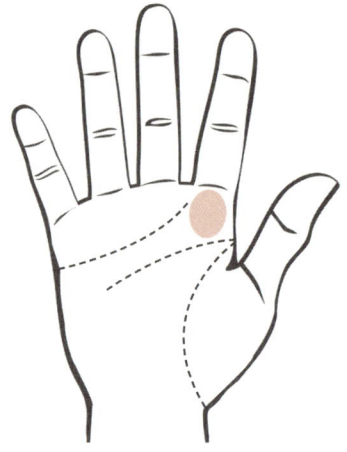

토성구 土星丘

중지 아랫부분으로. 운명선이 향하는 곳으로 중요한 뜻을 가지며 노력, 근면성, 연구에 대한 열성 등을 의미합니다. 목적을 달성하기 위해 자신이 중심적으로 판단하는 성향을 가지고 있으며, 이 부분이 발휘되면 노력가라 할 수 있습니다.

그러나 구가 지나치게 볼록하거나 구에 운명선 이외의 선이나 표시가 있으면, 이런 경우 대부분 자존심 강해 외톨이가 될 수 있습니다.

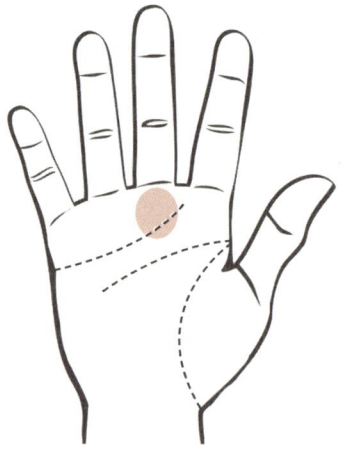

태양구 太陽丘

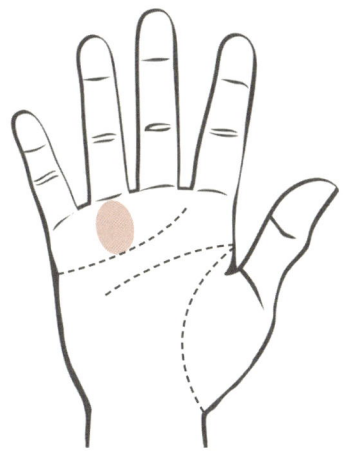

약지 아랫부분으로, 밝고 화려한 의미가 있으며, 사람들로부터 주목을 받고, 주변에 사람들이 모이는 성향이기 때문에 성공, 인기, 신뢰, 예능, 예술 등을 나타냅니다. 주변으로부터 평판을 얻어 성공하면 결과적으로 돈이 따라오므로 재물운도 좋습니다. 약지의 길이가 중지와 비슷한 사람은 태양구의 영향을 받아 화려한 인기인 타입이지만, 한편으로 허영심이 강합니다.

수성구 水星丘

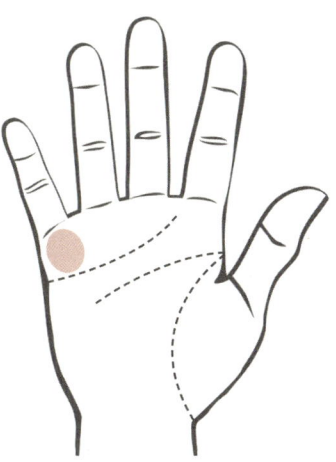

새끼 손가락 아랫부분으로, 돈을 변통하는 재운, 장사능력, 명석한 두뇌, 뛰어난 언변, 협상력 등을 나타냅니다. 수성구가 눈에 띄게 볼록한 사람, 새끼 손가락이 약지의 끝 마디보다 긴 사람은 두뇌회전이 좋고 의사소통능력이 뛰어난 사람이라 할 수 있습니다. 또 새끼 손가락과 손바닥이 만나는 부분과 손목을 연결하는 라인이 일직선이 아니라 수성구가 옆으로 튀어나온 사람은 두뇌를 항상 끊임없이 무언가를 생각하기 때문에 안정을 취하기 어렵습니다.

금성구 金星丘

제1화성구 아래, 생명선 안쪽 부분으로 생명의 에너지로 생명력, 건강, 정력과 생명을 만들어 준 부모, 출생지와의 강한 인연을 나타냅니다. 금성구의 살집이 좋고 도톰한 사람은 체력이 좋고 건강하며 활력이 넘치는 반면, 살이 적거나 탄력이 없는 사람은 파워가 부족합니다.

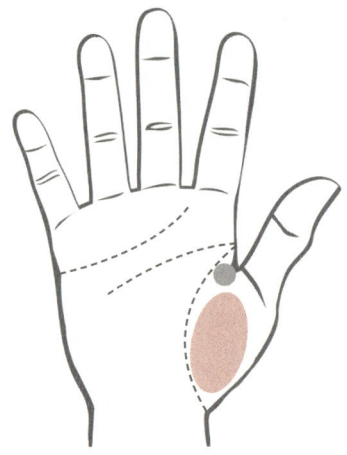

월구 月丘

제2화성구 아래, 손목의 윗부분을 말하는데, 보통 사람들은 달을 보며 다양한 공상을 합니다.

그래서 월구는 상상력, 창의적인 에너지가 축적되어 있다고 합니다.

또한 자신이 창조하는 세계에 대한 고집과 이상이 담겨 있는데, 고향을 뜻하는 금성구와 거리가 멀어 부모를 제외한 다른 인연을 나타냅니다. 월구가 발달된 사람은 상상력이 풍부하고 예술적 감각이 뛰어나지만, 지나치게 볼록하면 이기적일 가능성이 있습니다.

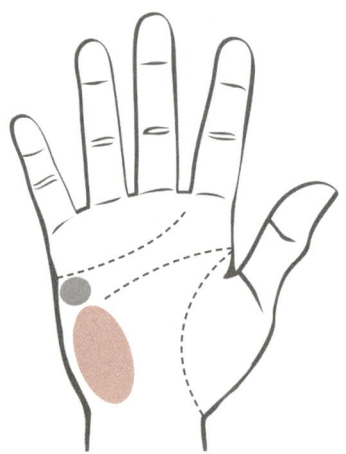

제1화성구 第1火星丘

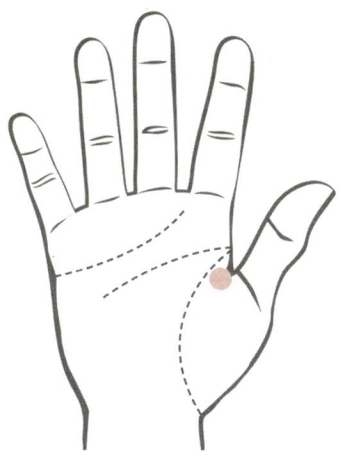

생명선 안쪽, 목성구 아랫부분으로 불이 활활 타오르는 전쟁의 에너지를 가지고 있습니다. 자신과 타인의 싸움을 뜻하며 투쟁심, 적극성, 추진력을 나타냅니다.

제1화성구가 볼록한 사람은 투쟁심, 결단력, 행동력이 있어 적극적으로 의욕이 넘치지만, 끈기 있게 무언가를 해내는 인내력이 부족합니다. 또한, 이것이 지나치게 발달된 사람은 욱하는 기질이 있어 공격적인 성향을 보이곤 합니다.

제2화성구 第2火星丘

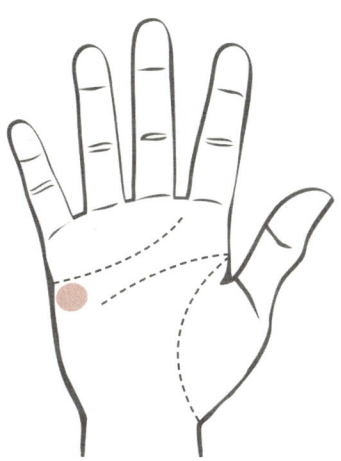

수성구 아랫부분에서 애정선의 바로 밑, 손가락 폭 하나 만큼이 제2화성구입니다. 제1화성구와는 정확히 좌우 대칭을 이룹니다. 제1화성구가 대외적인 싸움을 나타내는 반면, 제2화성구는 자기 자신과의 싸움을 나타냅니다. 참을성, 자제력 등을 뜻하며, 난관에 부딪혀도 포기하지 않는 굳은 심지와 오기가 쌓인 구입니다. 제2화성구가 볼록한 경우는 드물며, 주로 이 구에 선이 있느냐 없느냐로 기질을 판단합니다.

지구 地丘

금성구와 월구 사이, 손목의 가운데 부분입니다. 조상이 있는 '저승'을 상징하며 운명의 출발점이라 할 수 있습니다. 이론적으로 설명할 수 없는 세상의 에너지를 가지고 있어 이 지구에서 위쪽으로 세로선이 있는 사람은 영감, 통찰력이 좋으며, 그 중에는 일반적으로 보이지 않는 것을 보는 사람도 있습니다. 이 구가 윤기 나고 발달된 사람은 조상의 보호를 받고 있어 인생의 토대가 튼튼한 사람이라고 봅니다.

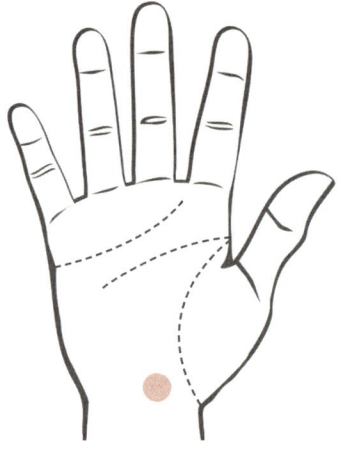

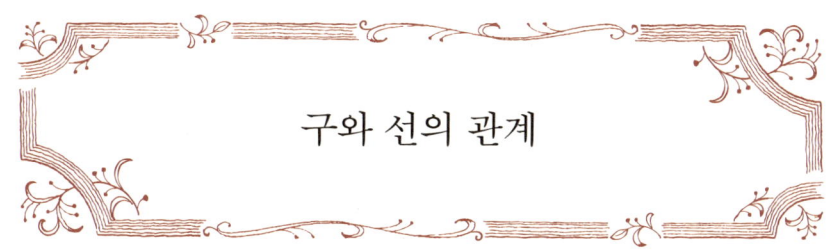

구와 선의 관계

9개의 구는 각기 나타내는 에너지가 담긴 저장고입니다. 그리고 손금은 구에서 에너지를 퍼내는 파이프입니다. 어떤 구에 선이 새겨져 있는 사람은 그 구가 별로 볼록하지 않아도 해당하는 에너지를 사용하고 있는 상태라고 봅니다. 선은 수도관과 같은 것으로, 길고 두꺼울수록(진할수록) 에너지를 많이 발휘하고 있는 것으로 풀이됩니다. 여기에서는 대표적인 선과 구의 관계를 살펴보겠습니다.

목성구
자신감, 독립심, 관리능력, 지도력, 지위·권력 지향

태양구
성공, 인기, 신뢰, 예술, 예능, 재운, 만족감

월구
꿈, 이상, 상상력, 예술, 예능, 타인 및 타향과의 연

금성구
생명력, 건강, 정력, 부모 및 고향과의 연

토성구
노력, 근면성, 연구심

수성구
재운, 장사능력, 협상력, 빠른 두뇌회전

제1 화성구
투쟁심, 적극성, 추진력

제2 화성구
자신과의 싸움, 참을성, 자제심

지구
선조, 저승, 고향

목성구의 영향을 받는 선과 표시1

리더선, 솔로몬고리가 있는 경우

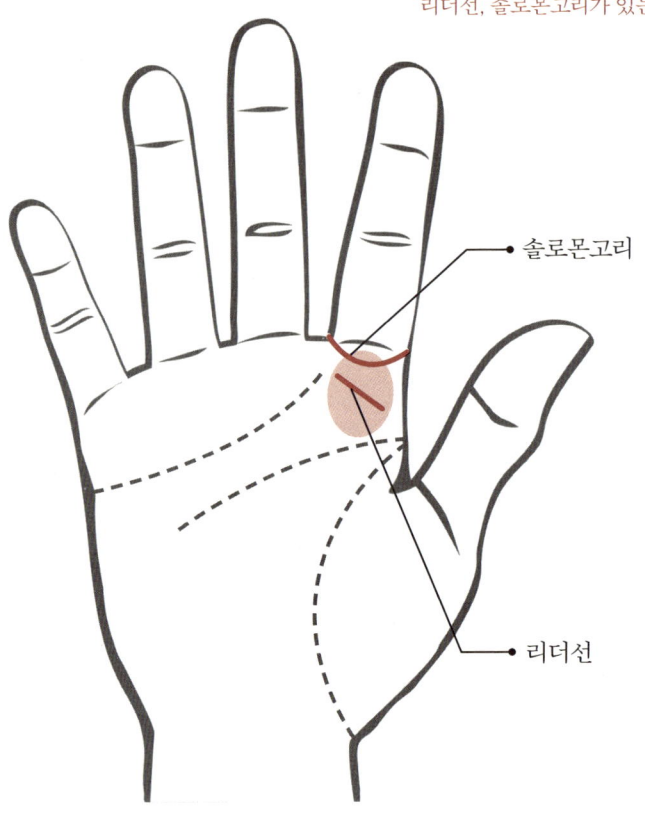

▍관리능력과 지도력

목성구의 '사람 위에 서는' 에너지의 영향을 받는 선으로는 리더선과 솔로몬고리가 있습니다. 리더선은 생명선 시작점 부근에서 중지 쪽으로 뻗어 있는 직선으로, 책임감이 강하고 관리능력이 뛰어남을 나타냅니다. 솔로몬고리는 검지와 손바닥이 닿는 부분을 활 모양으로 두르는 선으로, 프라이드가 높고 사람들 앞에 설 수 있을 만큼의 지혜와 지도력을 뜻합니다.

목성구의 영향을 받는 선과 표시2

승운(昇運)선, 희망선이 있는 경우

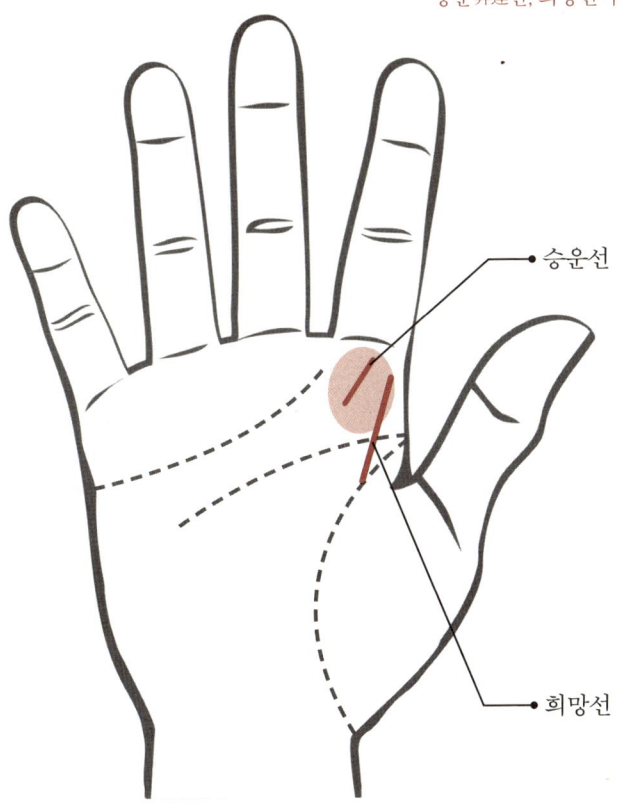

█ 자신감과 상승욕구

목성구 범위에 확실한 선이 새겨져 있다는 것은 일이나 공부에 대한 의욕과 운기가 점점 좋아지는 것을 의미합니다. 승운선은 검지 바로 아래에 있는 직선으로, 출세욕이 강한 사람의 손에 나타나며, 타인의 평가와 도움에 혜택을 받기 쉬운 상태를 뜻합니다. 희망선은 생명선 위에서 검지 쪽으로 뻗어 있는 직선으로, 꿈을 이루고자 하는 향상심이 강하다는 것을 나타냅니다.

목성구의 영향을 받는 선과 표시3
두뇌선과 생명선의 시작점과 떨어져 있을 경우

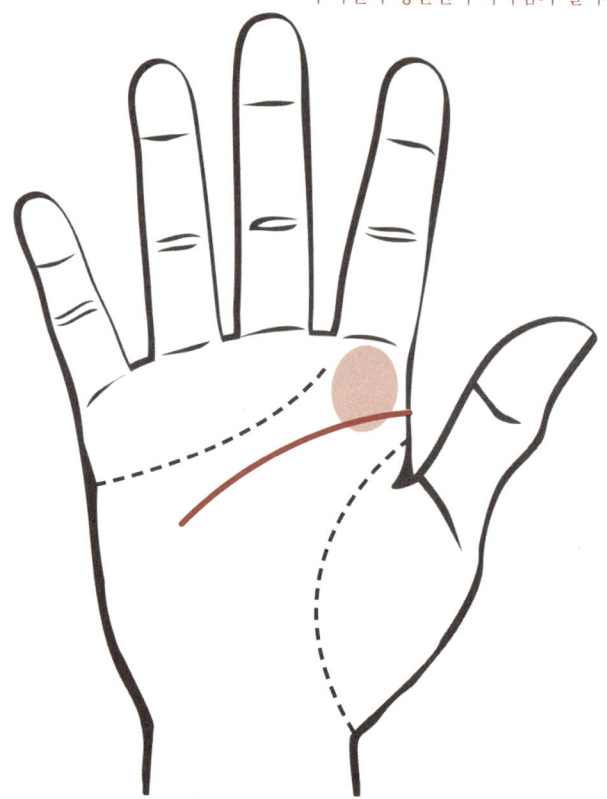

▎독립심과 강경한 자세

두뇌선과 생명선의 출발점이 떨어져 있는 사람은 성격이 적극적이고 속박을 싫어합니다. 리더십이 있고, 자기보다 연하, 어린 사람들에게 사랑 받는 사람에게서 자주 나타나는 손금입니다.

두뇌선의 출발점이 목성구에 가까우므로 목성구의 강한 프라이드와 독립심의 영향을 받고 있는 것으로 파악합니다. 생각이 떠오르면 바로 행동으로 옮기는 대담함은 잘 두려워하지 않는 목성구의 강경한 에너지에 의한 것입니다.

목성구의 영향을 받는 선과 표시4

감정선의 끝점이 목성구까지 있을 경우

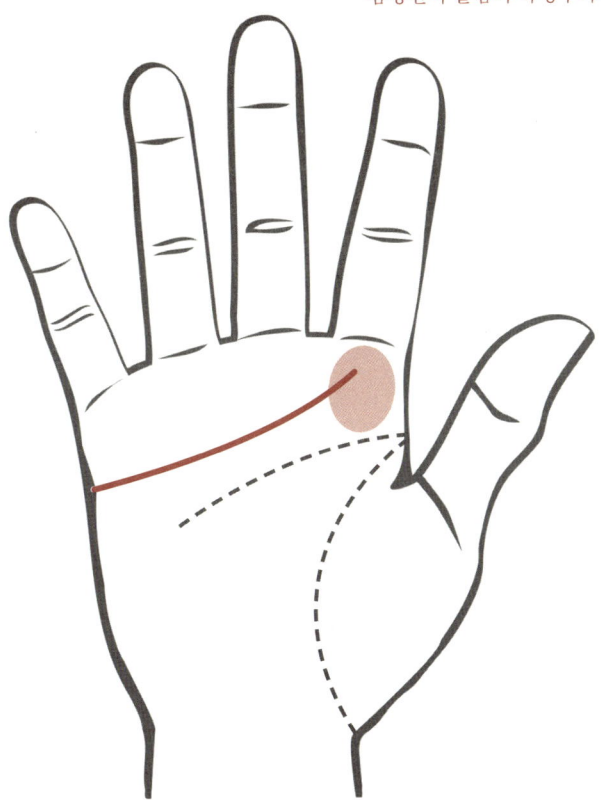

▎열정적이고 자기 어필이 능숙하다.

　감정선이 목성구에 닿을 정도로 긴 사람은 정이 깊고 열정적이며 자기 자신에 대한 어필을 잘합니다. 이 또한 목성구가 가지는 지배욕과 관리 능력에서 파생하는 것입니다. 상대방을 자신의 영향권에 두고 싶다는 생각에 상대에게 자기자신을 어필하고 애정을 표현하는 것이라고 보면 쉽게 이해할 수 있을 것입니다. 다만, 감정선이 과도하게 길면 목성구의 의미가 강해져 지나치게 간섭하는 성향이라 볼 수 있습니다.

토성구의 영향을 받는 선과 표시1

운명선이 토성구를 향하고 있을 경우

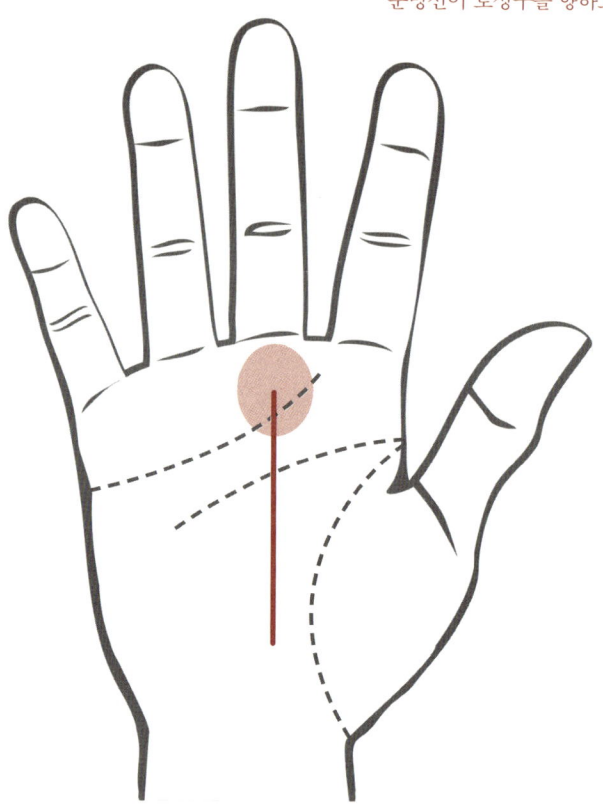

▌스스로 결정하고 스스로 노력한다.

운명선은 어디에서 출발하든 토성구로 향합니다. 무언가를 결정하는 것이 자신이라면, 노력하는 것도 자기자신. 운의 좋고 나쁨보다 자기 방식으로 인생을 개척하고자 하는 사람은 진한 운명선을 가지고 있습니다. 이는 운명선이 향하는 토성구의 '자신이 중심적으로 노력하는' 에너지의 영향을 받는 것이라고 볼 수 있습니다.

토성구의 영향을 받는 선과 표시2

토성고리가 있을 경우

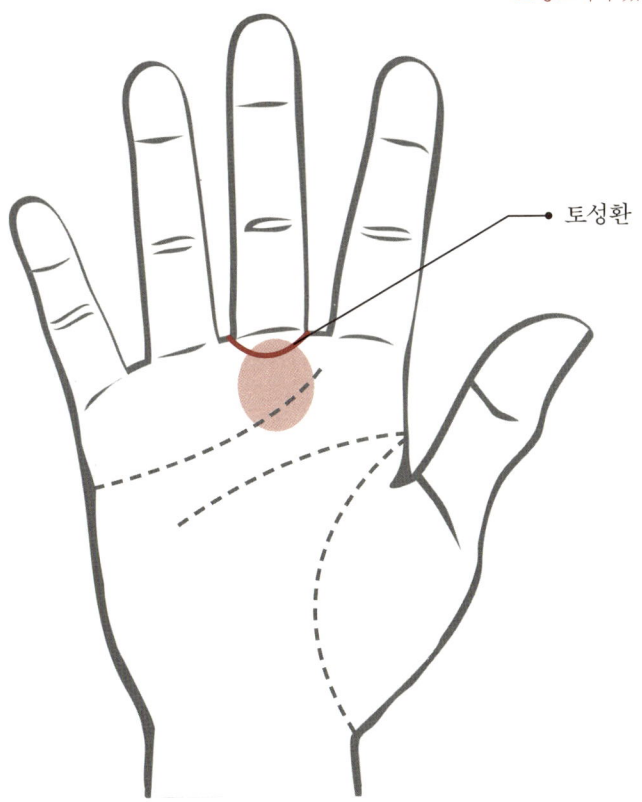

토성환

▍탐구심과 고독

　토성구는 운명선이 향하는 중요한 구이지만, 고독을 뜻하기도 하므로 운명선 이외의 선이나 표시가 있으면 대체로 해석이 나빠집니다. 중지 아래를 에워싸는 모양의 토성고리도 구에 포함됩니다. 다만, 점술이나 정신세계에 관심이 많은 사람에게 있는 경우가 많으므로 걱정할 필요는 없습니다. 자신이 좋아하는 분야를 탐구하는 성격을 나타낸다고 보는 것이 좋습니다.

태양구의 영향을 받는 선과 표시1

태양구에 선이 있을 경우 "태양선"

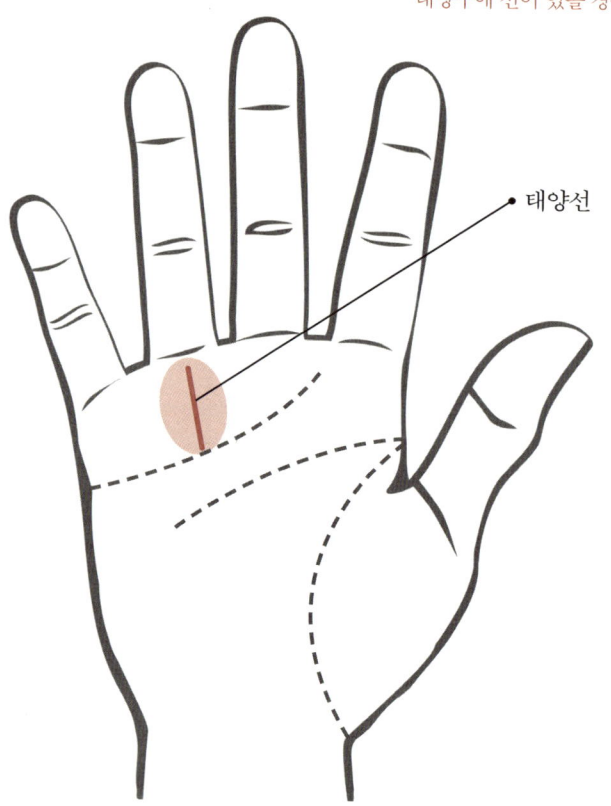

태양선

▌평가와 성공

태양구는 인기, 성공운을 뜻하며, 강한 에너지를 발휘하는 것이 태양선입니다. 태양선이 중간에 끊어지지 않고 깨끗하면, 주위사람으로부터 높은 평가를 받아 승진해 재운이 향상되거나 인기 또는 가족의 신뢰를 얻어 만족할 수 있는 상태임을 나타냅니다. 감정선 위쪽에 있는 선이지만, 나이를 먹을수록 손목 쪽으로 조금씩 뻗어 나오는 경향이 있습니다.

태양구의 영향을 받는 선과 표시2

태양고리, 격자문양이 있을 경우

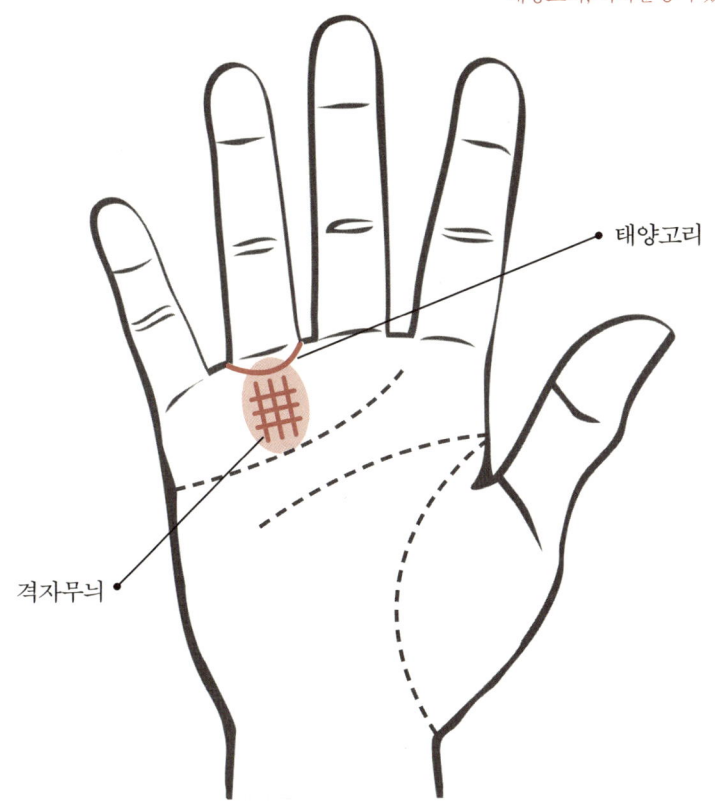

▎화려함과 예술적인 성공

태양고리는 약지 아래를 에워싸는 형태로 새겨져 있는 곡선으로, 매우 드문 손금입니다. 태양고리가 있는 사람은 예술적인 재능이 뛰어나고 화려해 눈에 띕니다. 이것은 인기운, 예술·예능 분야에서의 성공운을 뜻하는 태양구의 영향이 강하게 미치고 있는 것이라 볼 수 있습니다. 또한, 태양구에 격자 무늬가 있는 사람은 이목을 끄는 독특한 아이디어의 소유자입니다.

수성구의 영향을 받는 선과 표시 1

수성구에 선이 있을 경우 "재운선"

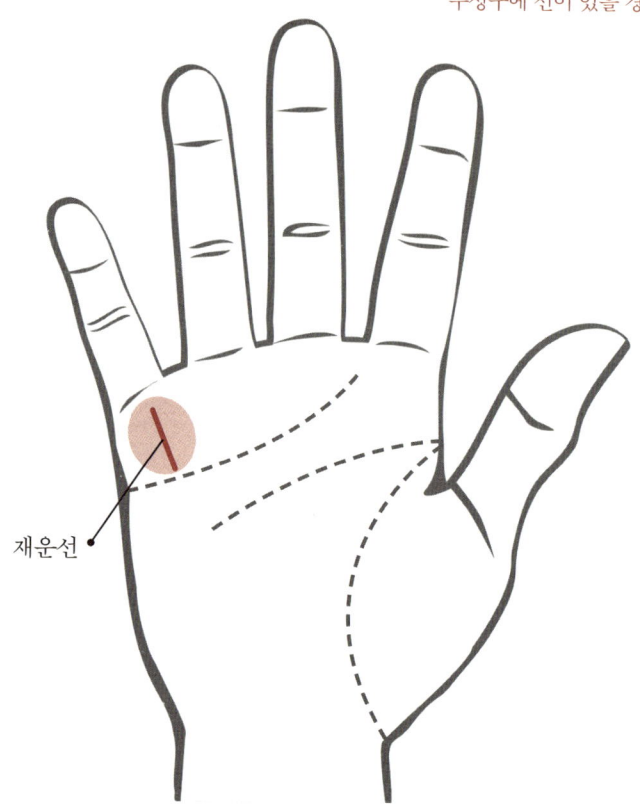

▌금전감각과 경제관념

수성구에 세로 방향으로 그어진 재운선은 재운, 장사능력, 빠른 두뇌 회전 등 수성구의 에너지를 그대로 발휘하는 선입니다. 재운선이 끊기지 않고 깨끗한 사람은 돈 관리를 잘해 지혜롭게 돈을 벌 수 있는 타입입니다. 선의 위치 또는 상태에 따라 다르지만, 선이 길고 진할수록 수성구의 힘이 강한 것이므로 금전감각이 좋다고 할 수 있습니다.

수성구의 영향을 받는 선과 표시2

갈라진 두뇌선이 수성구로 향할 경우

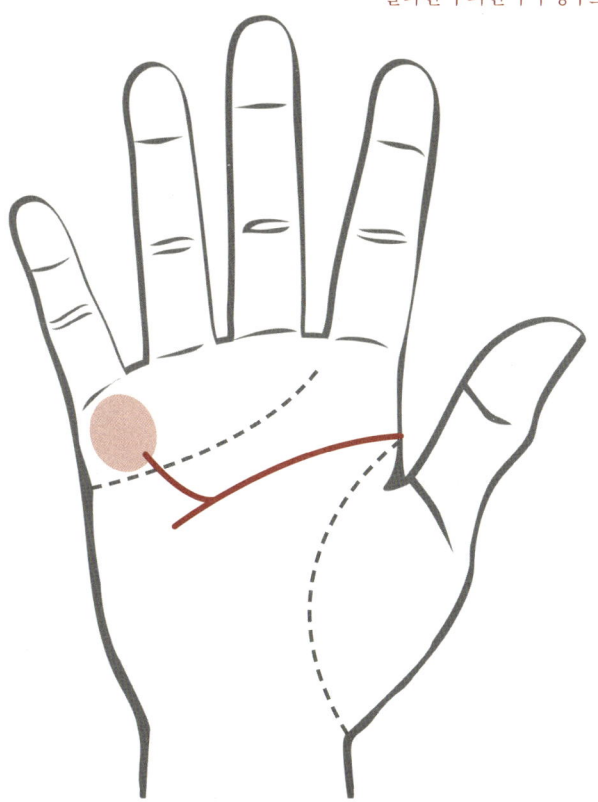

▎비즈니스 센스가 좋다.

두뇌회전을 나타내는 두뇌선에서 재운을 의미하는 수성구 쪽으로 지선이 뻗어 있는 사람은 아이디어를 창출하는 능력과 돈을 모으는 센스를 모두 가지고 있습니다.

뛰어난 기지로 아이디어를 창출하고, 그 아이디어를 비즈니스에 활용하는 능력이 있다고 볼 수 있습니다. 지선이 수성구 안쪽으로 길게 뻗을수록 수성구의 에너지가 강하게 발휘되는 것으로, 비즈니스 감각이 좋아 젊은 나이에 사업에 성공할 확률이 높습니다.

수성구의 영향을 받는 선과 표시3

두뇌선이 옆쪽을 향할 경우

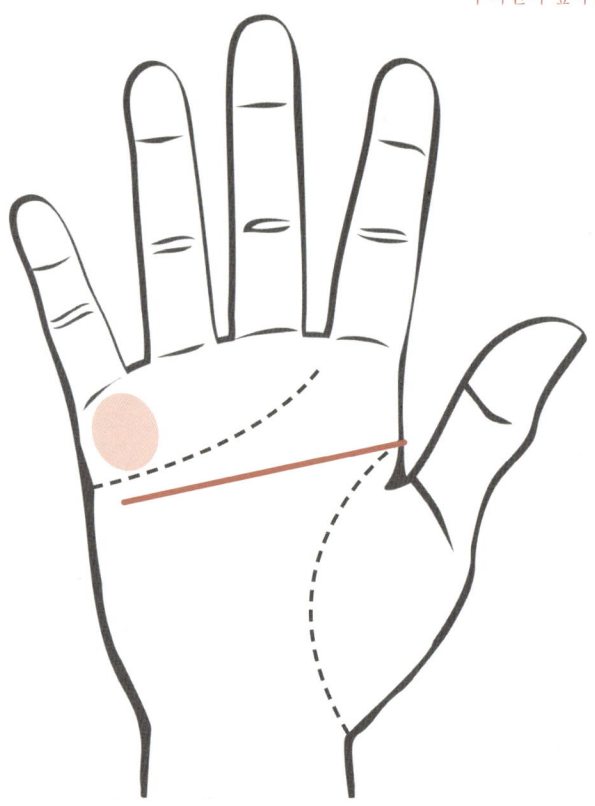

▎논리적이고 현실적인 사고

두뇌선이 수성구에 닿지 않으므로 언뜻 관계가 없어 보이지만, 옆쪽으로 직선 형태로 그어진 두뇌선은 수성구의 영향을 크게 받습니다. '본래라면 월구 쪽으로 꺾여야 할 것이 수성구 쪽으로 끌어당겨진 것'이라고 생각하면 이해하기 쉬울 것입니다. 이 손금이 있는 사람은 논리적인 사고를 하며, 정에 흔들리지 않고 엄격한 판단을 내릴 수 있습니다. 이는 수성구가 지니는 쿨하고 명석한 두뇌를 반영하는 것입니다.

금성구의 영향을 받는 선과 표시1

생명선이 돌출되어 있을 경우

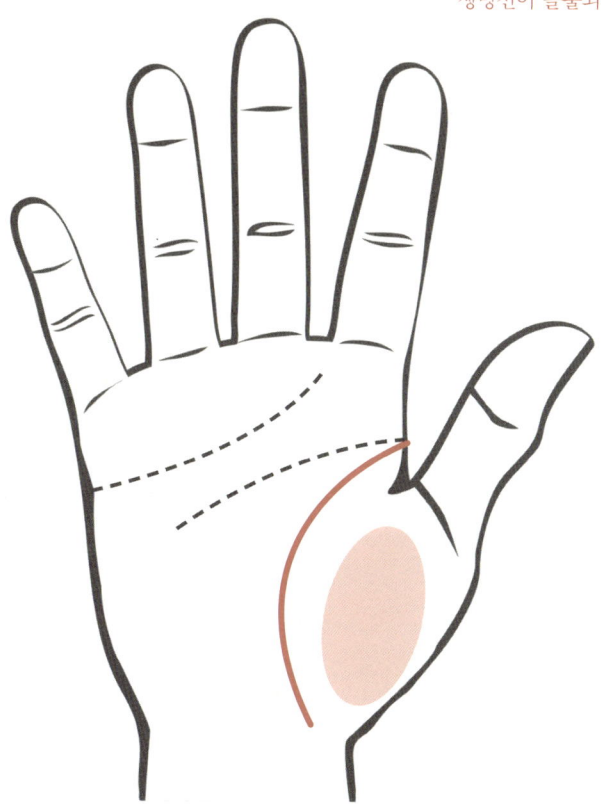

정력적이고 활동적

생명선의 커브가 크면, 그만큼 금성구의 면적이 넓어집니다. 금성구에는 생명력과 정력이 축적되어 있기 때문에 면적이 넓을수록 생명력이 강하고 터프한 타입이며, 정력적으로 활동할 수 있는 사람입니다. 또한 면적뿐만 아니라 구의 살집이 도톰하고, 만졌을 때 탄력이 있는 경우도 금성구의 에너지가 강하다고 볼 수 있습니다.

금성구의 영향을 받는 선과 표시2

운명선이 금성구에서 출발할 경우

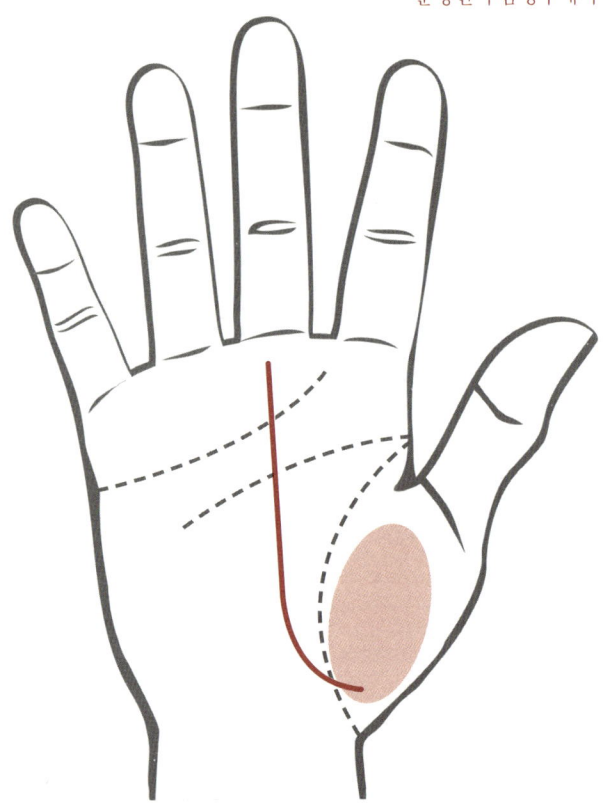

▌부모와의 연이 강한 인생

금성구는 자신의 생명을 만들어 준 부모와 고향과의 연을 뜻하기도 합니다. 따라서 금성구에서 운명선이 출발하는 사람은 부모 또는 고향과 깊이 관련되어 도움을 받으면서 인생이 열리는 것으로 풀이됩니다. 또한, 운명선이 금성구 안이 아니라 생명선 바로 옆을 따라 있는 사람도 금성구의 영향으로 부모의 영향력이 강하다고 볼 수 있습니다.

월구의 영향을 받는 선과 표시1

운명선이 월구에서 출발할 경우

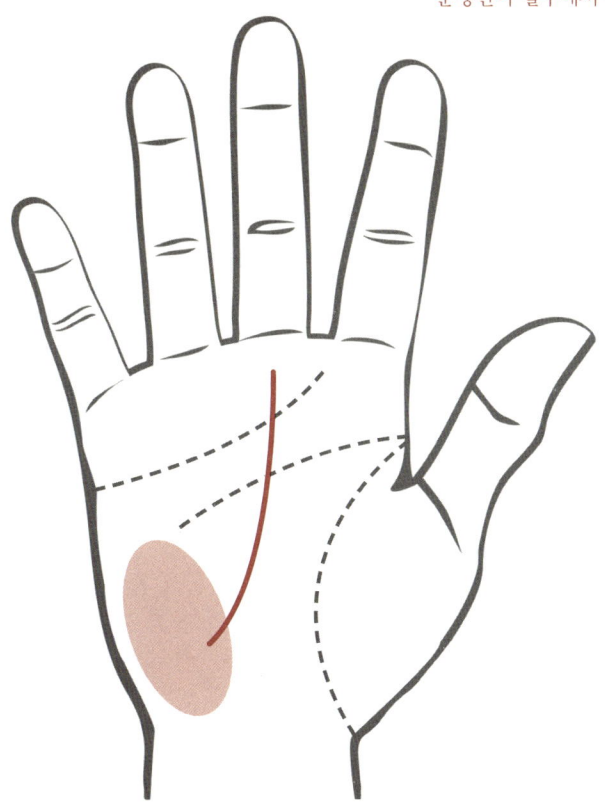

｜타인으로부터 도움을 받는 인생

월구는 부모 곁에서 멀리 떨어진 곳 또는 그곳에 사는 타인과의 연을 뜻합니다. 따라서 월구에서 인생 자체를 나타내는 운명선이 출발하는 사람은 혈연이 아닌 사람과의 연이 깊어 남의 도움을 받는 타입으로 볼 수 있습니다. 해외 등 잘 알지 못하는 곳에서도 사람들 틈에 쉽게 녹아 들고 상대방도 자연스럽게 받아들이므로 협력자에게도 쉽게 은혜를 입을 수 있는 운세입니다.

월구의 영향을 받는 선과 표시 2

두뇌선이 월구 아래쪽으로 향할 경우

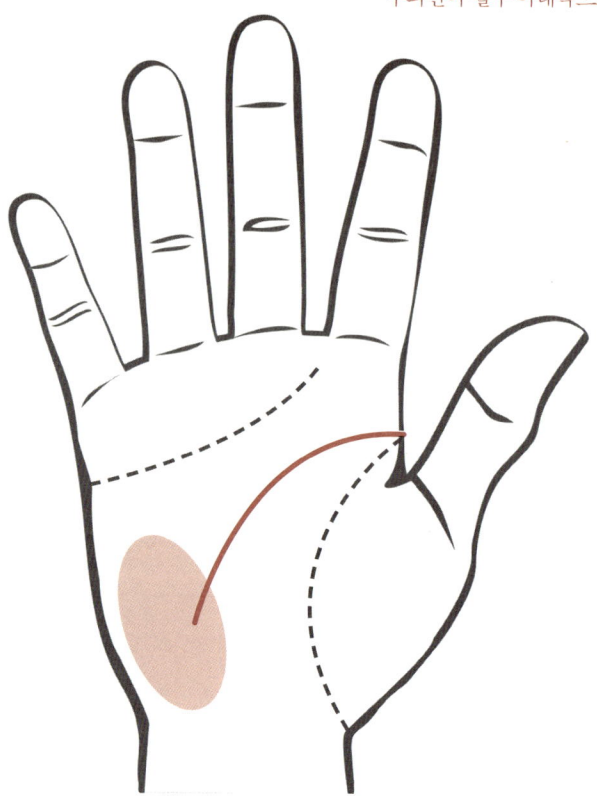

▌상상력이 풍부하고 정신적

두뇌선이 월구 쪽으로 휘어진 것은 창의적인 에너지를 가진 월구의 영향을 받아 상상력이 풍부하다는 뜻입니다. 또 월구 아랫부분으로 향할수록 로맨티스트 성향과 정신에 의지하는 성향이 강하다고 볼 수 있지만, 한편으로 비현실적인 부분도 있습니다. 비즈니스 능력, 재운 등 현실적인 의미가 있는 수성구에서 멀리 떨어져 있는 것도 관계가 있습니다.

제1화성구의 영향을 받는 선과 표시1

짧고 선명한 선이 있을 경우

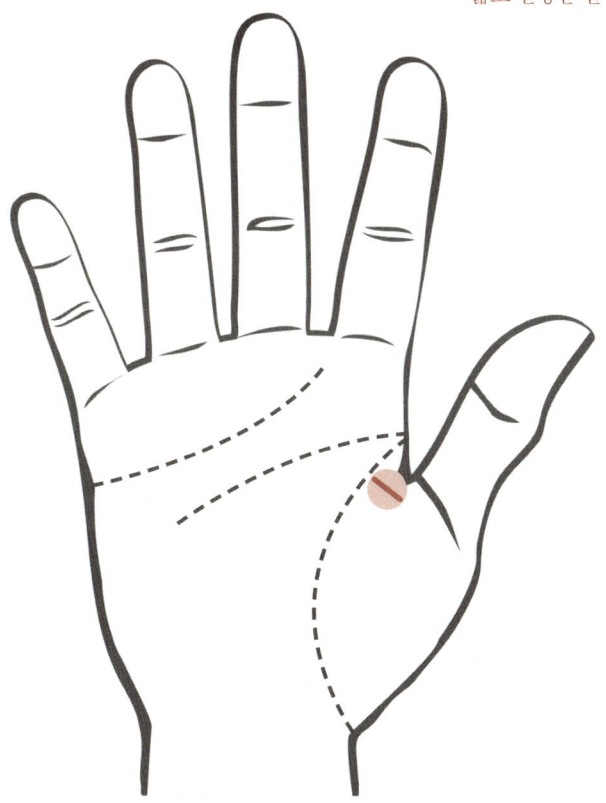

▍오기가 있고 추진력이 있다.

제1화성구는 투지가 가득한 구입니다. 이 구가 볼록하고 구를 가로지르는 한 줄의 분명한 짧은선이 있으면 구의 영향을 받아, 지기 싫어하고 투쟁심이 강하다는 의미입니다. 성미가 급해 쉽게 욱하는 사람도 있지만, 그보다는 앞으로 나가고자 하는 성향과 가만히만 있지 못하는 성격으로 적극적으로 도전하는 용기로 작용합니다.

제1화성구의 영향을 받는 선과 표시2

생명선을 옆에 짧고 선명한선이 있을 경우

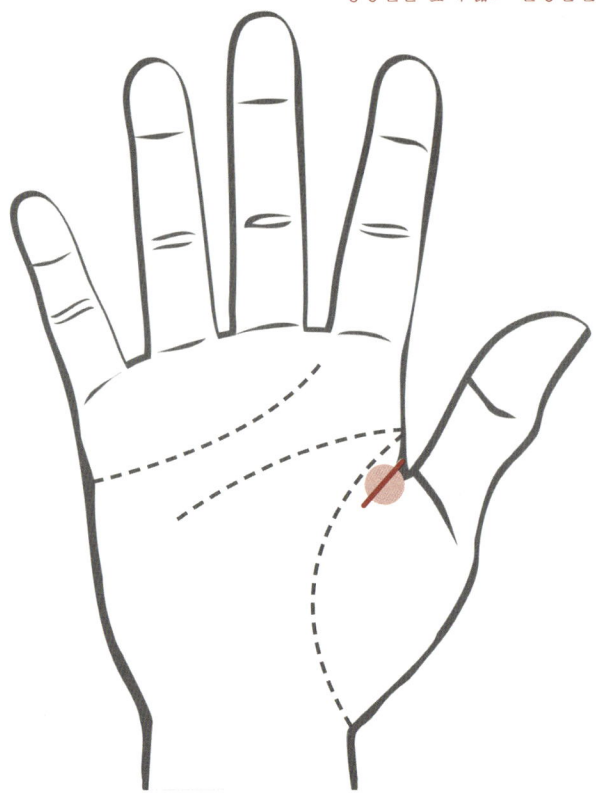

| 어릴 때부터 활동적이다.

이것은 이중 생명선으로 봅니다. 생명선 유년법으로 보면, 제1화성구 주변은 20세 무렵까지의 어린 시절에 해당하므로 이 부분에만 짧은 이중 생명선이 있는 사람은 어릴 때부터 오기가 있고 활동적입니다. 어린 시절에 갖춰진 이러한 성질은 그 사람의 전체적인 분위기를 형성해 평생 영향을 미칩니다.

제2화성구의 영향을 받는 선과 표시1

감정선 아래로 평행선이 있을 경우 "의지선" 또는 반항선

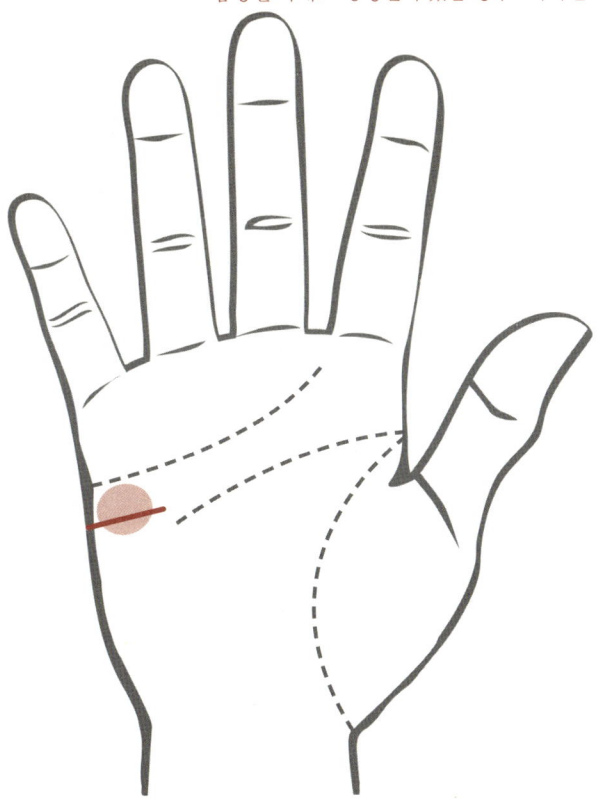

▎자기 주장과 의지가 강하다.

　제2화성구도 제1화성구와 마찬가지로 투지가 가득합니다. 그러나 이 투지는 밖으로 향하지 않고 자기자신과 마주하며 꺾이지 않는 힘이 됩니다. 감정선과 평행해 직선으로 "반항선"이라고도 하지만 이선이 있는 있는 사람은 제2화성구의 영향을 받아 심지가 굳고 자기가 하기 싫은 일은 하지 않습니다. 반항적이라기보다 기가 세다고 할 수 있습니다. 하지만, 자신이 하겠다고 마음 먹은 일은 끈기 있게 몰두합니다.

제2화성구의 영향을 받는 선과 표시2

토성구 또는 태양구에 이르는 선이 있을 경우 '인내선'

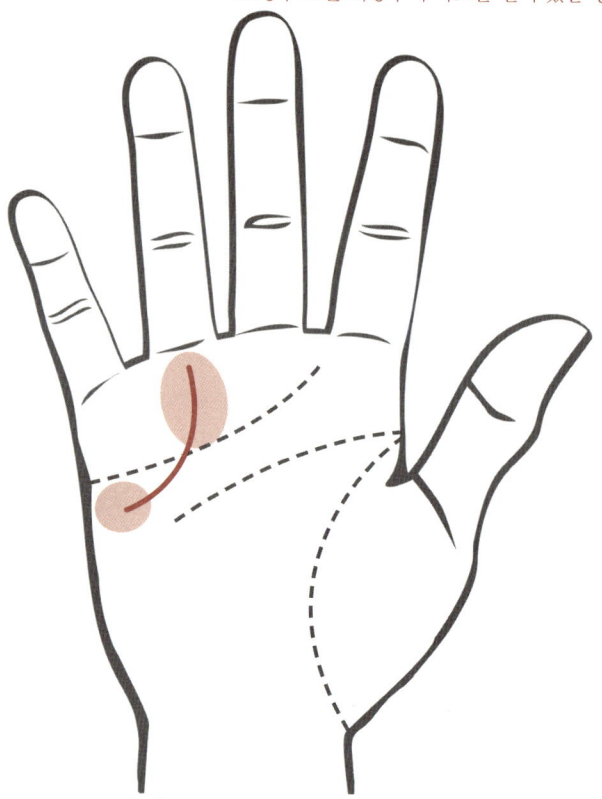

▎포기하지 않고 싸우는 힘

'인내선' 2화성구에서 출발해 토성구 또는 태양구에 이르는 선입니다. 제2화성구가 뜻하는 참을성과 자제심의 영향을 받아 힘든 일이 있어도 인내해 극복하는 힘을 나타냅니다. 무언가 원활하게 진행되지 않거나 참아야만 하는 일이 있어도 꺾이지 않는 노력으로 목적을 달성하고 명예를 얻는 사람들에게서 볼 수 있는 손금입니다.

지구의 영향을 받는 선과 표시 1

운명선이 지구에서 시작할 경우

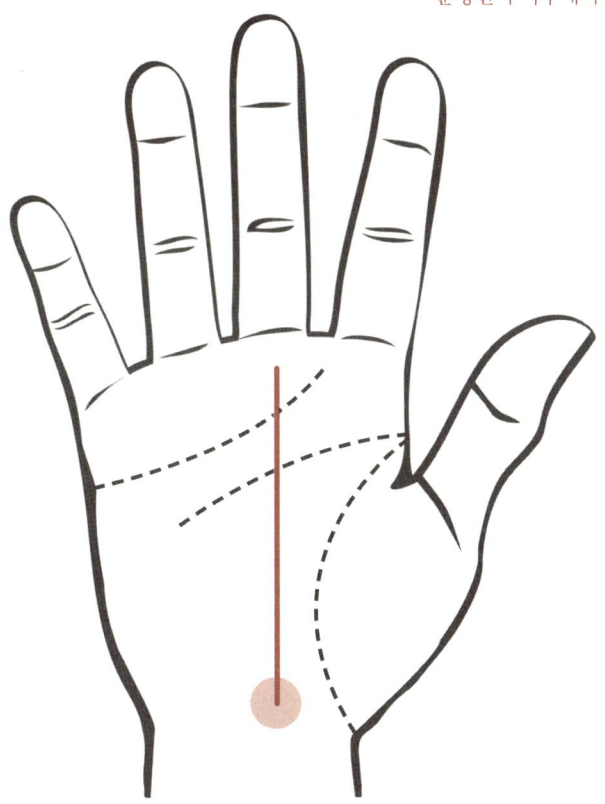

▌조상이 항상 주위를 돌며 도와준다.

운명선이 지구에서 출발하는 사람은 운세가 매우 센 사람으로 여겨지는데, 이는 지구가 조상과 밀접한 관계가 있고, 인생의 토대가 되는 시작점이기 때문입니다. 조상이 항상 주위를 돌며 도와주는 것으로, 어릴 적부터 똑 부러지고 눈에 띄는 사람에게서 볼 수 있는 손금입니다.

태어날 때부터 운세가 강하므로 노력에 따라 대성할 수 있는 운입니다.

지구의 영향을 받는 선과 표시2

손목에 절 기둥 표시가 있을 경우

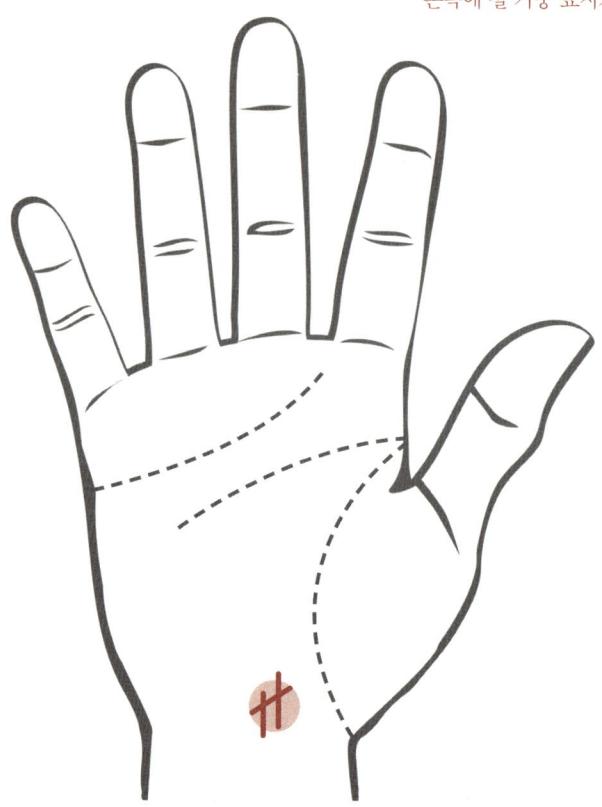

▌집안을 일으킨다.

지구는 조상과의 연은 물론 자신의 대까지 이어지는 가계의 흐름을 뜻합니다. 이 구에 절 입구에 있는 기둥문과 같은 표시가 있는 손금은 흔하지 않은데, 이 표시가 새겨져 있는 사람은 조상으로부터 받은 부동산이 있을 수 있는데, 이 땅을 종자돈으로 삼아 사업을 한다면 집안을 일으켜 세울 수 있을 겁니다.

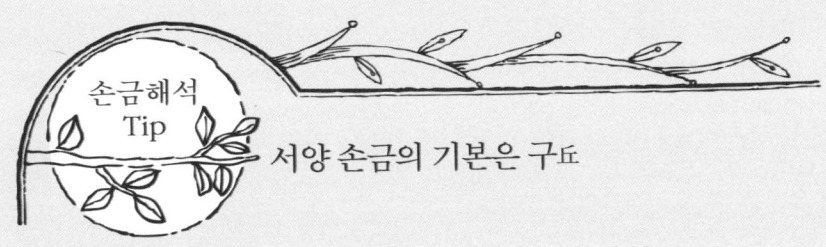

서양 손금의 기본은 구丘

　손금은 '언제, 어디에서' 시작되었는지 구체적인 기원에 대해서는 여러 가지 설이 있는데, 구약성서(욥기37장 7절 He sealeth up the hand of every man; that all men may know his work. 그가 모든 사람의 손에 표를 주시어 모든 사람이 그가 지은 것을 알게 하려 하심이라) 에도 손바닥에 있는 표시에 대해 적혀 있는 부분이 있어 오래 전부터 손에 있는 선이나 표시가 무의미한 것이 아니라는 인식이 있었다는 사실을 어렵지 않게 상상할 수 있습니다.

　손금은 많은 연구가들이 방대한 데이터를 검증하면서 축적한 '손에 대한 연구'라 할 수 있으며, 기원을 더듬으면 서양 수상학과 동양 수상학으로 크게 분류됩니다. 인도에서 중동, 그리스, 로마를 거쳐 유럽으로 전해진 것이 서양 수상학, 중국에서 독자적인 문화와 어우러져 발전한 것이 동양 수상학입니다.

　이 책은 서양 수상학을 기본으로 삼고 있습니다. 서양 손금은 누구나 쉽게 이해하고 습득할 수 있기 때문입니다. 특히, '구'를 먼저 기억해 두면 서양 수상학 전반을 쉽게 이해할 수 있습니다. 서양 수상학은 9개의 '구'를 토대로 손금을 논리적으로 풀이하는 방법이므로 누구나 쉽게 이해할 수 있는 특징이 있습니다.

제2장

4대 기본선부터 배우자

두뇌선, 감정선, 운명선, 생명선.
이 4개의 선을 기본선이라 합니다.
2장에서는 이 선들의 종류와 의미에 대해 알아보겠습니다.

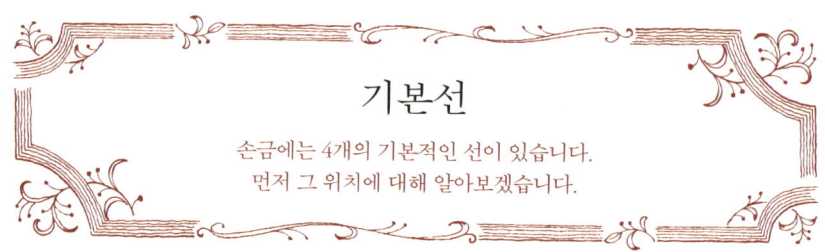

기본선

손금에는 4개의 기본적인 선이 있습니다.
먼저 그 위치에 대해 알아보겠습니다.

지금부터 기본선에 대해 자세히 설명하겠습니다. 기본선은 손금 중에서 특히 중요한 선을 말 합니다. 두뇌선, 감정선, 생명선은 대부분의 사람들이 가지고 있지만, 운명선은 없는 사람도 있습니다.

선은 구와 달리 사람마다 형태가 다르므로 어디에서 시작해 어디로 향하는 선인지를 익혀 놓지 않으면 손금이 복잡한 사람의 손에서는 기본선을 찾기 어렵습니다. 선의 명칭과 위치를 정확히 파악한 후에 각 선의 여러 가지 형태에 대해 알아보겠습니다. .

두뇌선	감정선
검지와 엄지 사이에서 시작해 손바닥을 가로지르는 선	새끼 손가락 밑에서 시작해 목성구 쪽으로 향하는 선

생명선	운명선
검지와 엄지 사이에서 시작해 손목 쪽으로 향하는 선	시작점은 관계없이 토성구 쪽으로 향하는 선

기본선의 위치

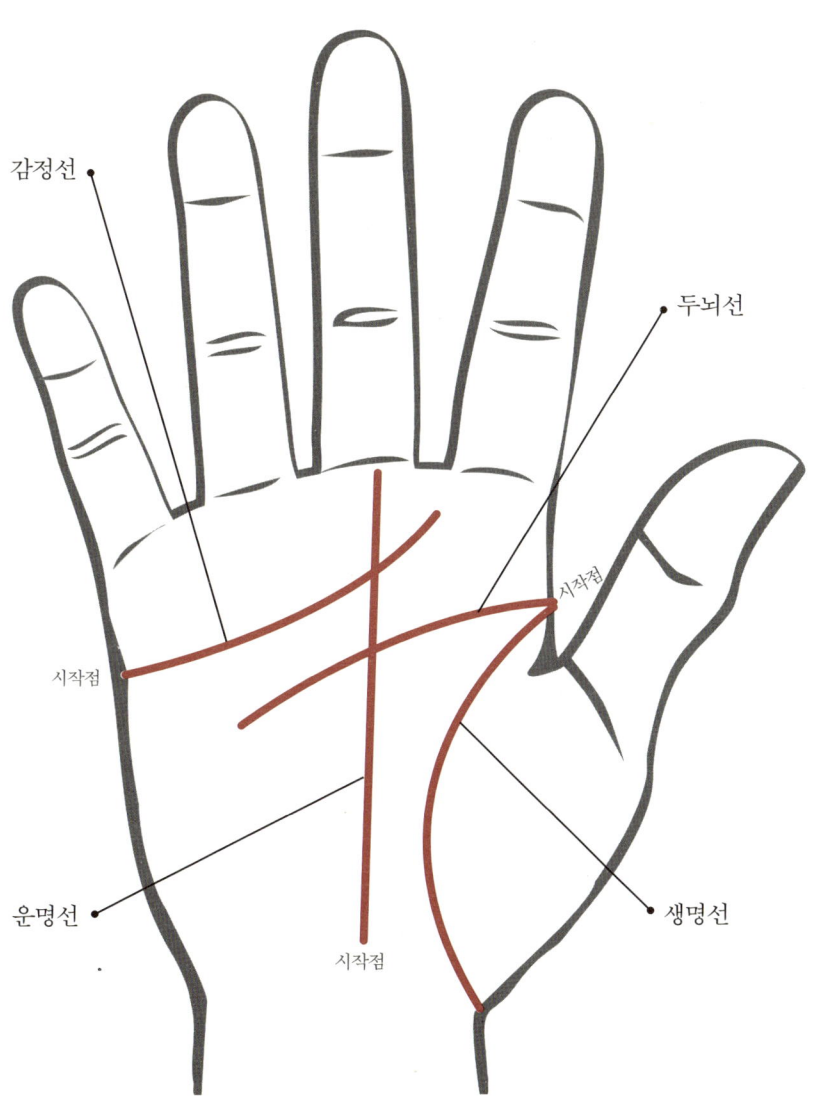

제2장 | 4대 기본선부터 배우자

두뇌선 頭腦線

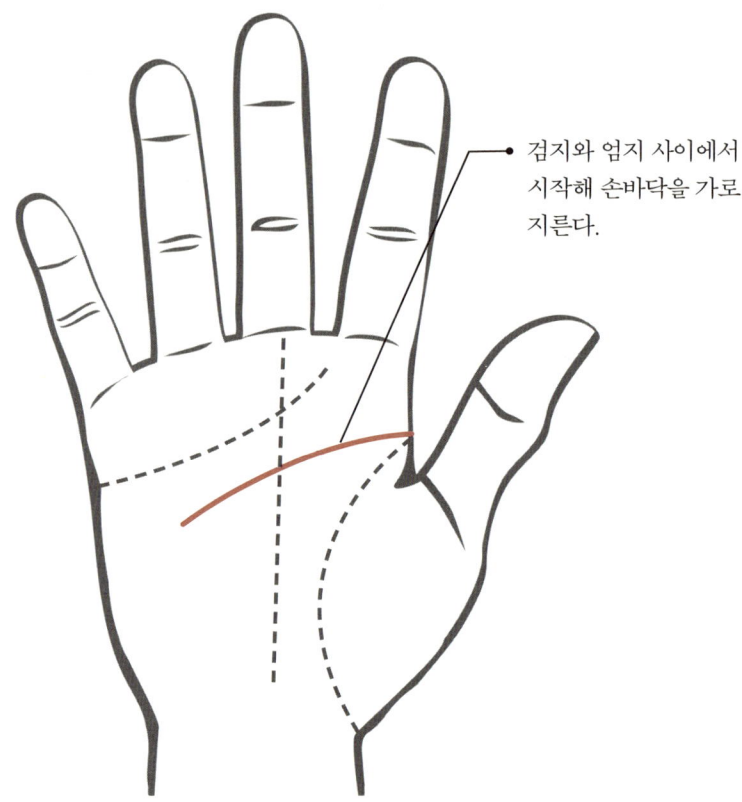

검지와 엄지 사이에서 시작해 손바닥을 가로지른다.

▍성격과 재능을 나타냅니다

두뇌선(지능선)은 사고력, 판단력, 집중력, 창조성 등 두뇌와 관련된 것을 나타내는 선입니다. 선이 길수록 심사숙고하는 타입이며, 짧을수록 빠르게 판단하는 타입입니다. 또 선이 위로(손가락 쪽)향할수록 현실적이고 경제관념이 좋으며, 아래로(손목 쪽) 향할수록 공상에 빠지기 쉬운 경향이 있습니다.

두뇌선이 길어 약지 아래지점을 넘어가는 선

곰곰이 생각하는 타입

커브의 유무와 관계없이 두뇌선이 긴 사람은 깊이 생각하는 타입입니다. 논리적으로 납득이 된 후에 행동하며, 먼 미래의 일까지 계획을 세워 착실히 추진해 갈 수 있습니다. 다만, 선이 과도하게 긴 사람은 생각이 너무 많아 결단을 내리지 못하거나 고민이 좀처럼 해소되지 않을 수도 있습니다. 하지만, 자기만의 페이스로 곰곰이 생각하고 몰두할 수 있는 환경이라면 능력을 충분히 발휘할 수 있습니다. 사고력을 활용할 수 있는 연구원, 창의적인 취미나 활동과 잘 맞습니다.

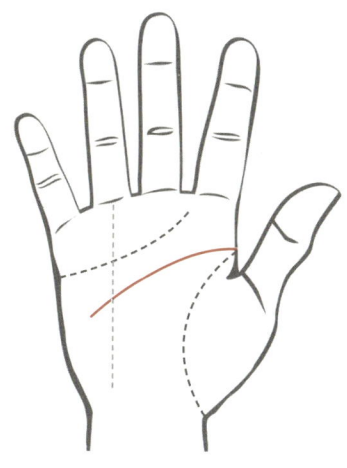

두뇌선이 짧아 약지 아래에 이르지 않는 선

직감을 중시하고, 특히 행동력이 뛰어난 타입

두뇌를 전환하는 속도가 빨라 '생각을 하자마자 실행으로 옮기는 타입'입니다. 오랫동안 생각하는 일을 잘하지 못하지만, 실제로 자신이 직접 체험하면서 기술을 익히고 많은 것을 배울 수 있습니다. 하지만, 뒷일을 생각하지 않고 행동하는 바람에 후회하는 일이 생길 수도 있으므로 큰 결단을 내릴 때에는 신뢰할 수 있는 사람과 상담하는 것이 좋습니다. 두뇌선이 쭉 뻗은 사람은 특히 한 가지 일을 정확하게 반복하는 일이 능숙하므로 기술자 등의 직업이 잘 맞습니다.

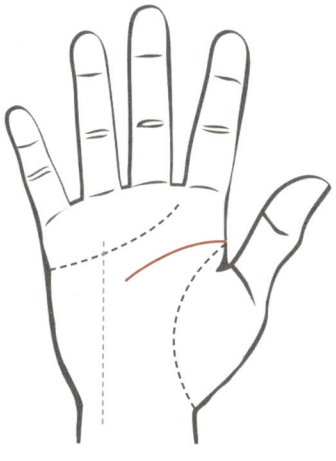

출발점이 생명선에서 떨어져 있는 선

대담하고 행동이 빠른 자유인

무엇이든 적극적이고 빠르게 행동하는 타입입니다. 사람들의 의견을 듣는 것을 좋아하지 않으며, 스스로 결정해 자유롭게 살아가고자 합니다. 프라이드가 높고 독립심이 강하므로 리더, 프리랜서로 일하면 크게 활약할 수 있습니다. 이 손금을 가진 사람은 다른 사람의 위에 오르거나 독립하기 위해 특기나 자격을 갖추는 것이 좋습니다. 여성의 경우는 전업주부보다 밖에서 일하거나 적극적으로 취미를 가져야 활력 있는 생활이 가능합니다.

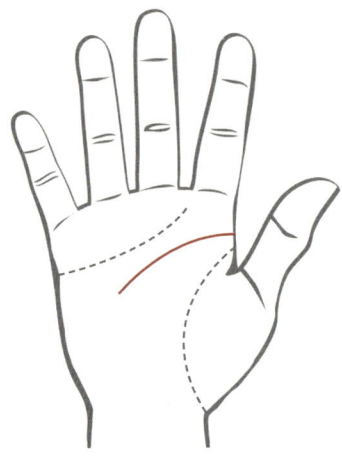

두뇌선과 생명선의 출발점이 같은 선

상식적으로 행동하는 타입

상식과 협동성을 바탕으로 전체를 내다보는 능력이 뛰어나며, 사람들을 한데 모으는 힘이 있고, 무슨 일이든 실수 없이 처리합니다. 그러나 방어적인 자세를 취하기 쉽고 갑작스러운 변화에 약합니다. 본인이 '신중하다'고 자각하지 않고 있더라도 실제로 생각 없이 행동하지 않고 충분히 준비한 후에 행동으로 옮깁니다. 두 선의 출발점이 엄지와 검지 사이의 정 중앙보다 높은 사람은 책임감이 강한 리더 타입이거나 특별의식이 강하고 남의 눈에 띄기를 좋아합니다. 중앙보다 낮은 사람은 다른 사람을 프로듀스 하거나 관리하는 업무에 적합 합니다.

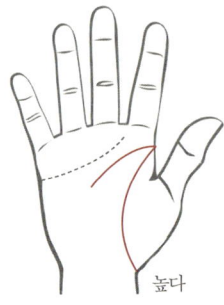
높다

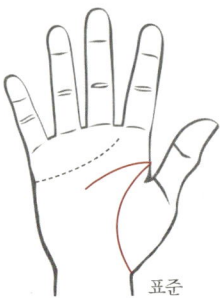
표준

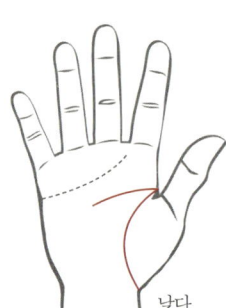
낮다

출발점이 생명선 위에 있는 선

돌다리도 두들겨 보고 건너는 타입

매우 신중하고 조심성이 많으며 눈에 띄는 것을 좋아하지 않습니다. 돌다리도 두들기고 두들긴 후에야 겨우 건널 수 있는 경계심이 아주 많은 타입입니다. 기회를 놓치지 않도록 때로는 모험도 필요합니다. 하지만, 사소한 일도 잘 알아차리기 때문에 가까운 사람들에게 자연스럽게 마음을 쓸 수 있으며, 자의식이 강한 편 치고는 주위 사람이나 환경에 쉽게 스며듭니다. 좋아하는 것을 꾸준히 해내는 탐구심을 살릴 수 있는 분야나 정밀함이 요구되는 기술직 등에 잘 맞습니다.

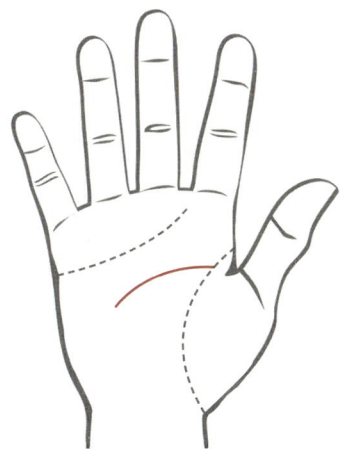

출발점이 제1화성구에 있는 선

섬세함과 대담함을 모두 지닌 타입

조심성이 많고 신경질적인 성격이며, 사소한 일에도 마음을 쓰는 타입입니다. 타인의 평가에 신경을 기울이거나 아주 작은 일에도 마음을 졸이며, 한편으로는 스트레스가 쌓이면 욱하는 감정이 피어 올라 제멋대로 행동하기도 합니다. 스스로 자신감이 붙으면 감정을 조절해 대담하게 행동할 수 있게 됩니다. 또한, 섬세하고 심미안이 있는 사람이 많아 감성을 살릴 수 있는 취미나 직업에 잘 맞습니다.

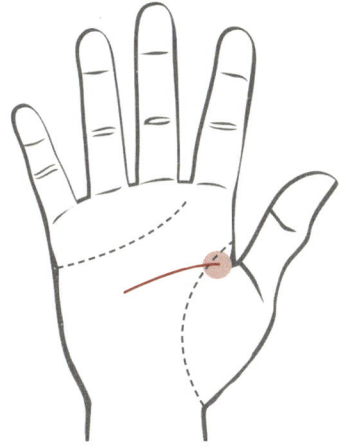

출발점이 생명선에서 떨어져 중지 아래 부근에 있는 선

과민한 신경에 가끔 무리한 행동을 하는 타입

보통 사람들은 신경 쓰지 않는 부분까지도 고민하는 과민한 신경의 소유자이지만, 가끔 공상에 빠져 앞뒤 생각하지 않고 무턱대고 행동할 때도 있습니다. 공격적인 면도 있어 하고자 다짐한 일은 공격적인 자세로 도전합니다. 자신만의 세계를 가지고 있으며, 실제 체험을 통해 많은 것들을 배우는 타입입니다. 조금 고생스러운 성격이기는 하지만, 실패해도 꺾이지 않는 강인함을 가지고 있습니다. 조직의 일원이 되기보다는 독립적으로 일하는 쪽이 잘 맞습니다.

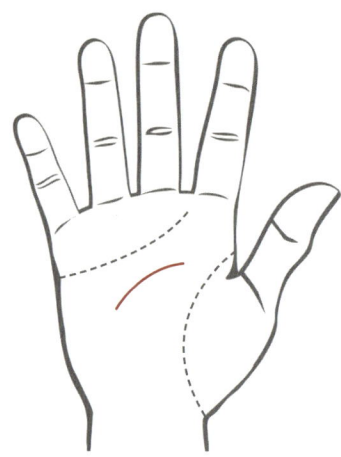

끝점이 수성구 쪽으로 향하는 선

명석한 두뇌, 완벽한 비즈니스 스킬의 소유자

두뇌 회전이 빠르고, 돈벌이 재능이 뛰어난 사람입니다. 사교적이고 협상능력이 좋으며 훌륭한 말솜씨로 사람을 끌어들이는 매력도 있습니다. 약간 무미건조한 부분도 있지만, 시원시원한 성격이어서 뒤탈이 없으며 거침없이 행동할 수 있습니다. 이 손금을 가진 사람은 경영자뿐만 아니라 재치와 커뮤니케이션 능력을 활용할 수 있는 영업, 통역, 아나운서 등에도 잘 어울립니다.

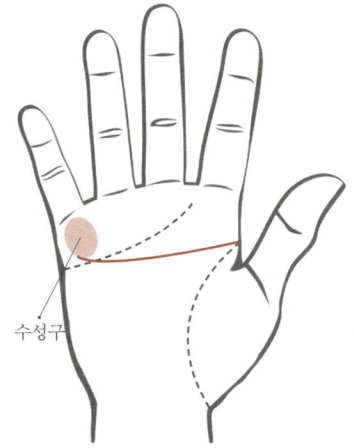

직선이고 끝점이 제2화성구 쪽으로 향하는 선

현실적이고 시원스러운 성격

현실주의여서 사물을 논리적이고 합리적으로 판단할 수 있는 타입입니다. 선이 길수록 이론만 내세우는 경향이 있습니다. 업무적으로는 프로의식이 강하고, 상대방의 요구사항을 적절하게 파악해 자신의 전문성을 향상시켜 가는 일이 어울립니다. 의사, 간호사, 변호사, 회계사, 설계사 등 전문직이 잘 맞으며, 평론가나 운동선수에서도 자주 볼 수 있는 손금입니다.

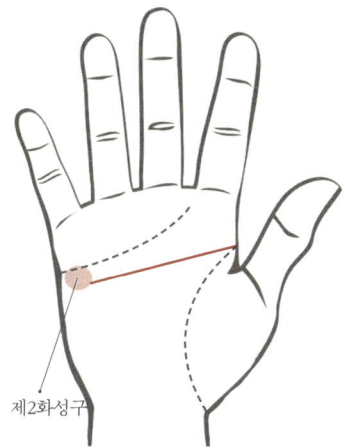

제2화성구

끝점이 월구 윗부분으로 향하는 선

사교성이 좋아 모든 사람에게 사랑 받는 타입

사고가 유연해 누구와도 잘 지낼 수 있습니다. 이상과 현실, 꿈과 금전적인 부분의 균형을 잘 잡을 수 있는 타입으로, 꿈을 좇으면서도 현실생활을 소홀히 하지 않고 매일을 충실하게 보낼 수 있습니다. 사람들 속에서 어울리며 살아가는 길에 잘 맞으며, 스스로는 석연치 않게 여겨지는 직업이라도 오랫동안 지속하다 보면 능력을 꽃피울 수 있습니다. 공무원, 접객업, 사무원 외에 창의력이 요구되는 일에서도 활약할 수 있습니다.

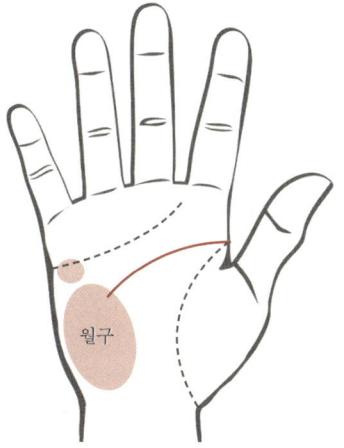

월구

끝점이 월구 아랫부분으로 향하는 선

상상의 세계를 살아가며 꿈을 좇는 로맨티스트

상상력이 풍부한 공상가입니다. 현실적인 생활보다 예술성, 정신성을 중시하는 경향이 있어 돈이 되지 않아도 좋아하는 일이라면 끝까지 해내는 타입입니다. 이상이 높아 쉽게 만족하지 못하는 측면도 있지만, 성품이나 개성, 아이디어가 높은 평가를 받을 수 있습니다. 디자이너, 아티스트 등 개성을 살릴 수 있는 창의적인 직종이 가장 적합하며, 만약 사무직이라면 자기방식으로 일할 수 있는 환경이 좋을 것입니다.

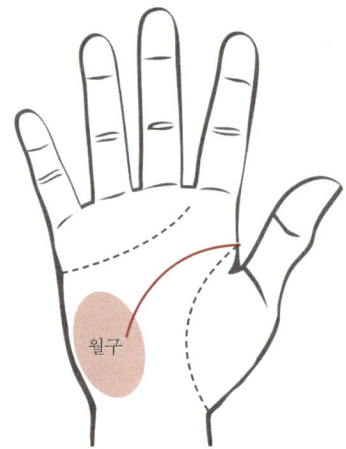

끝점이 급격히 내려가 지구 쪽으로 향하는 선

현실에서 동떨어진 강렬한 개성의 소유자

주변 사람과는 다른 감성의 소유자로, 상식이나 유행 등은 전혀 신경 쓰지 않고, 자신만의 세계에 틀어박힐 수도 타입입니다. 한번 고민하기 시작하면 해결될 때까지 생각에 잠기는 경향이 있습니다. 직업적으로는 영감이나 창작 등과 관련된 특수한 전문직에서 능력을 발휘할 수 있습니다. 다른 사람과 같은 일을 해 만인에게 인정받으려 하기보다 '아는 사람만 인정해 주면 된다'는 생각으로 직업을 찾으면 훨씬 쉬울 수 있을 것입니다.

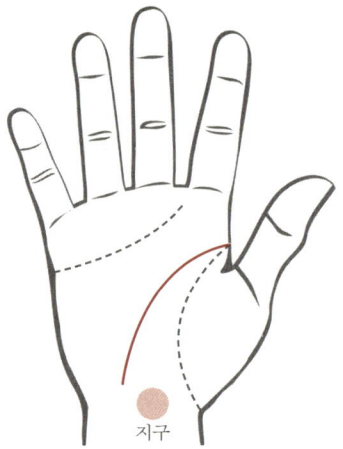

끝점이 갈라지는 선

호기심이 왕성하고 어떠한 상황에도 순응할 수 있다.

호기심이 왕성하고 도전정신이 넘치는 타입입니다. 특히, 크게 갈라진 사람은 요령 파악을 잘하고 변화에 대응하는 힘도 있어 매스컴이나 접객, 간호사 등의 직업에 잘 맞습니다. 작게 갈라진 사람은 이것저것 도전하기보다 분야가 비슷한 두 가지의 일에서 활약하는 타입입니다. 일 외에 전문가 수준의 취미가 있다면 매일매일을 충실하게 보낼 수 있는 타입입니다.

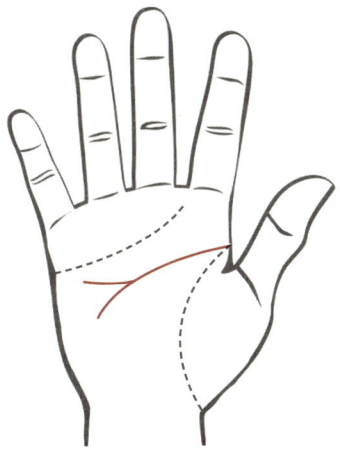

아래쪽으로 휘어지고, 끝점이 갈라지는 선

창의적인 업무에서 활약하는 타입

현실적인 일은 서투르지만, 톡톡 튀는 개성과 독창성, 창의력이 성공으로 이끌어 줍니다. 호기심이 왕성하고 곤란한 일도 어려움 없이 해낼 수 있지만, 기본적으로 좋아하는 일만 하고 싶어하는 타입입니다. 개성이 있고, 요령과 재주가 좋으며, 새로운 것을 만들어내고자 하는 의욕이 있어 예술, 문학, 패션 등 창의적인 일에서 활동하는 사람이 많이 가지고 있는 손금입니다.

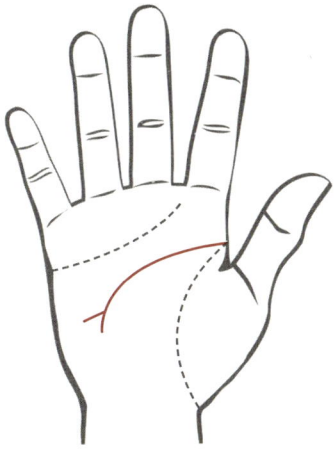

끝점이 내려가다가 다시 올라가는 선

현실을 직시하는 이상주의자

꿈을 좇는 순수함과 엄격한 현실을 직시할 수 있는 냉정함을 모두 갖추고 있습니다. 현실적이면서도 꿈을 고려하는 사고를 하기 때문에 타인에게 매력적으로 보이는 경우가 많습니다. 이 손금을 가진 사람은 사고의 균형이 잘 이루어져 있으므로 크게 실패하지 않고 꿈을 하나하나 이루어 갈 수 있습니다. 자신의 창작물을 비즈니스에 활용하는 재능도 있으며, 여성의 경우 생활력이 있어 살림을 잘 할 수 있습니다.

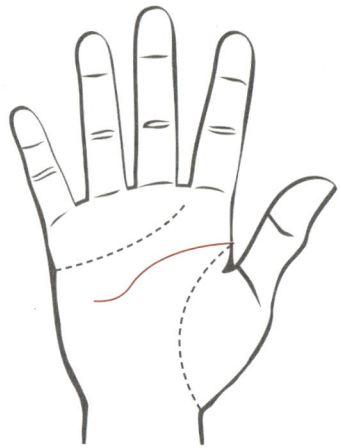

수성구에 이르는 지선이 있는 경우

두뇌회전이 빠르고, 비즈니스 센스가 있다.

경영자에게 많이 나타나는 손금으로, 두뇌회전이 빠르고 협상능력이 뛰어난 등 사업가에 어울리는 비즈니스 스킬을 가지고 있습니다. 사교성이 좋아 인맥이 두텁고, 젊은 시절에 출세할 수도 있습니다. 또 화제거리가 많아 '함께 있으면 즐거운 사람'으로 여겨집니다. 전업주부가 이 손금을 가진 경우에는 취미활동을 통해 가정 내에서 비즈니스를 시작할 수도 있습니다.

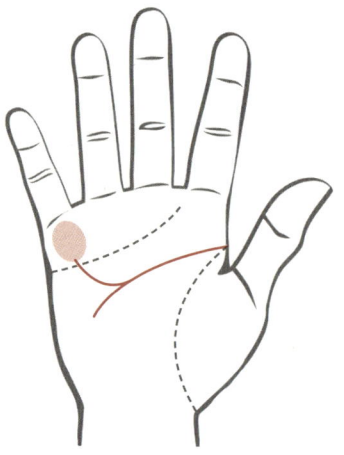

태양구에 향하는 지선이 있는 경우

예술적인 업무에서 활약한다.

예술과 관련된 직업에서 재능을 인정받아 성공하는 것을 암시합니다. 표현력, 예술감각, 화려함이 있는 한편으로 합리적이고 현실적인 측면도 있어 예술적인 일을 비즈니스에 활용할 수 있습니다. 재치가 있고 타인의 평판을 걱정하는 타입으로, 인기를 먹고 사는 직업에도 잘 맞습니다. 이 손금을 가진 사람은 자신의 감성을 믿고 끝까지 도전하다 보면 길이 열릴 것입니다.

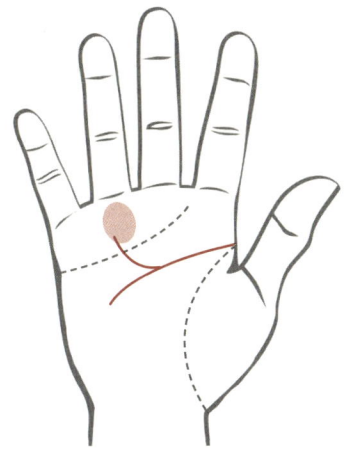

짧은 지선이 수성구 방향으로 향하는 선

적극적인 자세로 변하고 있음을 나타낸다.

호기심이 왕성해지고 비즈니스 감각이 발달하고 있는 상태입니다. 이 지선이 갑자기 나온 사람은 무언가를 하고자 하는 의지가 생겨 적극적으로 변화하고 있는 것입니다. 이 선이 있는 동안에는 비즈니스와 관련된 부분에서 지식을 흡수할 수 있으므로 스킬 향상을 목표로 하면 크게 성장할 수 있으며, 아이디어를 활용하고 지혜를 모으면 큰 수확을 얻을 수 있을 것입니다.

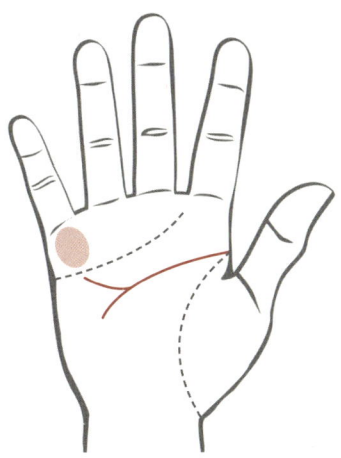

끝점 부근이 짧은 직선 3개 이상으로 갈라지는 경우

현실적이고 두뇌회전이 빠른 타입

두뇌회전이 빠르고 어떠한 상황에서도 눈치가 빠른 타입입니다. 상황에 따른 대응이 능숙한 만큼 앞뒤 가리지 않고 감각적으로 행동하다 잘못되는 경우도 있지만, 마음이 끌리는 대로 행동하기 때문에 후회하는 일은 별로 없습니다. 호기심이 왕성하고 화제거리가 많으며 재치가 있어 비즈니스에서도 능숙하게 일을 잘 처리합니다. 기분 전환이 빠르며 감정을 질질 끌지 않는 시원스러운 성격으로 주변인들의 사랑을 받는 타입입니다.

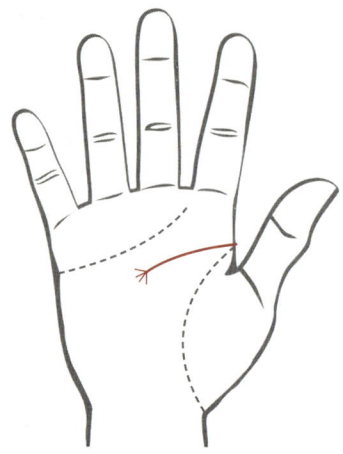

두뇌선이 두 줄인 경우

매우 독특한 개성의 소유자

두뇌선은 일반적으로 한 줄인데 두 줄이 있는 사람은 두 배의 재능과 개성을 지니고 있다고 할 수 있습니다. 머리가 매우 좋고 일을 잘하는 사람들이 주로 가지고 있는 손금입니다. 독특한 발상의 소유자로 약간 특이해 보일 수도 있지만, 타인과 다른 일을 함으로써 활약할 수 있으며, 창업으로 성공한 사람의 손금에 많이 나타납니다. 가업을 잇는 경우에는 자신의 개성을 살려 성공할 수 있으며, 독창성을 살려 창의적인 업무에서도 활약할 수 있습니다.

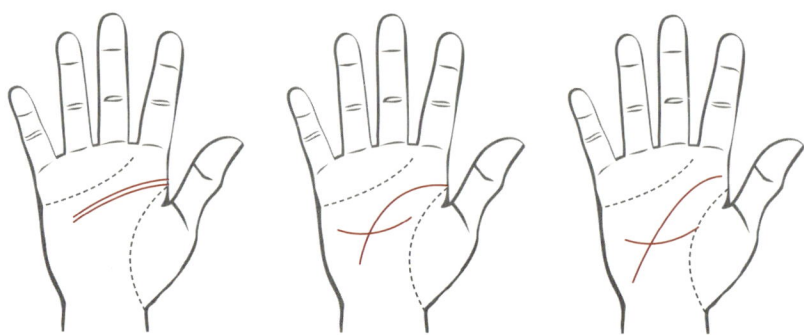

두뇌선 중간부터 또 다른 두뇌선이 길게 갈라져 나오는 경우

원하는 것에 대해 탐욕스러운 타입

활동적이고 창작욕이 있으며 꿈과 사회적 안정을 모두 추구합니다. 자기만의 방식이 확고해 타인의 의견이 귀를 잘 기울이지 않으며, 스스로의 힘으로 인생을 개척해 갑니다. 조직 안에서 행동하기보다 혼자 혹은 소수로 일하는 쪽이 좋습니다. 원하는 바가 커 만족감을 얻기 어렵지만, 이상을 향해 노력할 수 있는 사람입니다.

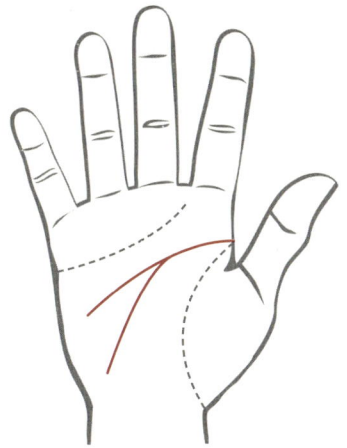

끝점 부근에 평행하는 짧은 선이 있을 경우

비관적 또는 낙관적으로 생각하는 타입

두뇌선 끝점 부근의 위쪽에 가느다란 선이 있는 사람은 낙관적인 사고의 소유자로 긍정적이고 적극적입니다. 반대로 아래쪽에 짧은 선이 있는 사람은 내성적인 타입입니다. 비관적으로 생각하고 소극적으로 판단하는 경향이 있지만, 깊이 고심하는 섬세함을 가지고 있습니다. 끝점 부근에서 갈라져 나온 선도 마찬가지로 위쪽이 적극적, 아래쪽이 소극적임을 나타냅니다.

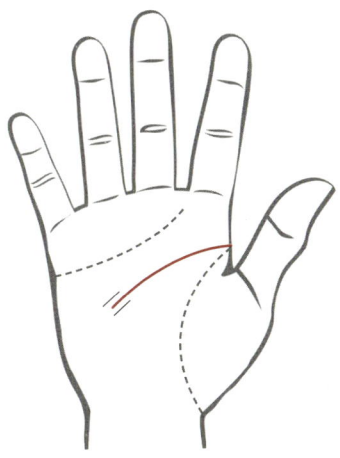

두뇌선과 감정선이 한 줄이다 (막쥔손금 또는 평목선)

강렬한 존재감을 발산하며 파란만장한 삶 그 자체

두뇌선과 감정선이 이어져 있는 손금은 매우 드뭅니다. 쉽게 겁먹지 않는 강인함과 역경에 지지 않는 굳건함을 가지고 있으며, 끈기 있는 노력가입니다. 프라이드도 높아 리더, 교수 등 사람들의 위에 서는 일이나 단독으로 일하는 업무에서 활약합니다. 조직 안에서 일하는 경우에는 컴퓨터, 법률, 사회보험 등 자신의 전문분야를 가짐으로써 높은 평가를 받을 수 있습니다. 안정적인 환경에서는 본래의 강인함이 발휘되지 못합니다. 결혼한 여자의 경우 사회 활동을 하거나 취미를 계속하지 않으면 스트레스로 삶이 힘들 수가 있습니다.

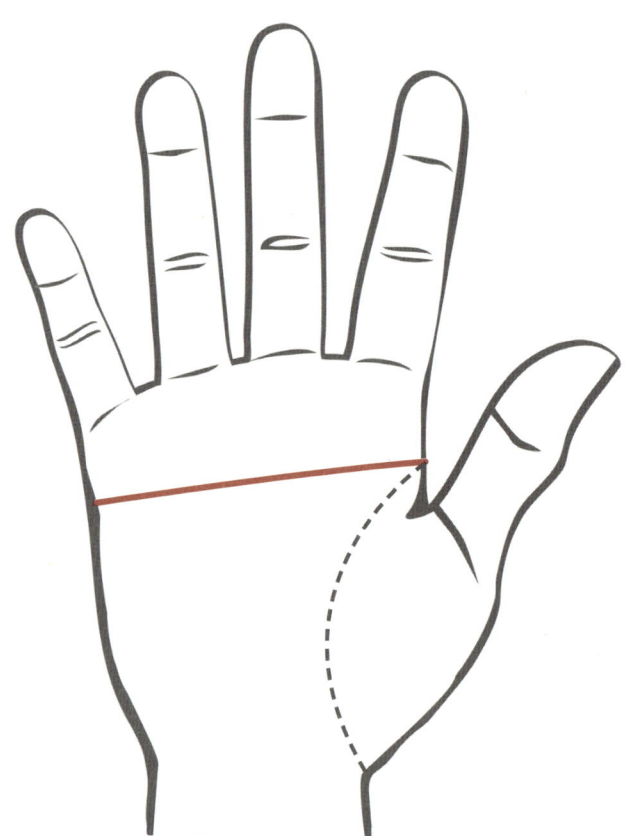

변형 평목선1. 평목선 중간에서 두뇌선과 감정선이 갈라진 경우

굳은 심지와 유연함을 모두 가진다.

끈기와 근성이 있으며 독립심이 강한 타입이지만, 사고가 유연해 일반 평목선이 있는 사람보다 협조심이 있습니다. 혼자서도 조직 내에서도 일을 잘 할 수 있으며, 갈라진 두뇌선이 길수록 창의적인 분야에서 활약합니다.

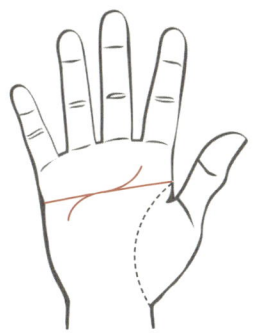

변형 평목선2. 두뇌선과 직선인 감정선이 만나는 경우

책임감이 강하고 성실한 타입

창의력, 아이디어를 살려 꾸준히 노력해 성공하는 사람에게 많은 손금입니다. 솔직하고 성실한 성격이지만, 고집이 셉니다. 강한 의지와 책임감, 성실성이 있으나 애정 표현은 서투릅니다.

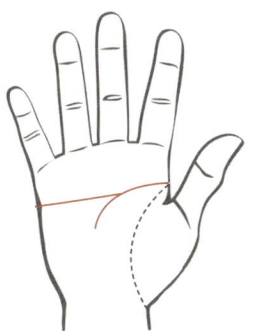

변형 평목선3. 평목선 위쪽에 독립적인 감정선이 있는 경우

파워풀하고 애정이 풍부한 열정가

평목선의 성질과 더불어 이중감정선의 의미가 있습니다. 파워풀하고 역경에 지지 않는 굳건함과 끈기가 있을 뿐만 아니라 애정 표현이 풍부하고 열정적입니다. 꿈을 실현하고자 하는 힘이 놀라울 정도입니다.

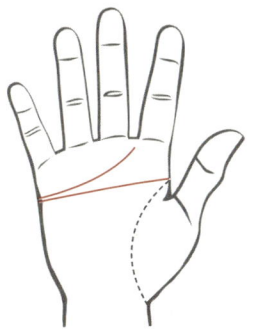

감정선의 지선이 두뇌선에 합류하는 경우

끈기 있는 노력가이자 남을 잘 돌보는 타입

두뇌선의 지선, 또는 감정선의 지선이 옆으로 튀어나와 라인이 이어지면 평목선과 같이 풀이됩니다. '내가 하지 않으면 안된다'는 식의 자의식이 강한 타입입니다. 평목선과는 다르지만, 남을 잘 돌보고 정의감이 강한 성격에 끈기 있는 노력가라는 평목선의 성격이 보입니다.

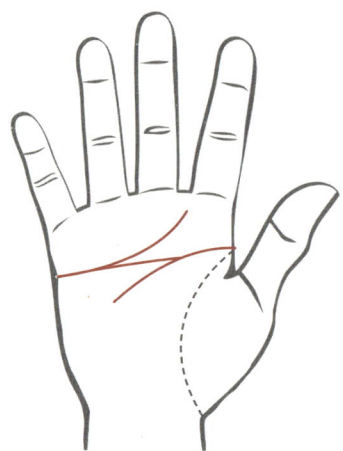

중간 부분에서 모가 나게 밑으로 꺾이는 경우

결국에는 자신이 좋아하는 것을 택하는 사람

현실적인 사고의 소유자이지만, 꿈을 계속 가지고 있다 보면 취미가 더해져 직업이 될 수 있는 타입입니다. 이 손금을 가진 사람은 자신의 감성을 억누르며 무리하게 안정적인 직장을 가지면 본래의 장점이 사라지고 맙니다. 좋아하는 일이라면 자연스럽게 오래 지속할 수 있으며 어려움도 극복할 수 있으므로 좋아하는 일이 있다는 것은 행운입니다. 그러니 그러한 일에 끝까지 도전하는 것이 좋겠습니다.

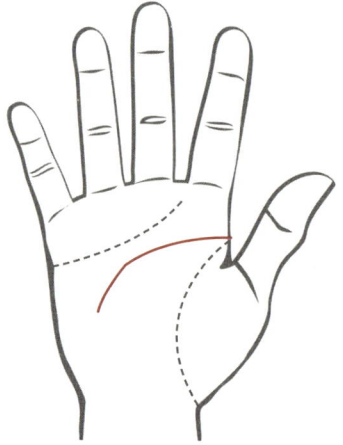

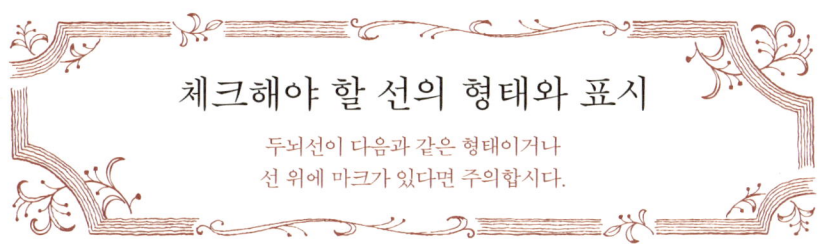

체크해야 할 선의 형태와 표시

두뇌선이 다음과 같은 형태이거나
선 위에 마크가 있다면 주의합시다.

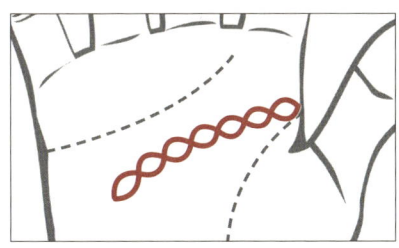

사슬 무늬

사슬 모양의 두뇌선은 경솔하게 지레 짐작하는 버릇이 있는 사람에게 나타납니다. 계속해서 다양한 것에 흥미를 가지는 타입입니다.

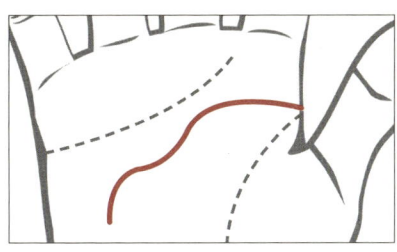

물결 무늬

두뇌선이 꾸불꾸불한 사람은 좋든 나쁘든 자기 방식대로 살아가는 타입으로, 주변사람에게 적당히 넘어가는 잔꾀를 가진 나쁜 사람으로 평가할 수 있습니다.

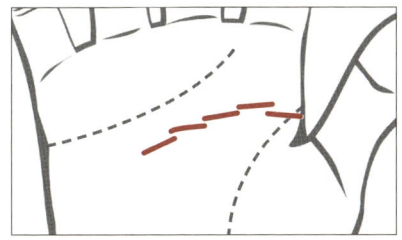

토막토막 끊어진 무늬

두뇌선이 끊어진 것은 기분이 일정치 않아 하나에 집중하기 어려운 사람입니다. 한편으로 주변사람들이 놀랄 만한 발상을 하는 경우도 있습니다.

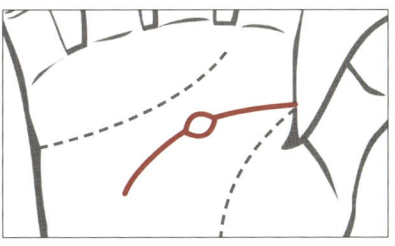

섬 무늬

두뇌선에 섬 무늬가 있는 사람은 예민하고 섬세한 신경의 소유자. 두통 환자에게도 나타나므로 스트레스가 쌓이지 않도록 합시다. 특히, 끝부분에 있는 섬 무늬는 각별한 주의가 필요합니다.

감정선 感情線

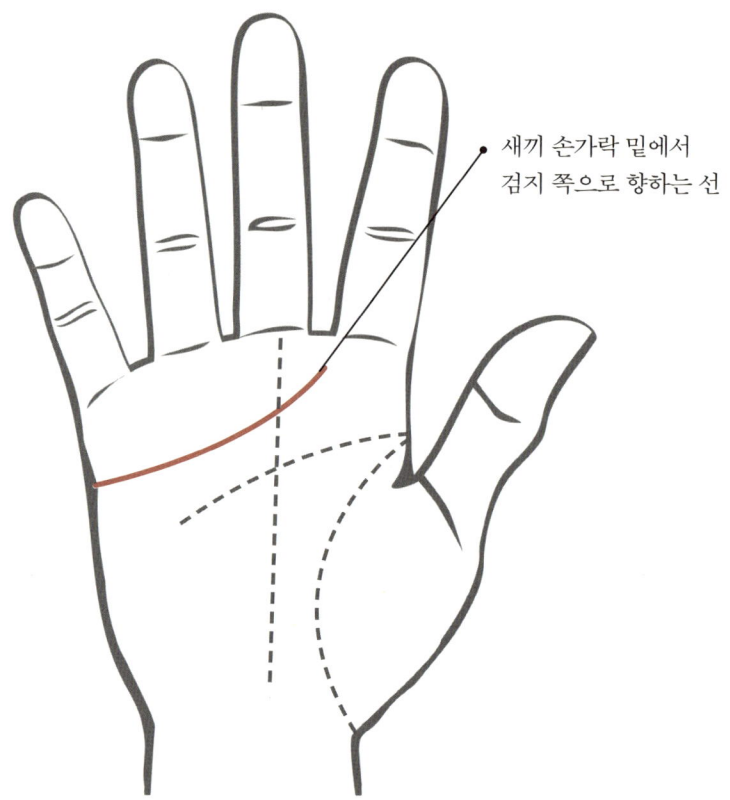

새끼 손가락 밑에서 검지 쪽으로 향하는 선

▎애정, 열정, 감수성, 대인관계를 나타냅니다.

감정선은 애정 표현, 마음의 움직임 등 사람의 내면을 나타내는 선입니다. 다른 기본선과 달리 지선 등으로 인해 다소 복잡한 경우가 많습니다. 감정선이 복잡할수록 감성이 예민하다는 뜻입니다. 감정선을 볼 때는 선의 길이와 직선인지 곡선인지 여부가 중요합니다. 선이 길수록 애정이 두텁고, 생각을 직설적으로 내뱉는 경향이 있습니다. 감정선이 곡선인 사람은 다른 사람을 대하는 태도가 부드럽고 자신의 감정을 능숙하게 전달할 줄 아는 경우가 많습니다.

감정선의 분류

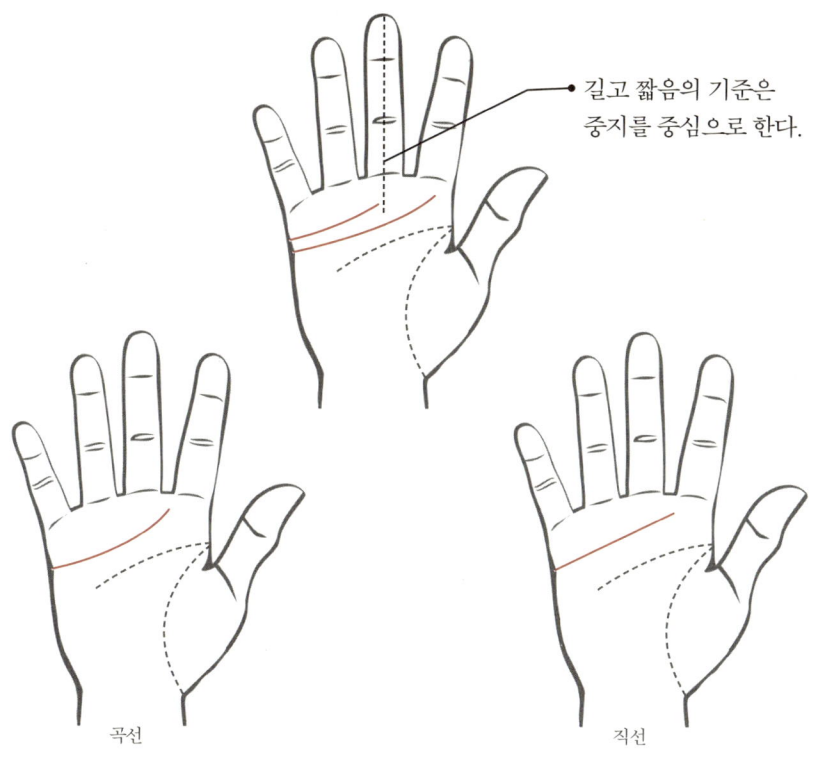

길고 짧음의 기준은 중지를 중심으로 한다.

곡선 / 직선

곡선

세심한 감정표현

곡선인 사람은 마음을 담아 애정을 표현할 수 있지만, 분위기에 휩쓸리기 쉬운 경향이 있습니다.

직선

직설적인 감정표현

직선인 사람은 생각한 바를 직설적으로 표현하는 타입입니다. 하지만, 정에 휩쓸리지 않고 합리적으로 대인관계를 구축합니다.

짧다

애정에 대한 에너지가 약하다

선이 짧을수록 친밀한 대인관계를 원하지 않고, 뒤가 없는 성향입니다.

길다

애정에 대한 에너지가 강하다

선이 길수록 애정이 깊고, 다른 사람을 잘 돌보며, 지배욕이 강합니다.

직선에 가깝고, 중지 아래에 닿지 않는 경우

시원시원한 성격으로 상대방을 속박하지 않는다.

숨김 없이 마음을 터놓거나 질척한 관계에 익숙하지 않은 타입입니다. 좋게 말하면 뒤가 없고 알기 쉬운 성격, 나쁘게 말하면 상대방의 감정에 둔감하고 인간미가 부족한 성격이라 할 수 있습니다. 상대나 상황에 따른 세심한 감정 표현을 하지 못해 차가운 사람이라는 인상을 주기도 합니다. 연애에서 밀고 당기기도 잘하지 못하기 때문에 결혼이 하고 싶다면 소개나, 맞선을 보는 것을 추천합니다. 직업은 숫자를 다루는 회계사 등이 좋으나, 상식에 얽매이지 않고 사는 사람도 있습니다.

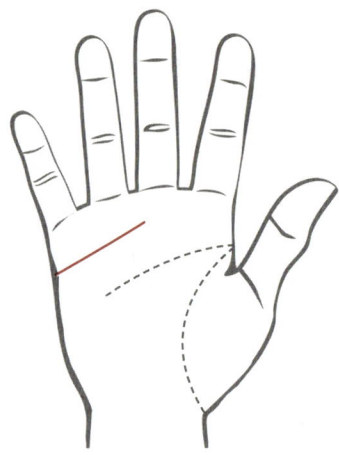

곡선에 가깝고, 끝점이 검지에 닿지 않는 경우

순진하고 애정 표현을 조심스러워한다.

원래는 애정이 풍부하지만, 애정 표현은 매우 조심스러운 사람입니다. 먼저 솔직하게 접근하지 못하기 때문에 상대에게 본심이 잘 전달하지도 못합니다. 그래서 자신의 마음을 알아주지 않는다며 불안과 초조를 느끼다 결국 폭발해 주변 사람들을 놀라게 하는 경우가 가끔 있습니다. 남녀 사이에서뿐만 아니라 평소에도 부끄러워하거나 귀찮게 여기지 말고 감정을 한마디라도 더 표현할 수 있도록 하다 보면 주변 사람들의 신뢰를 얻어 인간관계도 더욱 좋아질 것입니다.

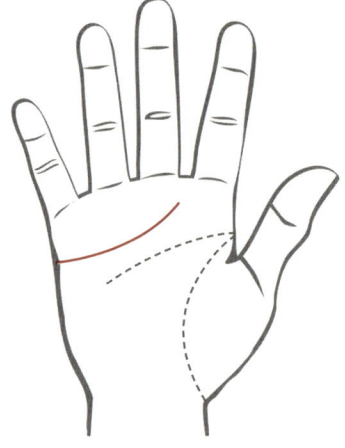

곡선에 가깝고, 끝점이 중지 쪽으로 올라가는 경우

쉽게 불타오르고 쉽게 식는다.

자신만의 세계 속에서 혼자 쉽게 불타오르기도 하고 식기도 하는 타입입니다. 애정이 많으며 가족과 애인을 위해 노력하지만, 고집이 세 상대방이 자신에게 맞춰 주길 바라는 경향이 있습니다. 이 손금을 가진 사람은 다른 사람의 이야기를 듣는 습관을 들이는 것이 좋습니다. 가치관이 같은 사람과는 별다른 문제없이 지낼 수 있습니다. 끝점이 중지와 손바닥의 이음매까지 뻗어 있는 것은 강한 경계심에 비해 무언가 한 가지 일에 쉽게 빠져드는 경향이 있다는 뜻이므로 주의가 필요합니다.

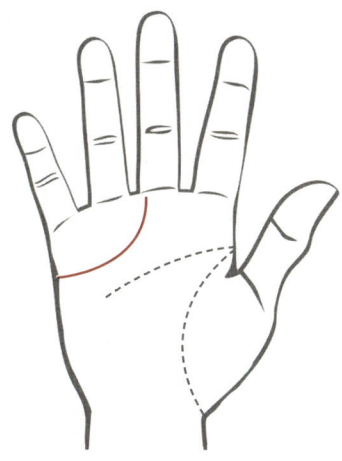

끝점이 검지와 중지 사이로 들어가는 경우

애정이 깊고, 가족을 많이 생각한다.

가족, 애인, 친구 등에 애정이 매우 깊은 사람입니다. 발림소리 없이 친절한 행동으로 따뜻한 애정을 표현하는 타입으로, 여자는 현모양처, 남자는 가정에 충실한 남편이자 아버지가 될 것입니다. 고지식하고 결벽하며, 모든 것을 객관시하고자 하는 측면이 있어 상당한 비평가입니다. 또 좋고 싫음이 분명해 싫어하는 사람에게는 모질게 행동하기도 합니다. 이 손금을 가진 사람은 자신과 같이 가정적인 타입과 함께하면 원만한 가정을 이룰 수 있습니다.

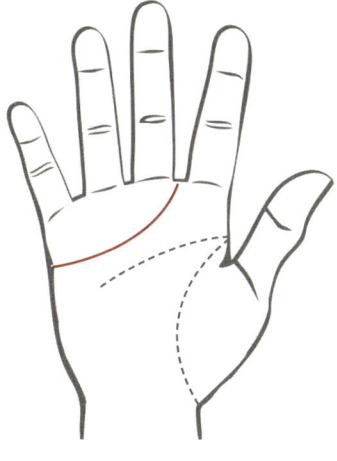

곡선에 가깝고, 끝점이 목성구에 조금 들어가는 경우

가족과 애인에게 충실한 타입

끝점이 검지 쪽으로 들어가 검지의 시작선에 닿아 있는 사람은 애정이 풍부하고 가족과 애인을 소중하게 여기는 타입입니다. 주변 사람과도 원만한 인간관계를 구축해 나이가 먹어도 활기차게 생활할 수 있고, 성실한 사람과 결혼하면 이상적인 가정을 이룰 수 있습니다. 그리고 끝점이 위쪽으로 길게 올라갈수록 열정적이고 자기 어필을 잘하는 타입입니다.

그러나 끝점이 위로 올라가지 않고 검지의 시작선 바로 앞에서 멈춘 사람은 애정이 깊지만, 상대에 대한 말 한마디가 부족하다고 볼 수 있습니다.

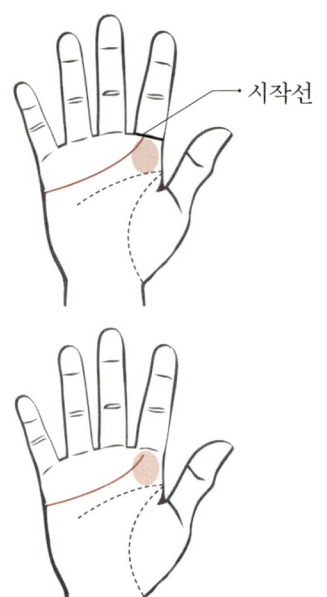

곡선에 가깝고, 끝점이 목성구 중간까지 들어가는 경우

정이 많고 열정적이며 성실하다.

애정이 매우 많고 열정적이며 가족과 애인에 대한 마음이 매우 강한 사람으로, 주변 사람을 잘 챙기고 자기주장도 확실합니다. 하지만, 정이 너무 깊은 나머지 항상 걱정이나 불만을 안고 사는 경우도 있습니다. 특히, 이 손금을 가진 여성은 일이나 취미에 힘을 쏟아 에너지를 분산시키면 더욱 만족스러운 가정을 꾸릴 수 있습니다. 몰두할 수 있는 일이 있다면 항상 활기차게 생활할 수 있을 것입니다.

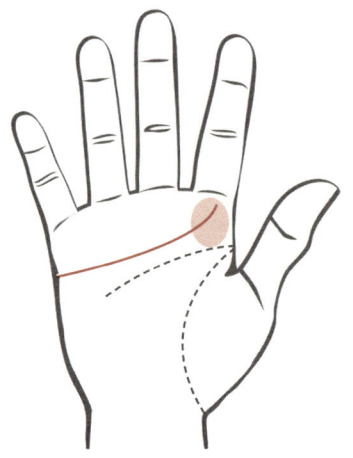

직선에 가깝고, 끝점이 위로 올라가 목성구 중간까지 들어가는 경우

성격은 따뜻하지만, 직설적이다.

긴 감정선은 애정이 많고 가족과 집안을 많이 생각하는 것으로 풀이되지만, 선이 직선인 사람은 정서가 결여된 부분이 있어 생각을 직설적으로 표현해 주위를 당황하게 하기도 합니다. 좋게 말하면 겉과 속이 똑같은 시원시원한 성격, 나쁘게 말하면 섬세함이 부족한 성격이지만, 솔직한 타입이어서 주위의 호감을 얻는 경우가 많습니다. 생각은 매우 합리적인 편입니다.

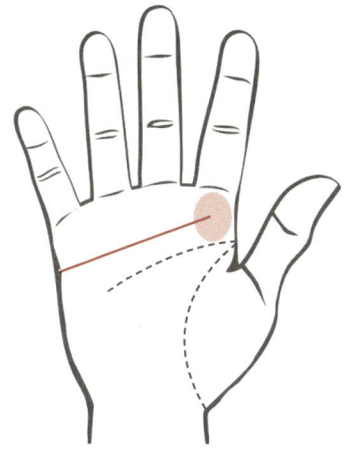

끝점이 목성구를 뚫고 지나가는 경우

깊은 애정의 반동으로 독점욕이 강해질 가능성이 높다.

감정선은 길수록 열정적이고 정이 많은 성격임을 나타내지만, 목성구를 뚫고 지나갈 정도로 긴 경우는 깊은 애정의 반동으로 생각대로 되지 않으면 쉽게 불만을 느끼는 성향이라 할 수 있습니다. 독점욕이 강해 상대의 행동에 간섭하기도 합니다. 남성 가운데 이 손금을 가진 사람은 개인적인 애정보다 일에 열정을 쏟아 부어 지도자로 활동하는 타입도 있습니다. 남녀 모두 유순한 사람과 궁합이 잘 맞습니다.

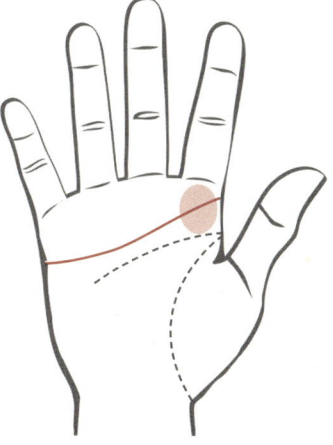

목성구까지 올라갔다가 아래로 떨어지는 경우

맹목적이고 감상적이다.

열정적이고 순수한 정신의 소유자로, 맹목적으로 무언가에 빠지는 경향이 있습니다. 연애, 일 등 '이것이다' 하고 생각한 일에 철저히 힘을 쏟습니다. 지나치게 빠져들어 상대에게 휘둘릴 수도 있으니 주의해야 합니다. 하지만, 빠졌던 것이라도 일단 만족을 느끼면 쉽게 잊어버리기도 합니다. 폭 넓게 배우고 시야를 넓히면 주변으로부터 신뢰를 얻을 수 있을 것입니다.

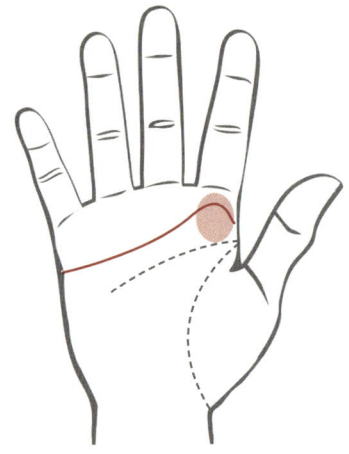

수평으로 뻗는 경우

애정은 많지만 표현이 서투르다.

곡선을 그리지 않고 쭉 뻗은 감정선은 감정에 휩쓸리지 않고 합리적으로 판단한다는 것을 뜻합니다. 감정선이 두뇌선(이성을 나타냄)의 영향을 받아 정서가 억제된 것입니다. 애정은 많지만 표현을 잘 하지 않기 때문에 상대에게 마음이 전달되지 않는 경우가 많습니다. 이 손금을 가진 사람은 의식적으로 자신의 마음을 언어나 행동으로 표현하기 위해 노력하면 호감도가 높아질 것입니다.

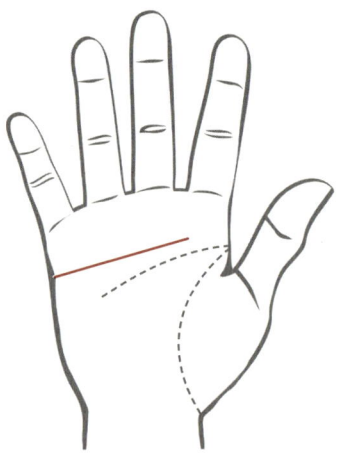

선이 옆으로 쭉 뻗어 끝점이 생명선 출발점 부근에 합류한다.

노력가이고 책임감이 강한 한편, 애정 표현은 서투르다.

변형 평목선 형태로, 노력가이고 끈기가 있는 평목선과 같은 성질이 나타납니다. 가족과 애인에게 본심을 전달하거나 애정을 표현하는 것이 익숙하지 않고 상대의 기분을 살피는 것이 서투르기 때문에 건조해 보일 수도 있지만, 본래는 애정이 많은 사람입니다. 약간 고집이 세고 성미가 까다로운 부분도 있지만, 상식적이고 책임감이 강한 타입이 많습니다.

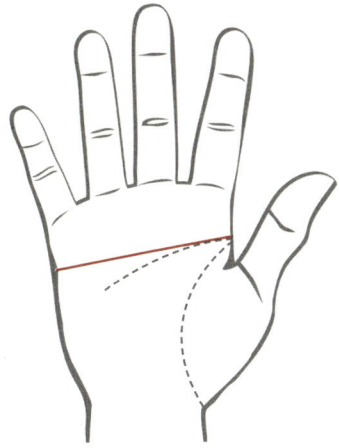

끝점이 제1화성구에 들어가는 경우

쓸데없이 참견하는 타입

애정이 많고 열정적인 성격이지만, 상대방에게 너무 집중한 나머지 자기도 모르게 쓸데없는 참견을 하게 되는 타입입니다. 잘 되라고 한 일이라도 상대는 강압적으로 느낄 수도 있습니다. 상대가 원하는 바를 올바로 받아들이도록 노력하면 원만한 관계를 유지할 수 있을 것입니다. 기본적으로는 정이 두텁고 마음이 따뜻한 사람입니다.

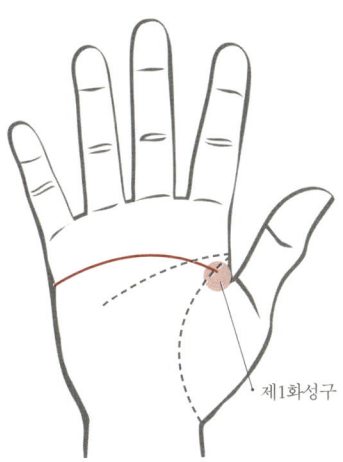

제1화성구

끝점이 3줄 이상으로 작게 갈라지는 경우

가까운 사람에게 친절한 사람

친절하고 배려심이 좋지만, 불특정다수가 아니라 같은 회사, 이웃, 친척 등 자신이 속한 그룹의 사람들에게만 마음을 씁니다. 가족과 친구를 매우 소중히 여기는 사람입니다.

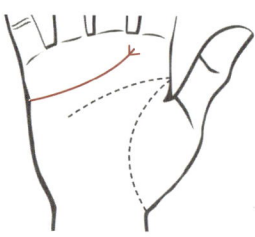

끝점이 목성구에 들어가고, 3줄 이상으로 크게 갈라지는 경우

사교적이고 누구에게나 친절한 사람

서비스 정신이 왕성하고 누구와도 잘 지낼 수 있는 타입입니다. 사교적이고 명랑해 처음 만나는 사람에게도 친절하게 대응할 수 있습니다. 접객업, 유치원 교사 등 다양한 사람들을 만나는 일에 잘 맞습니다.

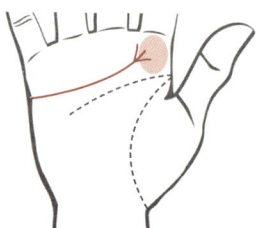

끝점 부근에서 3~4줄 아래쪽으로 갈라지는 경우

동정심과 배려심이 있는 사람

붙임성이 좋으며, 누구에게나 세심하게 마음을 쓸 수 있는 배려심이 깊은 사람입니다. 협조심이 있어 다른 사람의 보조에 맞추어 움직일 수 있습니다. 감정선의 끝점이 길수록 자기 어필을 잘 합니다..

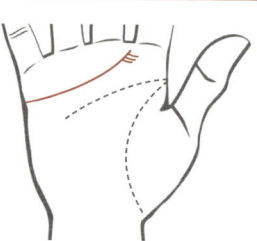

끝점이 크게 갈라지지만, 목성구에는 닿지 않는 경우

자기 어필이 서투나, 배려심 있는 사람

주위 사람들에게 융화되어 세심하게 마음을 쓰는 타입입니다. 다만, 자기 어필이 부족해 상대에게 자신의 생각이나 배려가 전해지지 않아 정신적인 피로를 느끼는 일도 있습니다. 자신에 대해 조금 더 표현하도록 노력하면 매력이 배가될 것입니다.

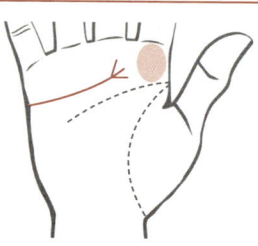

끝점이 두 갈래로 갈라지는 경우

상식적이고 성실하게 교제한다.

감정선이 위로 올라가 끝점이 두 갈래로 갈라진 사람은 교제 시 성실한 상식파. 사랑에 대해 성실하게 생각하는 사람입니다. 이는 옆으로 나온 지선이 감정을 억제하고 있기 때문이라고 생각하기 바랍니다. 끝점이 목성구까지 닿지 않으면 고지식해 연애를 잘 발전시키지 못하는 경우도 있습니다. 이 손금과 함께 옆으로 깨끗하게 뻗은 결혼선이 딱 한 줄 있는 사람은 보수적인 결혼관의 소유자입니다.

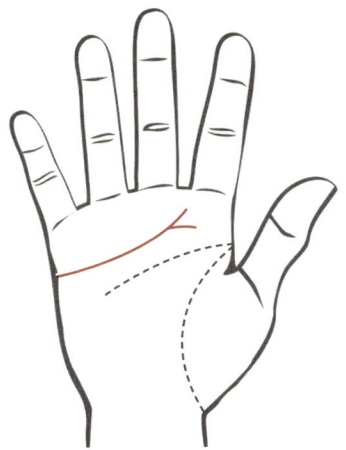

끝점에서 위쪽으로 뻗은 지선이 있는 경우

명랑하고 자기 어필이 능숙하다.

긴 감정선의 끝점이 두 갈래로 갈라져 위쪽으로 올라간 사람은 많은 사람들이 좋아하는 명랑한 성격임을 나타냅니다. 긴 감정선의 소유자는 자기 어필을 잘하고, 위쪽으로 올라가는 선보다 더욱 위로 올라가는 지선이 있는 사람은 밝고 사교적입니다. 진실하게 애정을 표현할 수 있고 붙임성이 좋아 누구와도 친숙하게 지낼 수 있는 성격을 가지고 있습니다.

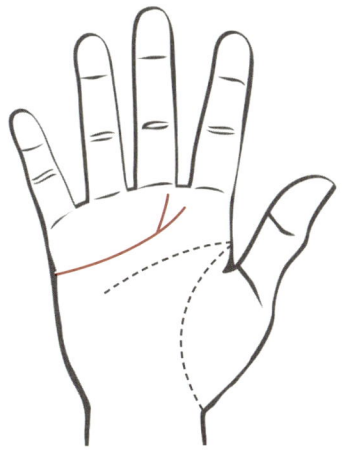

끝점이 두 갈래로 갈라지고, 지선이 곡선으로 목성구를 향하는 경우

사교성이 좋고, 무언가를 만드는 재주가 있다.

끝점이 두 갈래로 갈라지고 아래쪽 지선이 곡선으로 목성구를 향하는 것은 손재주가 있어 수예, 공예 등을 잘하는 사람에게 많이 나타나는 손금입니다. 지선이 길지만, 두뇌선에 닿을 정도로는 내려가지 않습니다. 대인관계는 붙임성이 좋아 성실하게 교제하는 타입. 다만, 아래쪽 지선이 목성구로 길게 뻗을수록 상대에 대한 애정이나 집착이 강합니다.

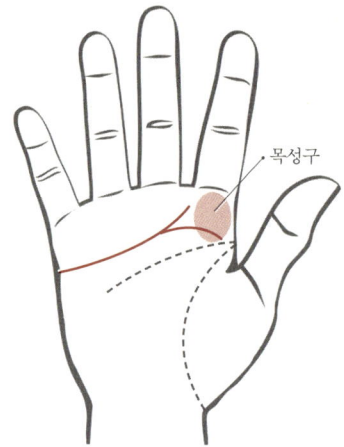

목성구

지선이 내려가 두뇌선에 닿는 경우

상대에게 애정을 잘 전달하지 못한다.

감정선의 지선이 아래로 내려가 두뇌선에 닿는 것은 애정생활의 고난을 암시합니다. 세심한 애정의 소유자이지만, 감정을 잘 전달할 줄 모르거나, 생각이 지나쳐 혼자만의 상상 속에 갇힐 위험이 있습니다. 연애, 결혼생활이 원활하게 이루어지지 않는 경향 있으니, 과거의 이별, 트러블에 구애 받지 말고 평소 감정을 솔직하게 표현할 수 있도록 노력하는 것이 좋을 것 같습니다.

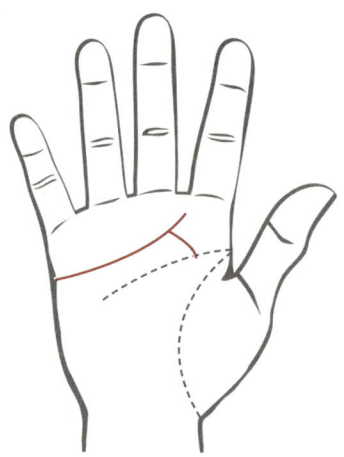

지선이 내려가 생명선을 관통하는 경우

과거의 연인을 잊지 못하는 타입

지선이 생명선을 지나칠 정도로 아래로 내려가면 '첫사랑을 잊지 못하는 손금'이라고 하며, 과거에 좋아했던 사람에 대한 감정이 마음에 남아 있음을 나타냅니다. 잊지 못할 만큼 마음에 남아 있는 사람이 있다는 것은 행복한 일이지만, 과거의 실연이 트라우마로 남아 있으면 새로운 사랑을 할 수도, 결혼까지 나아갈 수도 없습니다. 무엇보다 마음을 정리하는 것이 중요합니다. 손금을 볼 때 선이 아래로 향하면 전반적으로 부정적인 의미이지만, 본인의 의식이 변하면 아래로 향하는 선이 점차 연해질 수도 있습니다.

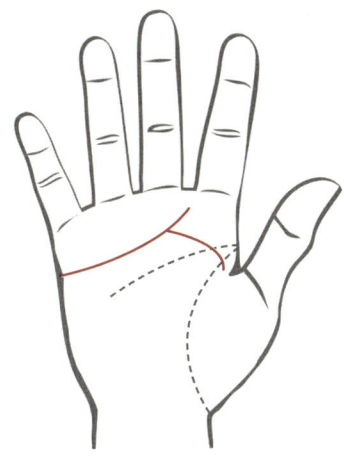

지선이 옆으로 가 두뇌선과 이어지는 경우

심지가 굳고 다른 사람을 잘 돌보는 타입

감정선의 지선이 내려가지 않고 옆으로 뻗어 두뇌선과 이어지면 다른 사람을 잘 돌보는 타입입니다. 자신이 '이거야!' 하고 생각한 일에 열정을 쏟는 정열적인 면도 있습니다. 여자의 경우 '결혼한 후에 지선이 생겨 두뇌선에 닿았다'는 경우가 있습니다. 이는 결혼 후에 심지가 굳어졌음을 의미합니다.

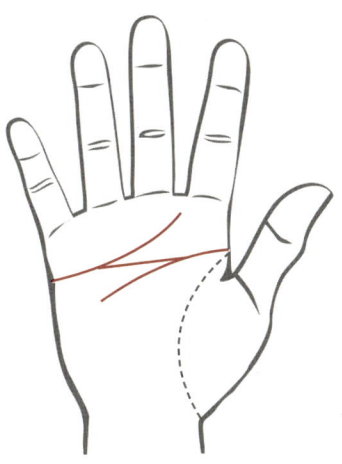

출발점이 새끼 손가락에 쪽에 가까울 경우

현실적이고 착실한 타입

감정선의 출발점은 손바닥 끝과 손목 사이를 4등분해 새끼 손가락 쪽 4분의 1 지점이 표준인데 새끼 손가락 쪽에 더 가까우면 현실적이고 금전감각이 뚜렷하다는 것을 뜻합니다. 애정 면에서도 일시적인 감정에 흔들리지 않고 현실적으로 판단하므로 경제력이 없는 사람과 결혼해 고생하는 일은 없을 듯합니다. 또 본인의 분수에 어울리지 않는 쇼핑을 한 후 후회하는 일은 드물며, 저축을 통해 갖고 싶은 물건을 착실히 손에 넣어 가는 타입입니다. 결과적으로 경제적으로 풍요로운 사람입니다.

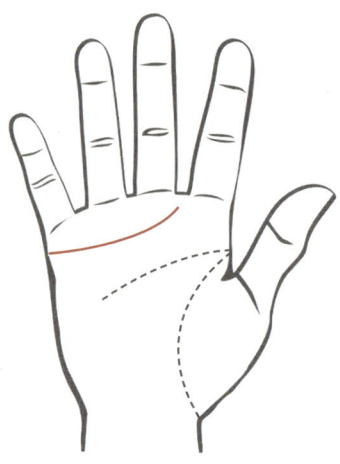

감정선이 이중선인 경우

열정적이고 강한 애정의 소유자

감정선 위로 평행하는 감정선이 하나 더 있는 사람은 애정과 열정이 모두 2배라 할 수 있습니다. 겉보기는 온순해 보이지만 매우 열정적이고 강함 힘을 속에 숨기고 있습니다. 정신력이 강해 힘든 일이 있어도 끈기 있게 헤쳐 나갈 수 있습니다. 또 가만히 있지 못하는 성격이며, 특히 여자의 경우는 일과 가정에 모두 열정을 쏟아 붓는 타입으로 활발하게 활동해야 가정생활도 원활합니다. 남자의 경우는 강한 애정을 받아들여 주는 여자와 결혼하면 좋은 남편, 좋은 아버지가 될 수 있습니다.

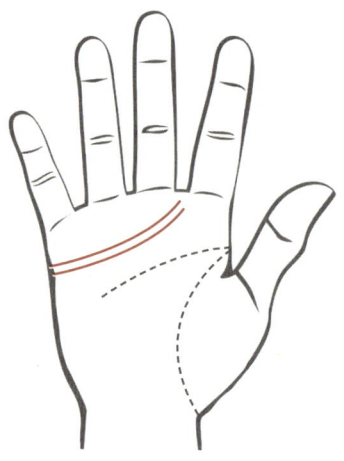

평목선(막쥔손금)의 의미를 가지는 이중 감정선이 있는 경우

열정적인 노력가 타입

이중감정선 중 하나가 직선으로 뻗어 두뇌선에 합류하는 것은 변형 평목선(막쥔손금)의 일종입니다. 꾸준히 노력해 자신의 길을 가는 평목선의 강점에 열정이 더해져 매우 파워풀합니다. 정신적으로도 강해 꿈을 이루기까지 포기하지 않는 뜨거운 심장의 소유자로, 진짜 평목선보다 감정이 풍부합니다.

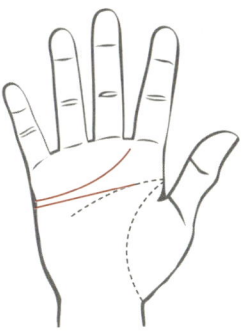

위에 있는 선이 토막토막 끊어져 있는 이중 감정선이 있는 경우

대범함과 섬세함을 모두 지닌다.

감정선 위에 토막토막 끊어진 선이 있는 이중 감정선은 최근 젊은 남성들 사이에서 늘어나고 있습니다. 이중감정선의 대범함과 힘을 숨기고 있지만, 감정 조절이 서투르고 섬세해 인간관계에서 스트레스를 받기 쉬운 면이 있습니다. 몰두할 수 있는 일을 찾으면 끈기 있게 활동하면, 재능을 발휘 할 기회가 찾아 옵니다.

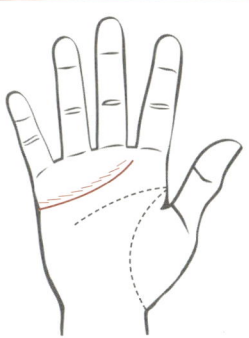

위아래로 자잘한 지선이 있는 경우

감정이 예민하고 인간관계에 민감하다.

감정선의 방향이나 길이와 관계없이 감정선 위아래로 자잘한 지선이 있는 사람은 감수성이 예민하고 섬세한 성격입니다. 또 이 지선이 길면 신경질적인 성향이 강하다고 할 수 있습니다. 타인의 말이나 행동에 민감하고 세세하게 주의를 기울이기 때문에 붙임성이 좋으며 연애감정이 싹트기 쉬운 타입입니다. 하지만, 기분이 일정치 않아 변덕스러운 면도 있습니다. 자극을 원하는 타입이어서 내기를 좋아하는 사람에게도 나타나는 손금입니다.

사슬 모양으로 이루어져 있는 경우

소심하고 상처를 잘 받는다.

감정선 전체가 하나의 선이 아니라 사슬 모양으로 이루어진 사람은 신경이 예민하고 소심합니다. 이런 손금은 예민함이 요구되는 기술 분야, 섬세한 감성을 살릴 수 있는 미술이나 문예 분야 등에서 재능을 발휘할 수 있습니다. 하지만 인간관계에서는 다른 사람을 지나치게 신경 써 스트레스를 받곤 합니다. 그러나 여성의 경우는 섬세하고 배려심이 좋아 이성들에게 인기가 많습니다.

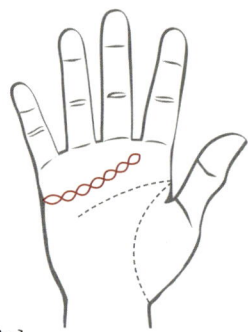

아래로 향하는 지선이 많을 경우

마음을 숨기는 짝사랑 타입

감정선에서 아래로 향하는 지선이 많은 사람은 예민하고 섬세한 애정의 소유자입니다. 사랑하는 사람에게 헌신적으로 애정을 쏟는 타입이지만, 연애가 잘 진행되지 않는 경향이 있습니다. 걱정이 많아 비관적으로 생각하거나 중요한 결단을 상대에게 맡기는 경우가 종종 있습니다. 상대를 마주 보며 솔직하게 감정을 전달하고, 이때다 싶을 때에는 과감하게 스스로 결단을 내리는 것도 중요합니다.

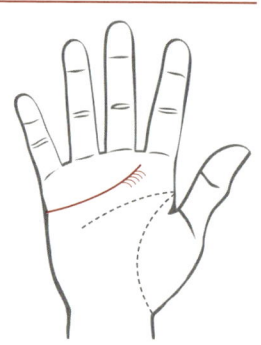

위로 향하는 지선이 많을 경우

긍정적으로 사고하고 사교적인 타입

두세 줄기로 갈라지는 것이 아니라 위쪽으로 많은 지선이 있는 사람은 명랑하고 사교적이어서 누구에게나 사랑 받는 타입입니다. 안보이던 지선이 갑자기 생긴 경우는 만남운이 좋아지고 있음을 뜻하므로 행동범위를 넓혀 기회를 잡으시기 바랍니다.

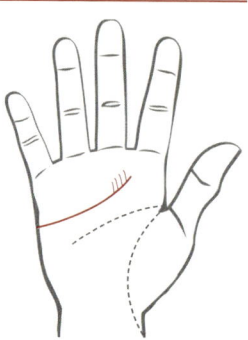

선 중간에 섬 무늬가 있는 경우

대인관계의 트러블 또는 정신적인 충격을 암시

감정선상에 섬 무늬가 있는 것은 애정 면에서의 불만 혹은 인간관계의 트러블을 암시합니다. 감정적이 되어 모처럼의 만남이나 직장에서의 인간관계를 망치지 않도록 주의합시다. 한편, 눈이 잘 피곤해지는 사람은 약지 아래쪽 감정선에 섬 무늬가 생길 수 있으며, 안구건조증 등을 주의하시기 바랍니다. 여성의 경우, 새끼 손가락 아래쪽 감정선에 섬 무늬가 있는 경우 생리통, 자궁근종 등 부인과 질병을 조심해야 합니다.

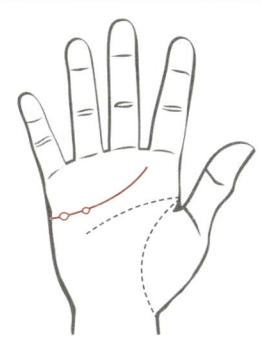

선이 중간에 끊어져 있는 경우

감정 조절이 잘 되지 않는 일이 발생

감정선이 중간에 끊어진 것은 어떠한 계기로 인해 감정을 조절할 수 없는 상태가 되어 폭주할 위험성이 있음을 나타냅니다. 끊어진 부분의 위치에 따라 원인이 달라집니다. 새끼 손가락 아래는 이기적인 욕망, 약지 아래는 제멋대로 구는 행동이나 프라이드, 중지 아래는 자신과 관계가 없는 원인으로 인해 남녀간 애정에 문제가 생길 수 있음을 암시합니다. 본인의 기질을 잘 파악한 후 트러블을 피하도록 합시다.

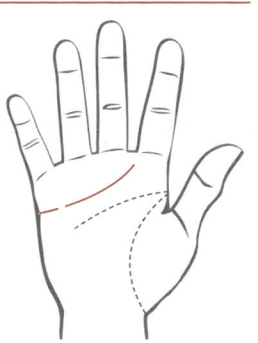

감정선과 두뇌선 사이가 좁은 경우

목표를 향해 망설임 없이 나아가는 완고한 사람

선의 방향이나 길이와 관계없이 두뇌선과 감정선의 폭이 좁은 사람은 현실적이고, 순간적인 감정에 휩쓸리지 않는 타입입니다. 자신이 하고 싶은 것이 확실해 흔들리지 않으며, 이성적이고 실패가 적습니다. 하지만, 완고한 면이 있어 도가 지나치면 이기적으로 행동하는 경향이 있으므로 다른 사람을 배려할 줄 아는 융통성을 갖는 것이 좋습니다.

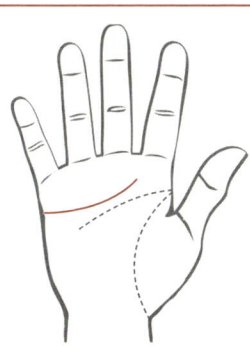

감정선의 중요 선의 형태와 표시

감정선의 모양이나 표시 중에는 주의해야 할 것이 많으며
특히 그 사람의 기질을 나타내는 것도 있다.

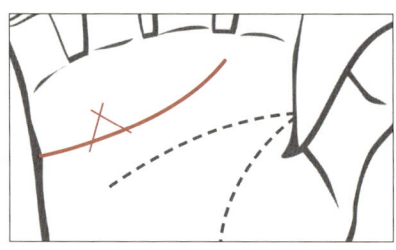

삼각형 무늬

감정선에 삼각형 표시가 있는 사람은 한 가지 재주가 뛰어난 타입입니다.

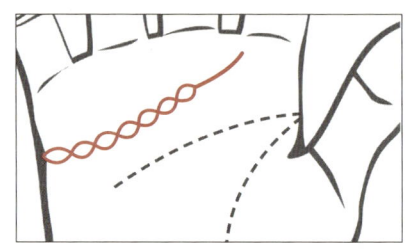

사슬 문늬

감수성이 예민하고 섬세하며 신경질 적임을 나타냅니다. 배려를 잘하지만, 스트레스를 쉽게 받는 경향이 있습니다.

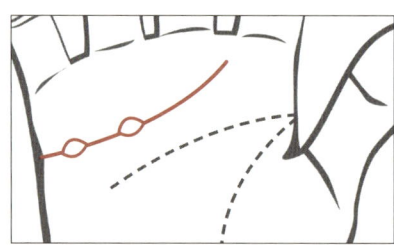

섬 무늬

애정 또는 인간관계에서의 불만이나 고난을 의미합니다. 또한, 생식기 질환, 눈의 피로 등도 나타냅니다.

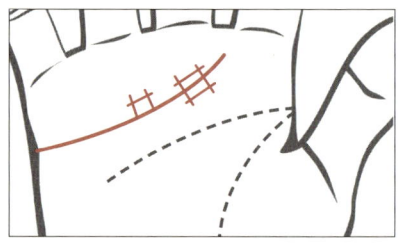

사각형 무늬

사각형 마크는 대체로 좋은 의미이지만, 감정선 위에 있는 경우는 애정적으로 불길함을 암시합니다.

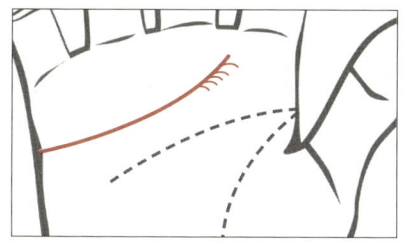

▍아래로 향하는 지선

지선이 아래로 나와 있는 경우는 배려심이 깊지만, 애정 면에서는 수동적입니다.

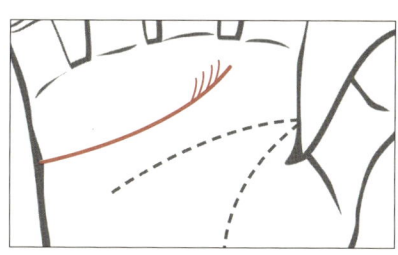

▍위로 향하는 지선

지선이 위로 나와 있는 경우는 긍정적인 사고, 적극적이고 사교적인 대인관계의 소유자입니다.

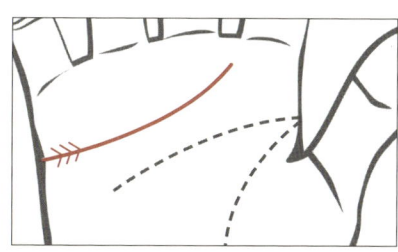

▍출발점 부분의 지선

남녀 정력이 왕성하고, 모두 자식운이 좋으며, 또 수성구의 영향을 받아 위트와 유머가 있다.

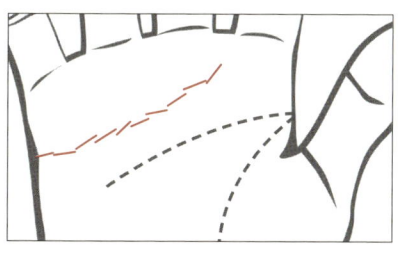

▍토막토막 끊어진 지선

감정선이 토막토막 끊어진 경우는 정서가 불안정한 상태를 나타냅니다. 감성이 풍부하지만, 지나치게 민감해 대인관계가 원활하지 못한 측면도 있습니다.

운명선 運命線

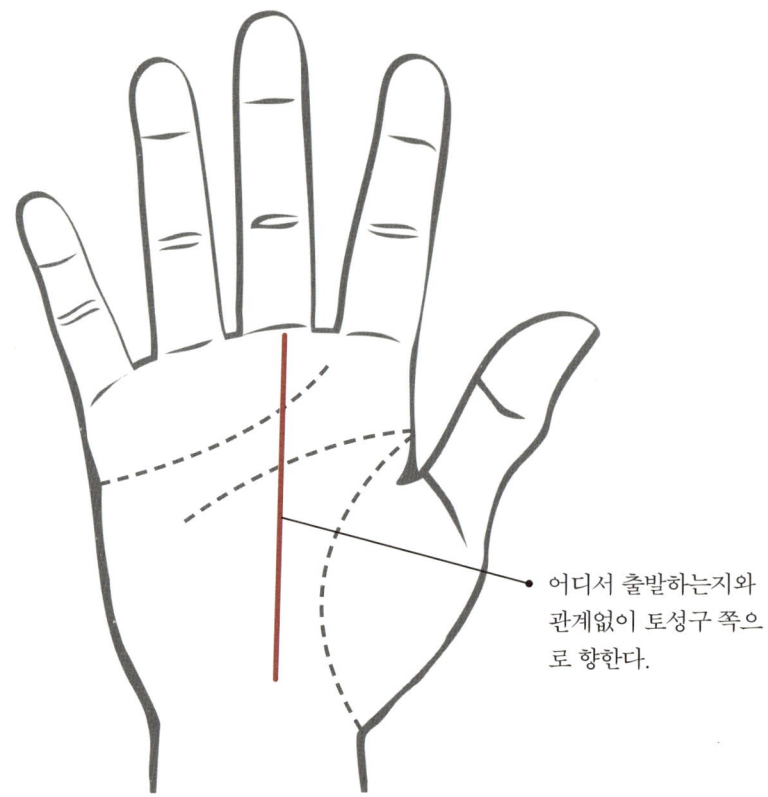

어디서 출발하는지와 관계없이 토성구 쪽으로 향한다.

| 직업운, 운세의 전환기를 나타낸다.

운명선은 직업운, 인생의 흐름을 나타내며, 운명선이 끊어져 있는 시기를 운명의 전환기라 할 수 있습니다. 다른 3개의 기본선과 달리 이 선은 없는 사람도 있어, 선의 유무도 중요한 요소입니다(128페이지 참조). 또 운명선을 볼 때는 선의 진하기(농도)에도 주목해야 합니다. 선이 진할수록 자신이 중심적인 에너지가 강하며, 선이 연할수록 다른 사람들과 조화를 잘 이루며 협력을 잘하는 타입입니다.

진한 운명선

주인공 기질

운명선이 다른 3개의 기본선과 비슷하게 진한 사람은 자신이 중심이 되어 열심히 노력해 가는 타입입니다. 사회에서도 두드러지며 목적을 달성하기 위해 힘차게 나아가는 사람이므로 직업운이 강하고 매우 운세가 강합니다. 하지만, 무엇이든 스스로 결정하고 너무 많은 일을 짊어져 고생도 많이 합니다. 정치가, 사업가 등 많은 사람들을 움직이게 하는 리더는 운명선이 진한 경우가 많으며, 기혼 여성의 경우 사회 활동을 함께하면 가정이 평화롭습니다.

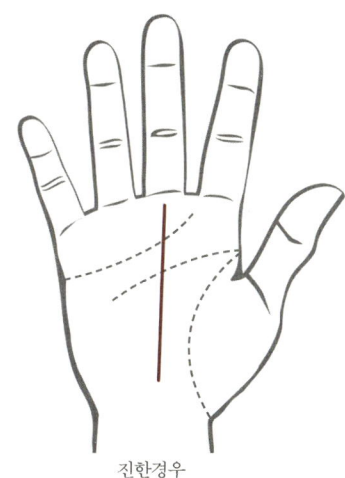
진한경우

연한 운명선

조화로운 기질

선이 연한 사람은 주변과 협력하며 살아가는 타입으로, 타인을 돕고 자신도 도움을 받으며 살아갑니다. 직장생활에서는 소극적인 분위기로 윗사람과도 딱히 부딪히는 일 없이 도움을 받으며 승진을 합니다. 또한 인간관계가 좋아 개인사업, 점장 등 운명선이 연한 사람이 리더가 되는 경우도 많이 있습니다.

하지만, 비난의 표적이 되는 등 어려운 상황에 놓이면 갈피를 잡지 못하는 경향이 있으니, 중심을 잘 잡아야 합니다.

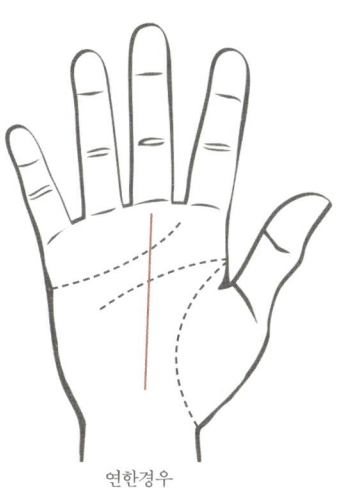
연한경우

월구에서 출발하는 경우

타인의 도움을 받아 운세가 핀다.

월구의 어느 부분이든 관계없이 운명선이 월구에서 출발하는 것은 타인과의 인연이 깊고, 해외와 연이 있음을 뜻합니다. 사람들 속에 쉽게 융화되어 사랑 받는 타입입니다. 이 손금을 가진 사람은 행동범위를 넓히거나 집에서 독립하면 운세가 좋아지기 시작합니다. 부모 곁에서 떨어질 수 없는 사정이 있다면 일단 독립해 자신의 인맥을 만들거나 시야를 넓힌 후 다시 부모님 곁으로 돌아가는 것이 좋습니다. 연예인 등 인기를 먹고 사는 직업을 가진 사람에게 많은 손금입니다.

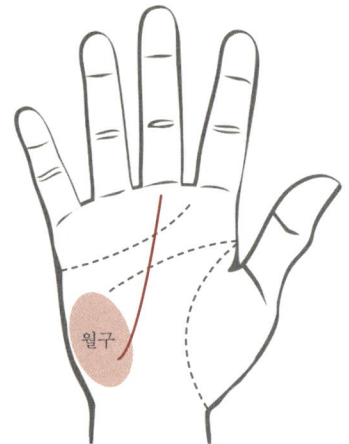

생명선 아랫부분에서 출발하거나 생명선에서 나오는 비스듬한 선과 합류하는 경우

혈연과의 연이 깊고, 부모의 은혜를 받는다.

운명선이 금성구 아랫부분에서 출발하는 사람은 부모, 친척과의 유대가 강한 타입입니다. 부모의 사업을 이어받거나 유산을 상속하는 등 부모로부터 큰 혜택을 받을 가능성이 있습니다. 출발점이 생명선 안쪽으로 들어갈수록 부모로부터 받는 혜택이 큽니다. 이 손금을 가진 사람은 부모와 동거하거나 고향을 떠나지 않고 생활하는 것이 좋습니다. 직선으로 뻗은 운명선에 금성구에서 나온 비스듬한 선이 합쳐지는 경우 또한 부모 등 혈연관계인 사람들의 지원을 의미합니다.

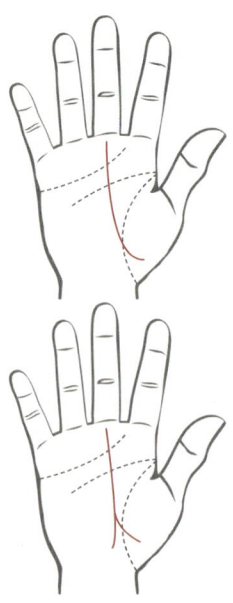

생명선 옆에 붙어 있는 경우

부모의 영향력이 강하고, 부모의 도움을 많이 받는다.

운명선이 생명선에 붙어 있는 것은 어린 시절부터 부모의 영향력이 강함을 의미하며 장남, 장녀에게서 많이 보입니다. 이 손금을 가진 사람은 부모와 함께 일을 하거나 성인이 된 후에도 동거하는 등 부모와의 거리가 가깝고 부모의 도움을 많이 받아 부모님 곁을 잘 떠나지 못하는 경향이 있습니다. 결혼이나 독립 후에도 본가에 자주 왕래하거나 부모의 의견에 따라 진로를 정했다는 사람에게도 많이 나타나는 손금입니다.

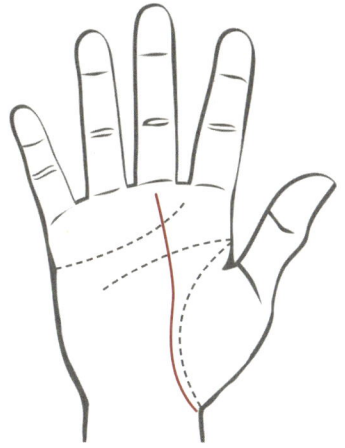

지구에서 출발한다.

조상과의 연이 깊고, 운이 강하다.

운명선이 지구에서 출발하는 사람은 운이 매우 강하다고 할 수 있습니다. 조상의 보호를 받으며 인생이 출발했으며, 어린 시절부터 강한 운을 타고났습니다. 독립심이 강해 다른 사람에게 의지하지 않고 스스로 노력하는 정신적으로 강인한 타입입니다. 부모 곁을 떠나 사회생활을 하는 경우가 많으며, 가족이나 친척의 생계를 책임지는 경우도 있습니다. 또한, 짧더라도 지구에 선명한 세로선(짧은 운명선)이 있는 사람은 영감이 강합니다.

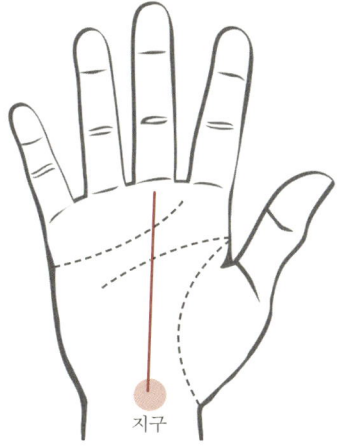

생명선의 선 위에서 출발하는 경우

독립심이 강하고 혼자 스스로 노력하는 타입

운명선이 생명선 위에서 출발하는 사람은 자신의 생명력을 자본으로 삼아 자력으로 운을 터 가는 타입으로, 향상심이 강한 노력가입니다. 젊을 때는 고생을 많이 하며, 다른 사람의 도움을 받기 어렵지만, 꾸준히 노력해 길을 개척해 갑니다. 응석을 잘 부리지 못하고 애정 표현이 서툰 면이 있어, 어깨 힘을 빼는 것이 중요합니다.

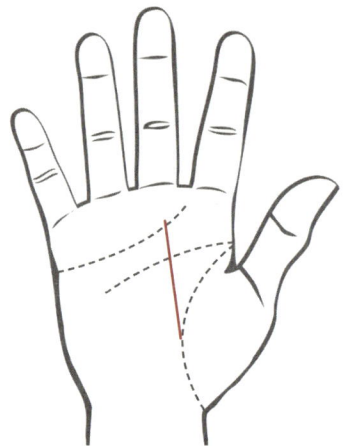

생명선의 가장 윗부분 안쪽에서 출발하는 경우

애교가 많아 주변의 사랑을 받는다.

생명선의 가장 윗부분 안쪽(제1화성구)에서 운명선이 출발하는 사람은 사람들로부터 사랑 받는 타입입니다. 애교가 많으며, 특히 윗사람의 사랑을 받는 경우가 많습니다. 경쟁심이 강하며, 야무진 심지를 가지고 있지만, 솔직하고 걱정이 없는 성격이어서 적을 만들지 않고 주변 사람의 도움을 많이 받습니다. 뮤지션 등 불안정한 직업에서 오랫동안 활동하고 있는 사람의 손에도 많이 나타나는 손금입니다.

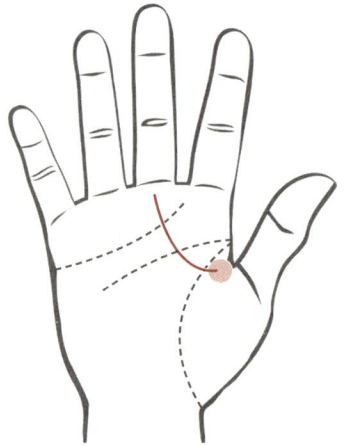

중간에 끊어져 있는 경우

인생의 전환기

선이 한번 끊어졌다 다른 선이 새롭게 나와 있는 경우는 인생의 전환기를 나타냅니다. 결혼, 이직, 이사, 이혼 등 환경이나 심경의 큰 변화가 있을 것입니다. 전환기는 미혹이 생기기 쉬운 시기이지만, 그 이후의 운명선이 선명하다면 전환기를 거쳐 새로운 인생이 펼쳐질 것입니다. 시기는 유년법(26페이지 참조)에 따라 산출합니다.

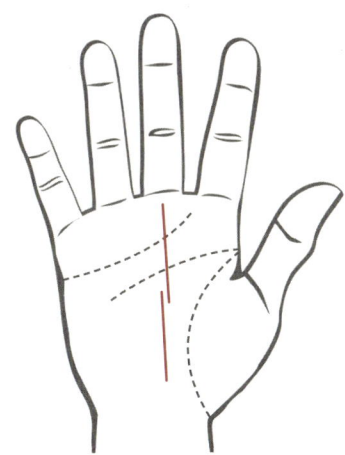

토막토막 끊어져 경우

싫증을 잘 내고 변화가 많은 인생을 산다.

운명선 전체가 두세 군데 정도 끊어진 것이 아니라 전체적으로 토막이 나 있는 사람은 변화가 많으며, 부침이 심한 인생을 보내는 경향이 있습니다. 끊어진 부분은 직업이나 주거 등 환경의 변화를 나타냅니다. 활약할 수 있는 운을 가졌지만, 의지와 상관없이 이동하게 되는 등 자신의 생각과 다른 일들에 휘말리기 쉬우며, 본인 또한 쉽게 질리거나 지속력이 부족한 면이 있습니다. 끈기를 가지고 노력하다 보면 선이 깔끔하게 정돈될 수도 있으므로 중간에 포기하지 않는 것이 중요합니다.

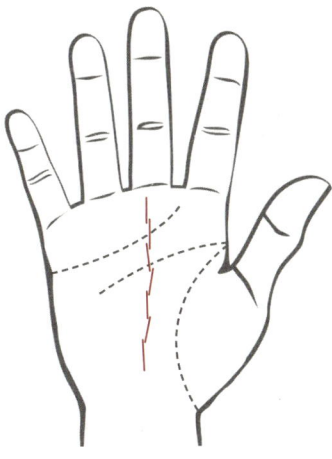

선 중간이 꾸불꾸불한 경우

고집이 세고 고지식한 사람

운명선이 부자연스럽게 꾸불거리는 것은 길을 돌아서 가고 있음을 뜻합니다. 고지식한 사람에게 많이 나타나는 손금으로, 약간 융통성이 없어 자신의 생각을 지나치게 고집하다 고생을 많이 하게 될 수 있습니다. 특히, 꾸불거림이 두드러지는 시기는 불안정해지기 쉬우므로 인간관계 등에 너무 구애되지 않도록 주의해야 합니다. 운명선 전체가 꾸불거리는 사람은 매우 자기 멋대로 행동하는 타입입니다. 자신의 의견이 통하는 자리에 오르기까지는 타인의 조언에 귀를 기울어야 인생이 원활해질 것입니다.

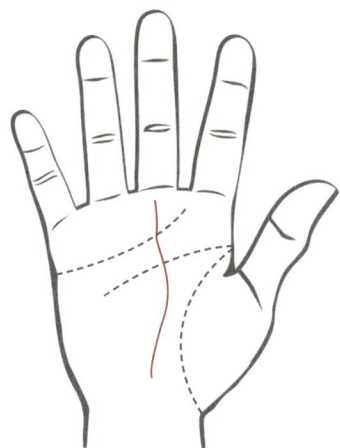

선이 중간에 끊어진 부분에 공백이 경우

흐름에 따라 살아가는 시기가 찾아 옵니다.

운명선 중간에 공백이 있으면 그 시기는 운기가 저조한 시기입니다. 또는 일시적으로 뒤안길로 물러날 수도 있습니다. 공백에 해당하는 시기는 미래를 대비하는 충전기로 인식하고, 사업을 시작하는 등 적극적으로 나서기 보다 자연스러운 흐름에 맡기도록 해야 합니다. 기혼여성의 경우 출산 등으로 가사에 전념하기에 알맞은 시기입니다.

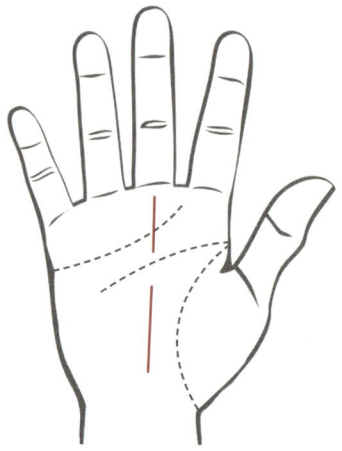

손목 부근에서 중지까지 이어지는 경우

어린 시절부터 야무진 타입

운명선이 손목 근처(지구)에서 중지와 손바닥이 닿는 부분까지 이어져 있는 사람은 어릴 때부터 야무진 성격으로 주위의 주목을 받는 타입입니다. 훌륭한 가정환경에서 어려움 없이 자란 사람과 많은 고난을 극복해 가는 사람으로 나뉘는데 모두 정신력과 운이 매우 강합니다. 주인공 기질이 있으며, 무엇이든 스스로 결정해 자신의 생각에 따라 일을 처리해 가는 타입이어서 제멋대로로 보일 수도 있습니다. 이 손금을 가진 사람은 건강하고 장

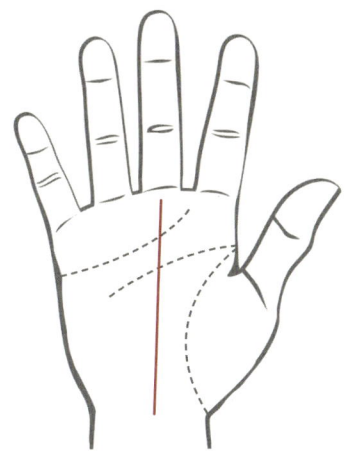

수하는 경우가 많으며, 원래 운세가 강하기 때문에 노력에 따라 성공을 거둘 수 있습니다. 여성의 경우는 직업이나 라이프워크를 갖는 것이 원만한 가정을 꾸리는 데 도움이 될 것입니다.

손바닥 중간 부분에서 출발하는 경우

인생의 중간부터 운기가 강해진다.

운명선이 손바닥 가운데 부근에서 시작해 위쪽으로 향하는 것은 그때부터 자아와 사회적 운기가 강해짐을 의미합니다. 고생이 많아 좌절해도 스스로 길을 개척하게 됩니다. 운명선이 없는 시기는 주변환경에 맞추어 흐름에 따라 살아갑니다. 운명선이 두뇌선보다 위에서 시작하는 사람은 30대 중반 이후에 활약하기 시작합니다. 또 두뇌선 선상에서 시작하는 경우는 자신의 재능이나 아이디어로 인해 운기가 열린다는 의미도 있습니다.

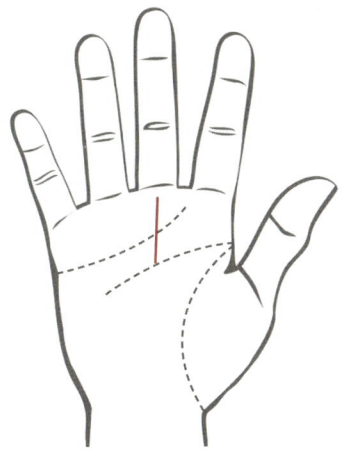

감정선 부근에서 출발하는 경우

늦게에 활약하는 대기만성형

운명선이 감정선보다 위쪽에 있는 사람은 50대 중반 이후에 사회적인 운기가 강해져 활약하는 대기만성형이라 할 수 있습니다. 꾸준한 노력으로 만년에 인정받는 사람, 전직을 통해 꽃피우는 사람, 정년 후에 취미생활을 하다 활약하게 되는 사람 등 다양한 패턴이 있습니다. 이 손금을 가진 사람은 자신만의 페이스가 있으며, 성실한 경우가 많습니다. 또한, 자식을 모두 키운 후 드디어 자신이 좋아하는 일을 하고자 의욕을 불태우는 여성에게 많이 나타납니다.

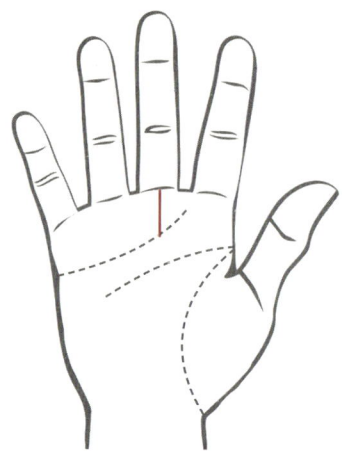

손바닥 중앙 부근에서 멈추는 경우

젊은 시절의 사회적 운기가 강하다.

출발점과 관계없이 운명선이 손바닥 중앙 부근에서 멈춘 사람은 젊은 시절의 운이 좋아 다른 사람보다 빨리 사회생활을 시작 합니다. 젊은 시절에는 강한 운기와 자신의 노력으로 힘차게 나아가 인생의 토대를 쌓고, 그 이후에는 주변과 협력하며 살아갑니다. 조직이나 그룹에 소속된 사람은 흐름에 따르면 문제가 없지만, 최고 윗자리 혹은 단독으로 일하는 사람은 급작스러운 방향 전환을 피해야 합니다. 전환기가 몇 살에 해당하는지는 유년법을 통해 알아볼 수 있는데 운명선이 두뇌선 부근에서 멈춘 사람은 35세 전후로 환경이 변화합니다. 운명선이 두뇌선과 만나는 부분에서 멈춘 사람은 지레짐작 또는 부주의에 유의해야 합니다.

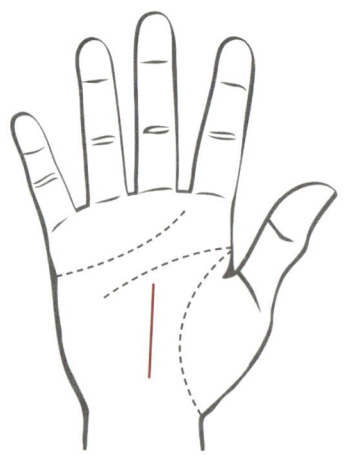

감정선 부근에서 멈추는 경우

장년기에 운기가 강하다.

50대 중반까지는 자신이 중심으로 일에 매진하고, 그 이후에는 흐름에 따라 자기 페이스대로 살아가는 타입입니다. 50대까지 인생의 토대를 만들어 놓으면 노후는 평안할 것입니다. 남자에게는 드물지 않은 손금이며, 특히 공무원 등 정해진 틀이 있는 조직에서 일하는 사람, 운동선수 등 현역시절에 에너지를 집중시키는 사람의 손에서 많이 볼 수 있습니다.

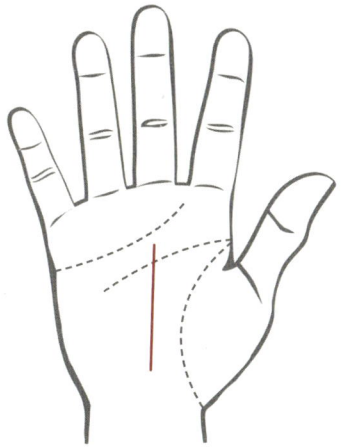

운명선에 평행하는 짧은 선이 있는 경우

강한 운기를 누리는 시기

운명선이 선명하고, 그 선의 1~3mm 정도 옆에 평행으로 짧은 선이 있으면 그 시기에 운기가 강해진다는 뜻입니다. 시기는 유년법으로 판단합니다. 협력자의 도움을 받으며 어려움을 극복할 수 있는 행운의 손금입니다. 이 짧은 선이 없다가 갑자기 생긴 경우는 결혼 상대가 나타날 수 있음을 의미합니다.

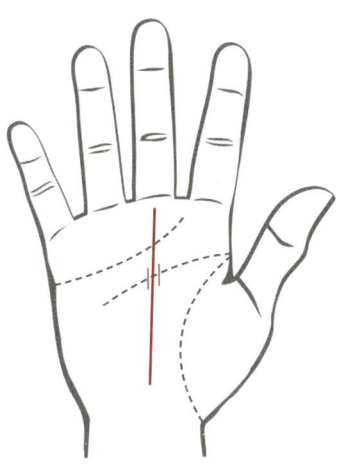

운명선이 2개인 경우

두 분야에서 활약할 수 있다.

본업과 부업, 일에 필적하는 취미와 일 등 두 가지 분야에서 활약할 수 있음을 의미합니다. 일과 가사를 양립하고 있는 여성에게도 나타납니다. 이 손금을 가진 사람은 필연적으로 바쁜 생활을 보냅니다. 시기는 유년법으로 판단합니다. 선이 3개인 경우는 세 가지의 분야에서 활약할 수 있지만, 4개 이상인 사람은 이것저것에 손을 너무 대지 말고 목표를 압축하는 것이 좋습니다.

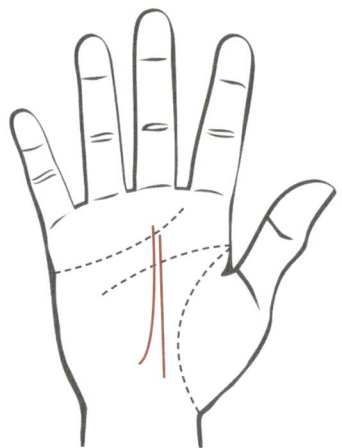

끝점이 목성구 근처로 이어지거나 갈라져 목성구로 향하는 경우

높은 곳에 오르고자 하는 욕망이 강한 타입

목성구가 의미하는 지위, 권력과 같은 에너지의 영향을 받아 운명선의 끝점이 목성구로 향하는 사람은 권력과 지위를 지향하는 타입입니다. 책임감도 강해 사람들을 이끌고 가는 자리에 잘 어울립니다. 또 운명선의 끝점이 갈라져 목성구로 향하는 손금, 끝점 부분이 끊어졌다 목성구 쪽으로 선회한 손금도 같은 의미가 있습니다.

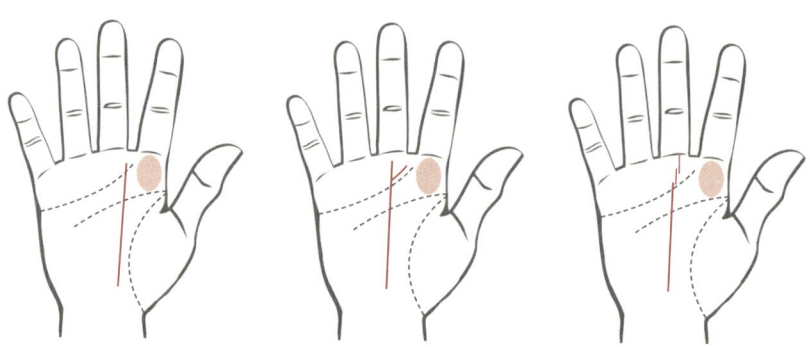

끝점이 태양구 근처로 향하는 경우

배려심이 좋아 사람들의 사랑을 받는다

태양구가 의미하는 인기, 성공, 예술적 감각과 같은 에너지의 영향을 받아 운명선의 끝점이 태양구 부근으로 가는 사람은 인망을 얻어 성공하는 타입입니다. 배려심 있는 성격으로, 지위나 권력에 그다지 구애 받지 않고, 많은 사람들의 사랑을 받으며 살아갑니다. 사랑받고 싶다는 잠재의식이 있는 듯합니다. 이 손금을 가진 사람은 접객업, 연예인처럼 인기가 필요한 직업과 잘 맞습니다. 끝점 부분이 끊어졌다 태양구 쪽으로 선회한 손금도 같은 의미가 있습니다.

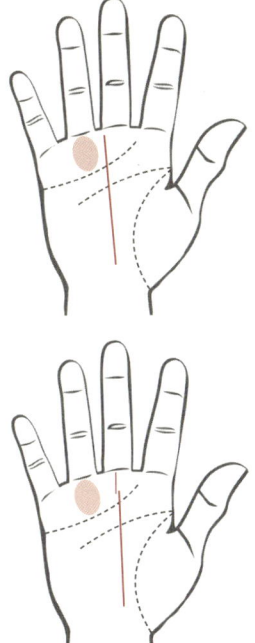

끝점이 삼지창 모양으로 갈라지거나 중간에 위쪽으로 지선이 나와 있는 경우

성공을 거둘 가능성이 높다

운명선의 끝점이 두세 줄로 갈라져 있는 사람은 엄청난 길상으로, 노력에 대한 보답으로 큰 성공을 거머쥐는 사람입니다. 운명선 중간에서 위쪽으로 지선이 나와 있는 손금도 직업운이 좋다고 할 수 있습니다. 선이 갈라지는 지점을 유년법에 대조해 봄으로써 성공하는 시기를 알 수 있습니다.

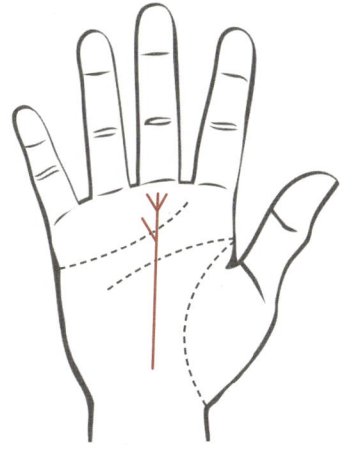

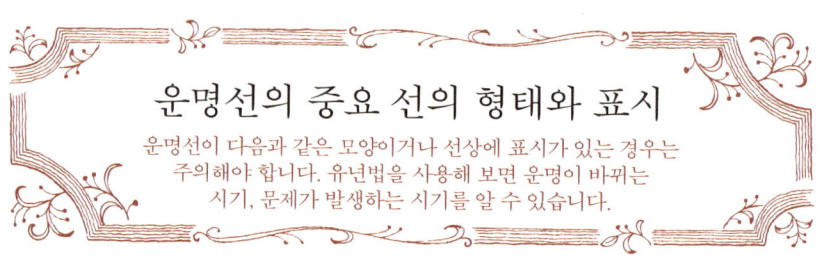

운명선의 중요 선의 형태와 표시

운명선이 다음과 같은 모양이거나 선상에 표시가 있는 경우는 주의해야 합니다. 유년법을 사용해 보면 운명이 바뀌는 시기, 문제가 발생하는 시기를 알 수 있습니다.

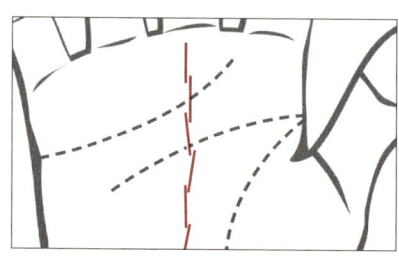

토막토막 끊어진 모양

운세가 고르지 못함을 뜻합니다. 환경이나 인간관계에 변화가 많을 것입니다.

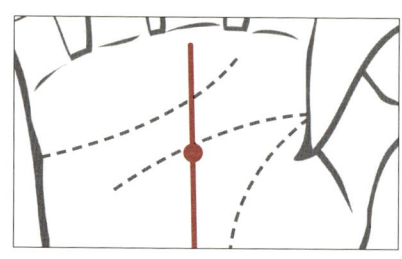

반점 무늬

일, 가정생활 등 인생 전반의 돌발적인 재난을 암시합니다. 운명선이 중간에 끊어지지 않고 이어져 있으면 극복할 수 있습니다.

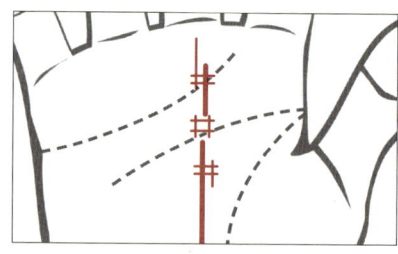

사각형 무늬

운명선상에 또는 선이 끊어진 부분에 사각 마크가 있으면 트러블에서 벗어날 수 있음을 의미합니다.

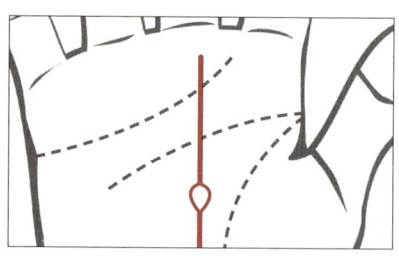

섬 무늬

섬 무늬가 있는 시기는 운기의 정체기로, 정신적으로 충격을 받을 만한 일이 생기거나 추진하는 일이 원활하게 진행되지 않음을 암시합니다.

유년법流年法으로 보는 운세의 변화

평행을 이루는 보조선
50대 초반에 강력한 조력자나 이해자가 나타나 운기가 강해짐을 의미합니다.

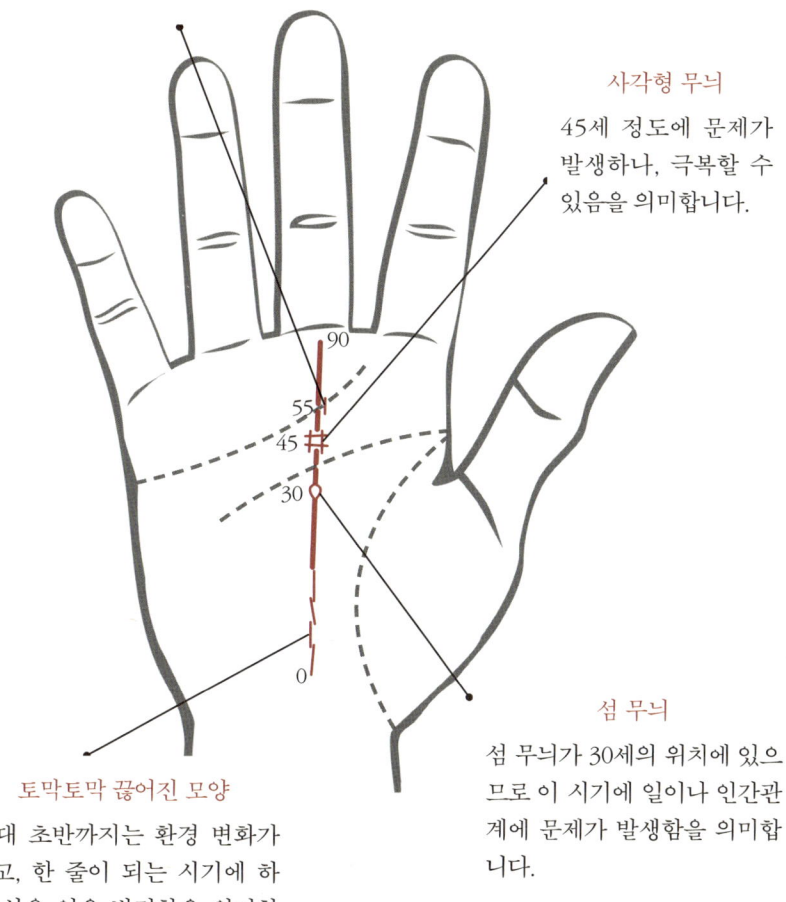

사각형 무늬
45세 정도에 문제가 발생하나, 극복할 수 있음을 의미합니다.

섬 무늬
섬 무늬가 30세의 위치에 있으므로 이 시기에 일이나 인간관계에 문제가 발생함을 의미합니다.

토막토막 끊어진 모양
20대 초반까지는 환경 변화가 많고, 한 줄이 되는 시기에 하고 싶은 일을 발견함을 의미합니다.

제2장 | 4대 기본선부터 배우자 113

생명선 生命線

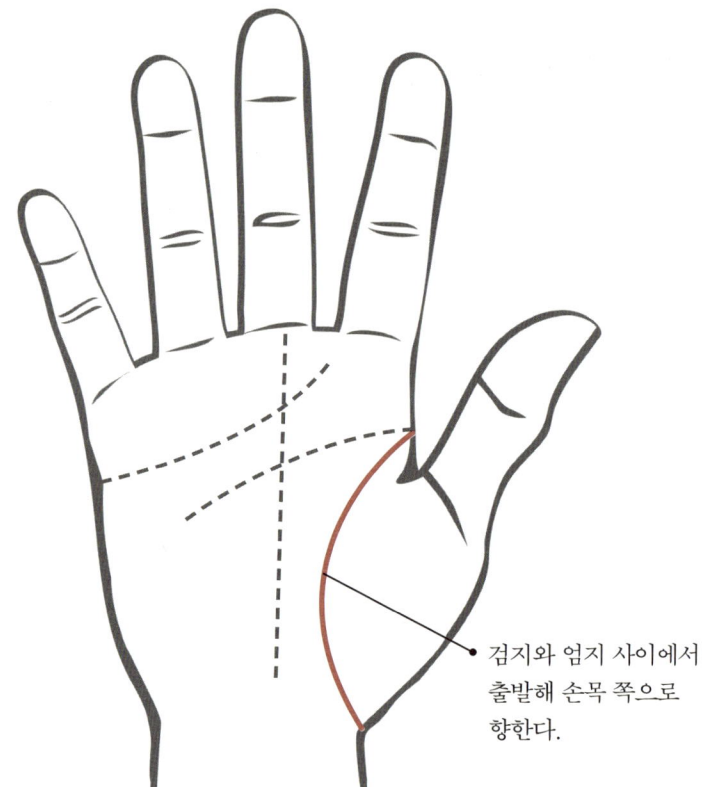

검지와 엄지 사이에서 출발해 손목 쪽으로 향한다.

▮건강상태, 생명력을 나타낸다.

생명선은 생명력을 갖고 있는 금성구를 감싸는 형태로 그어져 있는 선으로, 포물선을 크게 그릴수록 금성구의 면적도 넓어지므로 에너지가 넘치는 것으로 풀이됩니다. 생명선을 볼 때는 길이와 진하기, 중간에 끊어졌는지, 장애표시가 있는지 등을 체크합니다. 길이가 길수록 장수 운세를 타고난 경향이 있으며, 짧은 사람은 긴 사람에 비해 몸이 허약한 체질이므로 건강에 각별히 유의 할 필요가 있습니다.

긴 생명선

생명선이 손목에 닿을 정도로 긴 사람은 장수 운세를 타고난 경향이 있습니다. 포물선의 크기가 클수록 길이도 길어지므로 생명력뿐만 아니라 저항력, 면역력이 강하고, 병이 걸려도 빠르게 회복합니다. 하지만, 무리를 하면 수명이 단축될 수 있으므로 지나친 믿음은 금물입니다.

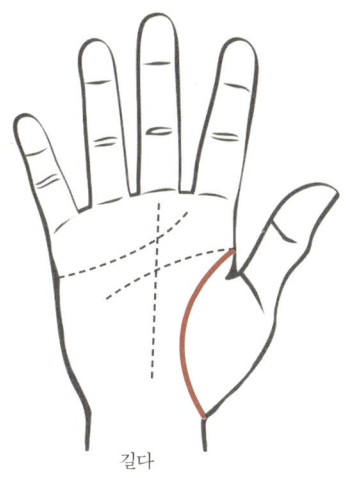

길다

짧은 생명선

긴 사람에 비해 몸이 약하고 스트레스로 건강을 해치거나 지병을 갖기 쉬운 타입입니다. 하지만, 규칙적으로 생활하는 등 건강에 유의해 지내다 보면 유년법으로 판단한 나이를 넘어서까지 사는 사람도 많습니다. 생명선이 극단적으로 짧거나 없는 사람은 특이한 케이스이므로 금성구의 부푼 정도나 돌출도로 판단합니다. 극단적으로 짧은 여성은 이상분만이었을 가능성도 있습니다.

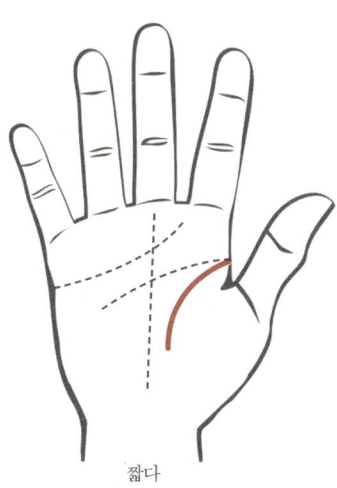

짧다

진한 생명선

생명선이 진하고 두드러진 사람일수록 건강하고 체력이 좋습니다. 정신적으로도 강하고, 매우 활동적임을 나타냅니다. 곤경에 처하더라도 기력과 체력으로 극복해 나갈 것입니다. 생명선이 진한 사람은 체력이 좌우하는 일에 잘 맞습니다

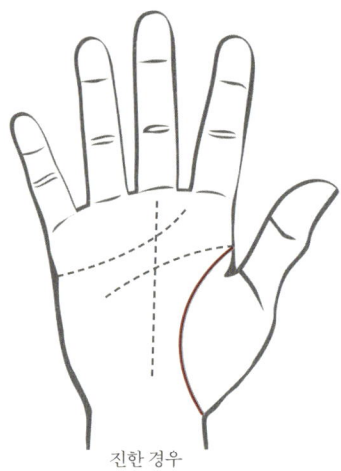

진한 경우

연한 생명선

생명선이 다른 기본선보다 연한 사람은 허약한 체질로, 기력이 약하고 끈기가 부족한 타입입니다. 재능을 살리기 위해서라도 조금씩 체력을 길러, 자신의 지식과 감성을 활용할 수 있는 일을 선택하는 것이 좋습니다.

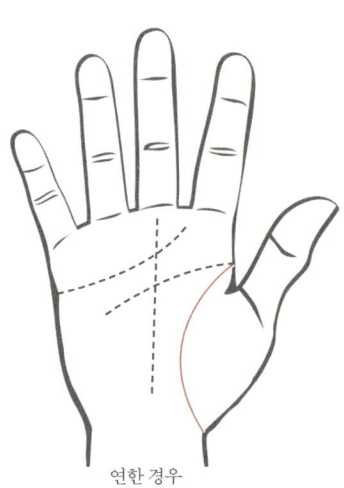

연한 경우

큰 커브를 그리며 중심방향으로 돌출되어 있는 경우

에너지가 넘치는 인생

생명선이 큰 커브를 그리며 중심방향으로 돌출된 사람은 에너지가 매우 넘칩니다. 어떠한 상황에서나 파워풀하고, 일할 때도 놀 때도 기운이 넘치며 인생을 적극적으로 살아갈 수 있습니다. 건강을 타고났으며, 스태미나와 정력도 매우 뛰어납니다. 하지만, 가만히 있지 못하는 성격이어서 넘치는 기운에 문제를 일으킬 수 있으므로 분위기를 맞추어가며, 무리한 행동을 하지 않도록 주의해야 합니다.

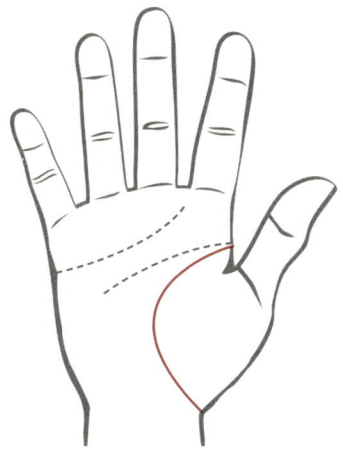

커브가 아래쪽이 돌출되어 있는 경우

나이를 먹을수록 활동적인 인생

생명선 윗부분보다 아래쪽으로 가면서 커브가 커지는 사람은 노년기에 더욱더 건강하고 에너지 넘치는 삶을 삽니다. 이 손금을 가진 사람은 몰두할 수 있는 일을 찾는 것이 좋습니다. 직장에서 퇴직 후에 아무것도 하지 않기보다는 자신이 좋아하는 적합한 일을 찾게 되면, 행복한 제2의 인생을 살 수 있습니다.

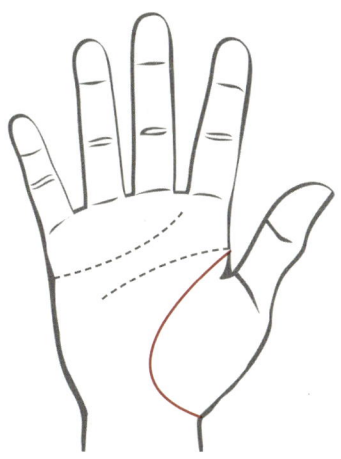

미세하게 조금 돌출되어 있고, 직선에 가까운 경우

체력이 약하고 소극적인 성격

생명선이 거의 곡선을 그리지 않고, 손바닥 가운데 쪽으로 향하지 않은 채 손목 쪽으로 쭉 뻗어 있는 사람은 체력과 기력이 약하고, 무슨 일에도 소극적인 타입. 에너지가 부족하고 성적 욕망도 거의 없습니다. 체력이 좌우하는 일에서는 좋은 평가를 받기 어려우므로 머리 또는 손을 사용하는 직종을 선택하는 것이 좋습니다. 걷기 등 가벼운 운동으로 기초체력을 기르면 금성구에 탄력이 붙어 기력도 생길 것입니다.

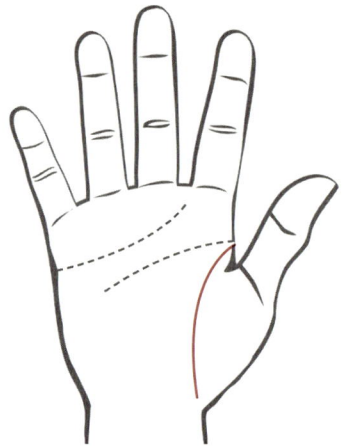

이중 생명선(생명선이 2개)인 경우

매우 강한 생명력의 소유자

일반적으로 생명선은 하나이지만, 2개가 있는 사람도 있습니다. 이를 이중생명선이라 하며, 생명력이 2배 정도 강한 것으로 봅니다. 성격이 적극적이고 끈기와 인내심이 강하며 건강을 타고나 장수할 가능성이 높습니다. 이중 생명선에는 생명선 바깥쪽에 비슷한 진하기로 평행한 선이 있는 경우와 메인 생명선 안쪽에 평행으로 약간 연한 선이 있는 경우가 있습니다. 특히, 전자는 생명력이 매우 강하고 장수할 수 있는 상입니다. 생명선이 3개인 사람은 생명력이 더욱 강한 것으로 풀이됩니다.

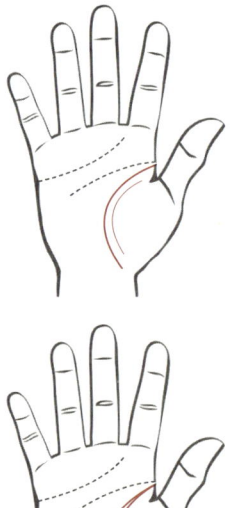

토막토막 끊어져 있는 경우

체력이 약해 쉽게 지친다.

토막토막 끊어진 생명선은 체력과 정신력이 약하다는 뜻입니다. 쉽게 지치고 기력이 쭉 부족해 일을 오래 할 수도 없습니다. 건강을 제일로 삼는 생활을 하면서, 컨디션을 조절할 수 있도록 해야 합니다. 생명선이 토막토막 끊어져 있어도 금성구 살집에 탄력 있는 사람은 체력이 좋은 경우도 있습니다. 하지만, 이 경우라도 방심은 금물, 항상 건강 관리에 유념하는 것이 좋습니다.

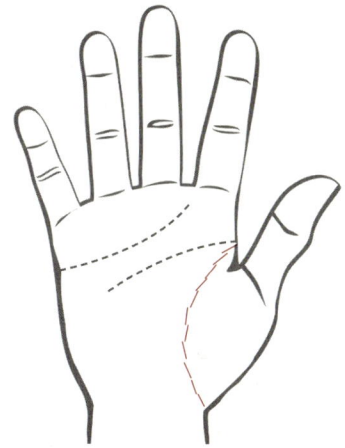

출발점이 사슬 모양인 경우

어린 시절에 몸이 약했던 사람

생명선 출발점 부분만 사슬 모양이거나 지선이 많은 사람은 어린 시절에 몸이 약했거나 어린 시절에 정신적인 스트레스를 받았다는 뜻입니다. 후자의 경우, 부모님의 사이가 좋지 않았거나, 학교생활에서 따돌림을 당했을 가능성이 높습니다. 또 이 손금을 가진 사람은 편도선이 잘 붓고, 기관지염에 잘 걸리는 등 호흡기가 약한 경우가 많습니다. 성장과 함께 체력은 회복되므로 크게 걱정할 필요는 없습니다.

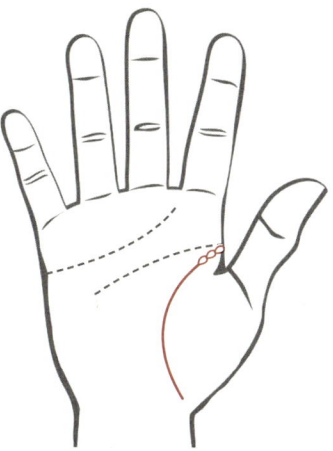

선 전체가 사슬 모양인 경우

허약 체질에 심신이 약하다.

생명선 전체가 사슬 모양인 사람은 몸이 허약하고 정신적으로도 예민합니다. 체력이 없어 기력도 쉽게 떨어지는 경우가 많으며, 사소한 일에도 스트레스를 느끼므로 직장생활이 힘듭니다. 스트레스를 피하고, 규칙적인 생활을 하며, 영양을 골고루 섭취할 수 있는 식생활을 하도록 명심해야 하고, 무엇보다도 기초체력을 키우는 것이 중요합니다. 체력이 생기면 사슬 모양이 서서히 보이지 않게 될 것입니다.

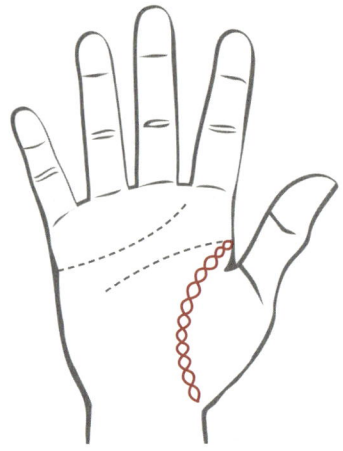

생명선 중간이 끊어져 있는 경우

일시적으로 운기가 떨어지는 시기

생명선 일부가 끊어져 공백으로 비어 있는 사람은 그 시기에 체력과 운기가 떨어진다는 뜻입니다. 선이 완전히 사라지지 않고 일부가 연해져 있어도 의미는 비슷합니다. 시기는 유년법(25페이지 참조)으로 알 수 있습니다. 운기가 떨어지는 시기는 다치거나 병에 걸리지 않도록 주의하고, 위험과 과로를 피해야 합니다. 이전까지 건강했던 사람일수록 체력 약화로 인해 정신적인 충격도 크므로 주의가 필요합니다. 그리고 운기는 반드시 회복되므로 비관적일 필요는 없습니다.

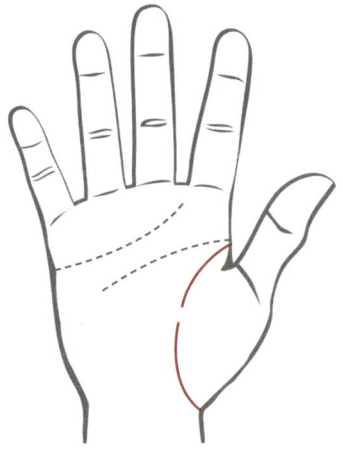

공백이 있고, 그 안쪽이나 바깥쪽에 보조선이 있는 경우

운기는 떨어지지만, 충격은 적다.

생명선의 공백 부분은 생명력의 운기가 떨어진다는 뜻이지만, 공백 바깥쪽 또는 안쪽에 보조선이 있으면 충격을 완화 시켜 준다고 봅니다. 체력과 기력이 떨어져 운기도 정체되므로 병에 걸리거나 다칠 가능성도 있습니다만, 보조선 덕분에 일시적인 충격으로 끝날 것입니다. 하지만, 방심은 금물, 조심하며 지내는 것이 중요합니다.

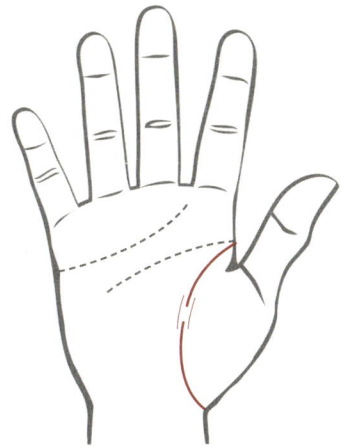

중간에서 선이 안쪽으로 바뀌는 경우

생명력이 변하는 시기가 있다.

생명선과 함께 생명력도 변화합니다. 장수는 할 수 있지만, 선이 바뀔 때 운기가 떨어지는 경우가 많으므로 새롭게 사업을 시작하는 등 몸에 부담이 가는 일은 하지 않는 것이 좋습니다. 생명선이 중간에 바뀌는 사람은 원래 몸에 약한 부분이 있으므로 평소에 건강관리를 잘해, 스트레스가 쌓이지 않도록 주의해야 합니다. 시기는 유년법으로 판단합니다.

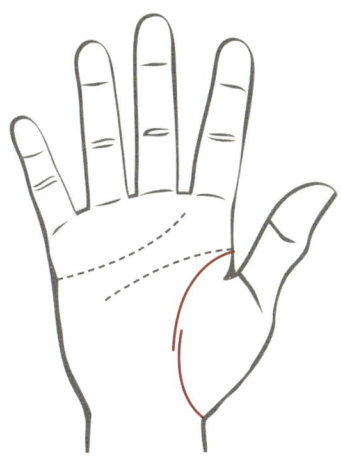

선이 바뀌는 부분에 사각 표시가 있을 경우

생명력이 변하는 시기의 충격을 피한다.

앞 페이지 아래와 같이 생명력이 변하는 시기가 있다는 뜻이지만, 그 부분에 사각 표시가 있으면 불운의 충격을 완화시켜 줍니다. 가령 병에 걸리더라도 큰 병이 되지는 않아 일시적으로 운기가 떨어질 뿐 별 탈 없이 극복할 수 있습니다. 크게 걱정할 필요는 없지만, 행운을 과신해 무턱대고 행동해서는 안됩니다.

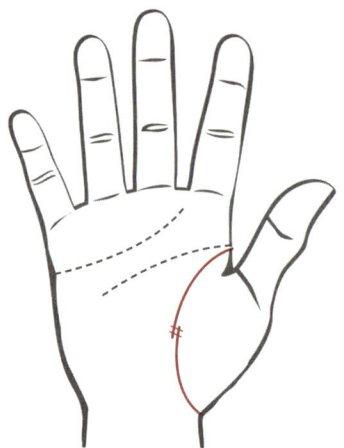

생명선이 중간에서 선이 바깥쪽으로 바뀌는 경우

매우 강한 생명력의 소유자

생명선이 중간에 바깥쪽으로 바뀌는 사람은 매우 강한 운의 소유자입니다. 생명선이 짧아 보여도 그렇습니다. 바깥쪽에 생명선이 다시 생김으로써 금성구의 면적이 넓어져 생명력이 강해진 것으로 풀이합니다. 정신적으로도 매우 강합니다. 또 생명선이 끊어진 부분을 따라 긴 운명선이 있는 사람은 엄청난 생명력의 소유자로, 장수하는 상으로 봅니다.

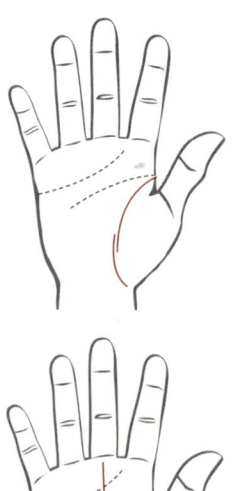

생명선 위를 가로지르는 여러 개의 얇은 가로줄이 있는 경우

심한 스트레스를 받고 있다.

생명선을 가로지르는 얇은 선이 많고, 생명선의 윤곽이 희미한 사람은 스트레스를 많이 받고 있다는 뜻입니다. 이 시기는 유년법으로 판단하지만, 유년과 관계없이 이 손금이 생긴 시기는 주의해야 합니다.

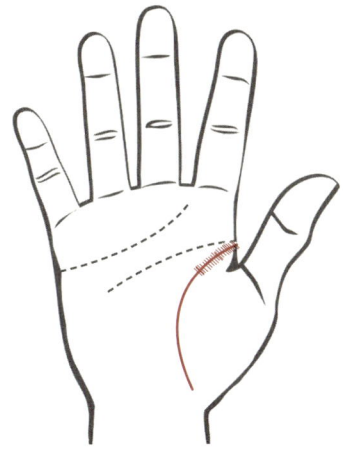

생명선 끝부분에 빗자루 모양의 가는 선이 있는 경우

노년에 체력이 급격히 떨어진다.

생명선 끝에 가늘고 연한 선이 여러 개 있어 빗자루 모양으로 보이는 것은 체력이 저하된다는 신호입니다. 특히, 60대 이후 급격히 체력이 떨어질 가능성이 높습니다. 이 손금을 가진 사람은 평소에도 에너지 부족하며, 체력 관리를 소홀히 하다 노년에 건강상태가 더 나빠지기 쉽습니다.

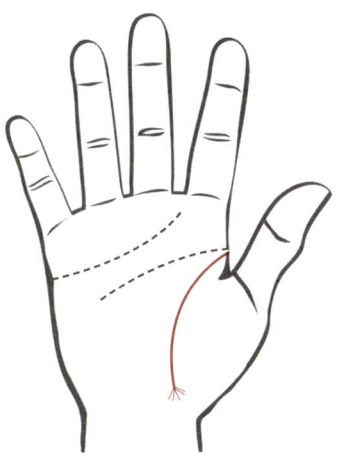

생명선 끝에 지선이 세 줄 이상 있다.

과로의 조짐이 있으니 주의

생명선 끝 부근에 바깥쪽으로 지선이 3 줄 이상 있는 경우, 바쁜 사람에게 자주 나타나는 손금으로, 과로인해 건강이 나빠질 수 있음을 나타내는 전조이며, 스트레스가 쌓여 신경질적이 될 수도 있습니다. 지선이 선명할 때는 문제가 없지만, 선이 연해져 축 늘어지면 특히 주의해야 합니다.

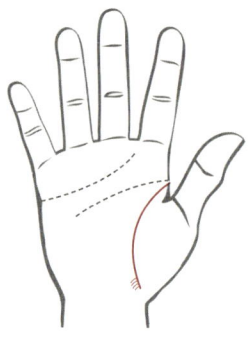

선의 끝점이 월구로 향할 경우

변화가 많은 인생

생명선이 밖으로 흘러 월구 쪽으로 향하는 사람으로, 직업이나 거주지, 인간관계 등의 변화가 많은 삶을 보낸다는 뜻입니다. 불안정한 인생이라고 할 수 있지만, 좋게 말하면 활동적이고, 한 곳에 집착하지 않고 자유롭게 살아가는 타입입니다. 출장이 많은 직업과 잘 맞습니다.

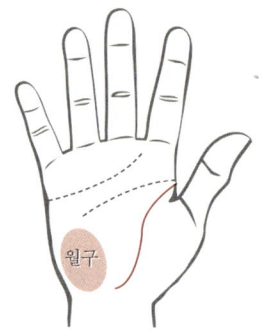

끝점이 선명하게 두 갈래로 갈라지는 경우

생명선을 보좌하는 작용을 한다.

생명선은 지선이나 중간에 끊어짐 없이 선명하게 한 줄만 있는 것이 이상적이지만, 끝점이 두 갈래로 갈라져도 선에 힘이 있다면 생명선을 보좌한다는 좋은 의미로 풀이됩니다. 하지만, 연하게 두 갈래로 갈라진 경우는 병에 걸린다는 암시이므로 주의하시기 바랍니다. 두 갈래의 지선이 월구로 향하는 것은 여행선(180페이지 참조)이라는 다른 의미를 가지는 선입니다.

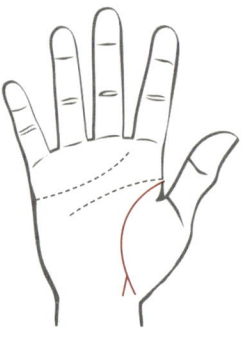

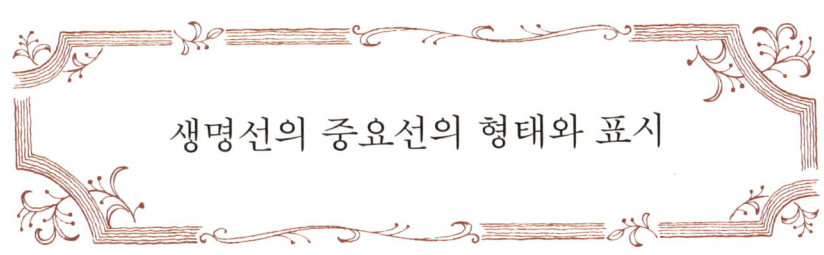

생명선의 중요선의 형태와 표시

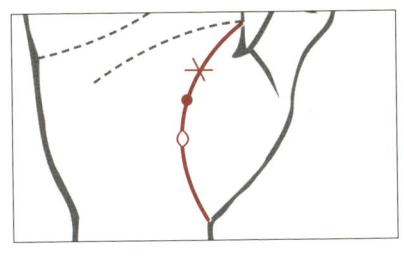

장애 무늬(섬, 반점, 십자)

표시가 있는 시기에 질병이나 부상, 충격적인 일이 일어날 가능성이 있습니다. 생명선 아래쪽에 있는 섬 무늬는 부인과, 방광, 신장 쪽의 질환을 암시합니다.

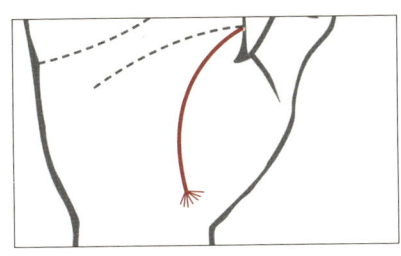

빗자루선

생명선 끝부분이 빗자루처럼 생긴 경우, 노년에 쉽게 체력이 바닥날수 있다는 뜻이므로 일찍부터 건강 관리하는 것이 중요합니다.

Tip 손바닥에 가로줄이 많아졌다면……

생명선 위쪽뿐만 아니라 손바닥 전체적으로 가로줄이 퍼졌을 때는 걱정, 스트레스가 많다는 뜻입니다. 지나치게 착실하고 한 가지 일에 몰두하는 타입인 사람에게 이 가로줄이 잘 생기며, 병을 앓게 되지는 않더라도 주의할 필요가 있습니다. 가로줄이 진해지지 않도록 항상 의식하고, 시간에 구애 받지 않는 여유로운 생활을 하거나 즐거운 일을 하면서 머리를 식히도록 합시다.

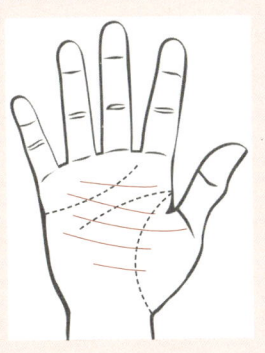

유년법으로 보는 생명선의 표시와 선의 종류

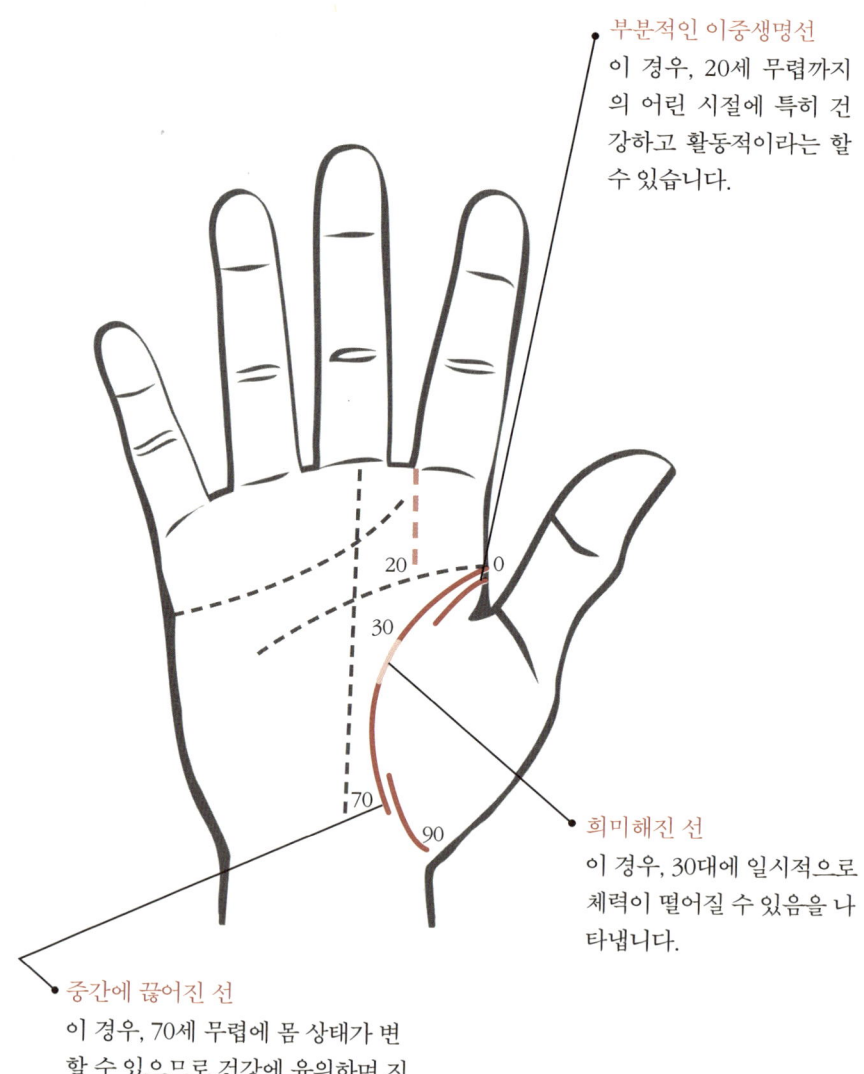

부분적인 이중생명선
이 경우, 20세 무렵까지의 어린 시절에 특히 건강하고 활동적이라는 할 수 있습니다.

희미해진 선
이 경우, 30대에 일시적으로 체력이 떨어질 수 있음을 나타냅니다.

중간에 끊어진 선
이 경우, 70세 무렵에 몸 상태가 변할 수 있으므로 건강에 유의하며 지내야 합니다.

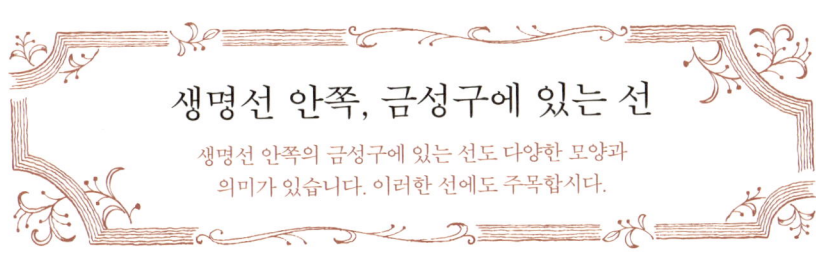

생명선 안쪽, 금성구에 있는 선

생명선 안쪽의 금성구에 있는 선도 다양한 모양과 의미가 있습니다. 이러한 선에도 주목합시다.

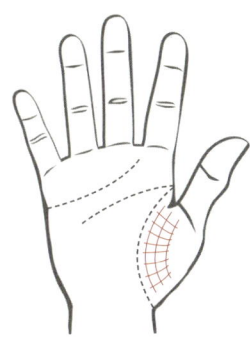

자잘한 격자 무늬

여러 가지에 신경을 쓰는 사람, 아기자기한 애정을 쏟는 타입

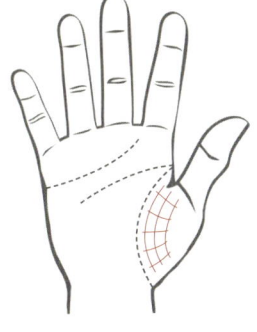

큰 격자 무늬

애정이 깊고 너그러운 사람, 포용력이 있는 타입

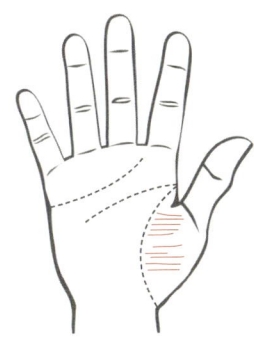

가로줄

스트레스를 잘 받는 반면, 다른 사람의 심적 고통을 잘 이해해 주는 섬세한 타입

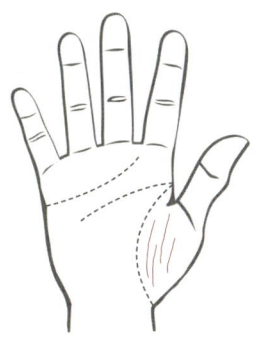

연한 세로줄

다정다감한 성격으로 인기가 많은 타입

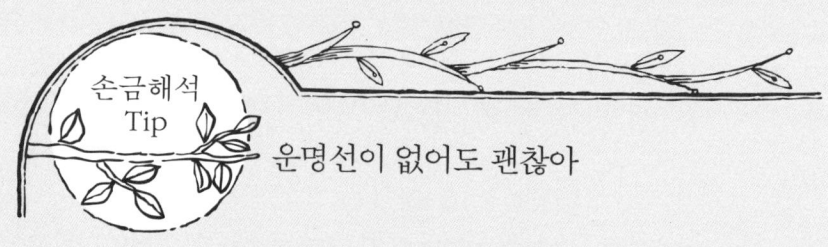

운명선이 없어도 괜찮아

　자신의 손금을 보다 운명선이 없는 것을 발견하고 깜짝 놀란 분이 있을 겁니다. 놀랄 이유가 없습니다. 기본선 중 특히 운명선은 있는 사람도 있고, 없는 사람도 있기 때문에 '운명선이 없다'는 것에 마음 둘 필요가 없습니다. 선이 나타내는 것은 그 사람의 기질입니다. 운명선의 유무와 진하기에는 그 사람이 느낌, 분위기가 나타내기 때문입니다.

　운명선이 진한 사람은 조금 고생을 해서라도 자신답게 길을 개척해 나가는 타입으로, 당당한 분위기를 자아냅니다.

　운명선이 연한 사람은 협조심이 있고 신중한 타입이어서 자신의 재능을 끌어내 주거나 도와주는 사람들 속에서 활동합니다. 따라서 운명선이 연한 사람은 지위가 높아도 소극적이고 조심스럽게 행동하는 것처럼 보여집니다.

　운명선이 없는 사람은 자기만의 방식이 있어 그때그때 상황에 맞추어 살아가는 타입입니다. 또 대부분 솔직한 타입이어서 어떤 조직이나 그룹의 분위기 메이커와 같은 존재가 되기도 합니다. 운명선이 없는 사람은 환경이 정해지면 그 자리에서 있는 힘껏 노력합니다. 환경이 맞으면 주어진 환경에서 최선을 다해 출세하는 사람도 있습니다. 또 흐름에 잘 따라가는 타입이어서 길만 정해지면 망설임 없이 나아갑니다.

　하지만, 자신의 의지와는 달리 갑작스럽게 방향을 전환하게 되거나, 독립해 혼자만의 힘으로 밑바닥부터 일어서야 하는 상황에 놓일 때도 있습니다. 이럴 때 다른 사람의 영향을 받아 쉽게 흔들리는 성격이기 때문에 직장동료 또는 친구, 가족이 매우 중요합니다. '운명선이 없다'는 사실에 고민하기보다는 '나는 이런 타입이다'라는 사실을 자각하면 길을 크게 벗어나지 않고 무난하게 나아갈 수 있을 것입니다.

제3장

기타 중요선을 살펴보자

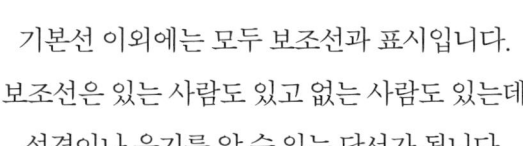

기본선 이외에는 모두 보조선과 표시입니다.
보조선은 있는 사람도 있고 없는 사람도 있는데
성격이나 운기를 알 수 있는 단서가 됩니다.

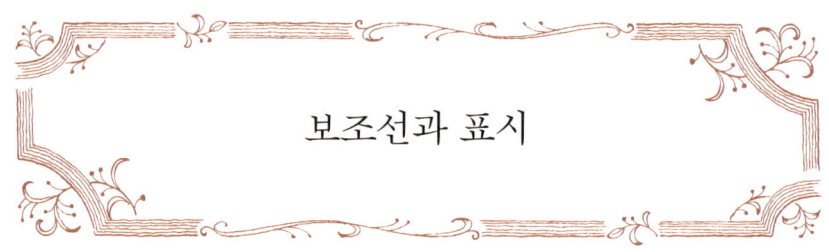

보조선과 표시

수상학에서는 손바닥에 있는 선을 ①기본선, ②기타 보조선과 표시로 분류합니다. 지금부터는 보조선과 표시에 대해 자세히 살펴봅시다.

보조선은 있는 사람도 있고 없는 사람이 있기 때문에 기본선에 비해 찾기가 어려울 수도 있습니다. 보조선도 기본선과 마찬가지로 위치와 방향에 따라 구의 에너지를 강하게 받습니다. 따라서 구의 위치와 의미를 확인하면서 보는 것이 좋습니다.

보조선은 찾기 어렵지만, 운세를 볼 때 하나하나에 중요한 뜻이 담겨 있습니다. 숨겨진 재능과 기질, 운기의 변화, 행운의 징후를 보조선을 통해 읽어낼 수 있으며, 특히 결혼선, 태양선, 재운선이 중요합니다.

세세하게 분류해 기억하는 것이 중요하므로 우선 이 세 가지 선에 대해 알아봅시다.

결혼선	태양선
새끼 손가락 제일 아랫부분과 감정선 사이에 있는 가로선	태양구에 있는 선

재운선
수성구에 있는 선

대표적인 보조선

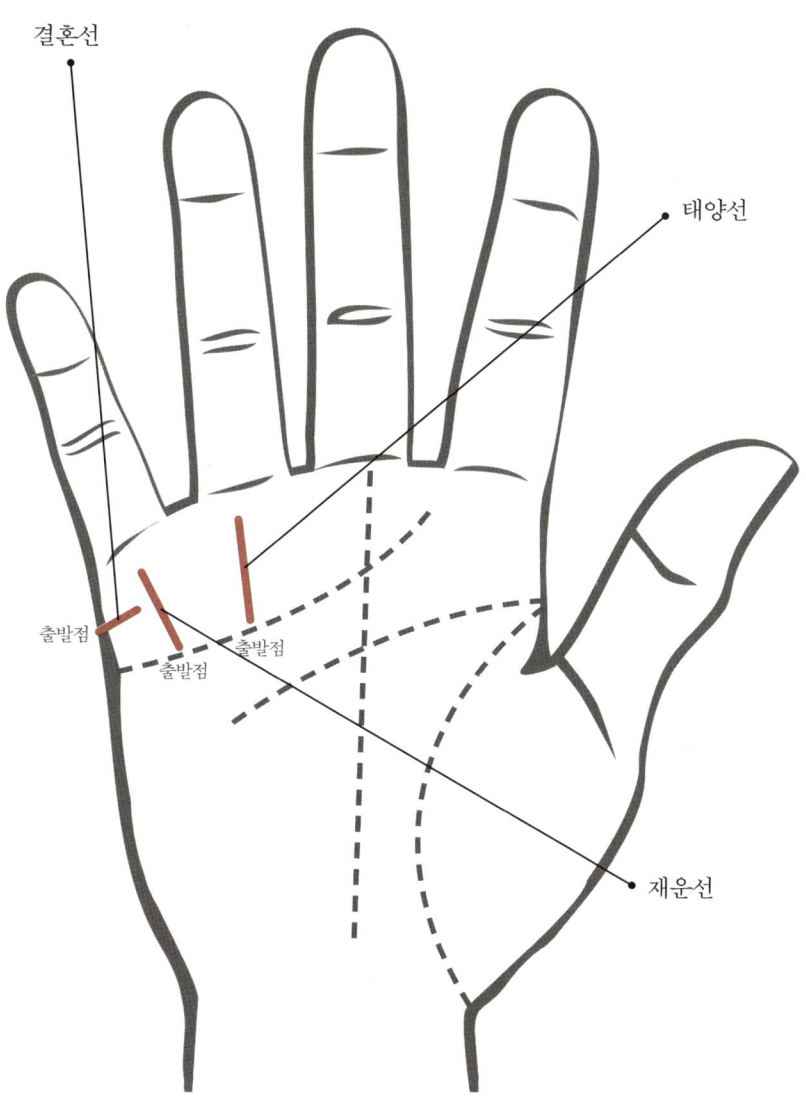

결혼선 結婚線

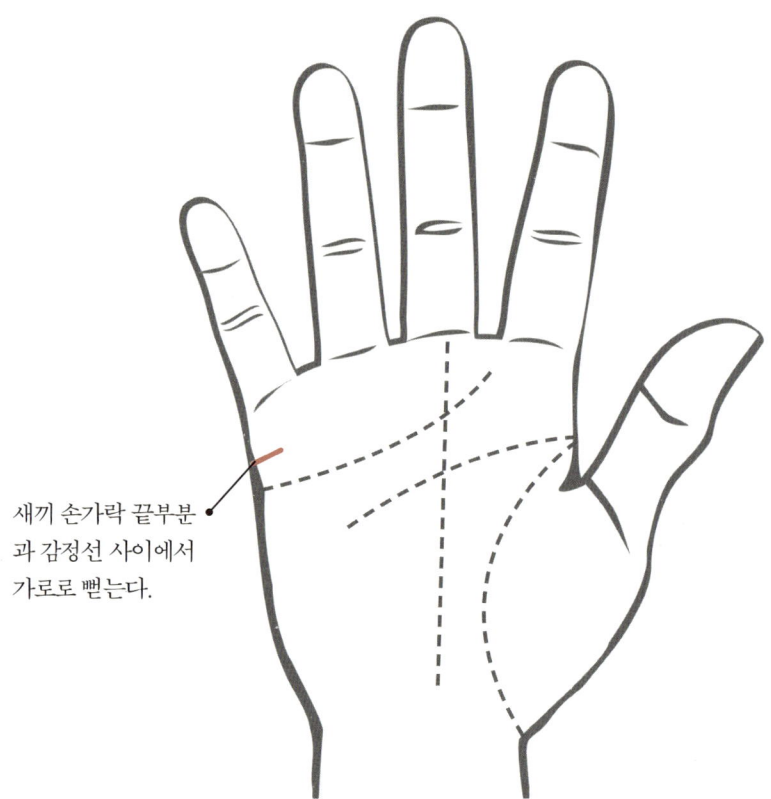

새끼 손가락 끝부분과 감정선 사이에서 가로로 뻗는다.

▌결혼과 만남의 시기, 결혼생활 상태, 결혼에 대한 애착을 나타낸다.

결혼선은 그 사람의 결혼관과 어떤 결혼생활에 연이 있는지를 알 수 있는 선입니다. 또 결혼까지 가지 않아도 기억에 남는 연애 등 남녀의 만남에 대한 운도 나타냅니다. 선이 선명한 시기는 만남운이 최고점이고, 이성을 구해 가족을 만들고자 하는 본능이 강해지는 시기입니다. 이 시기는 교제를 시작하거나 결혼으로 가는 여정이 수월합니다. 유년법으로 봤을 때 감정선에 가까울수록 만남운이 빠르며, 선이 진하게 보이는 것은 결혼에 대한 의식이 강한 상태라는 증거입니다. 결혼 후에도 선은 그 사람의 결혼생활에 대한 의식을 반영하기 때문에 계속 변화합니다. 결혼시기는 운명선이 바뀌는 시기 등도 함께 판단해야 합니다.

한 줄만이 직선으로 곧게 뻗어 있는 경우

결혼에 대한 강한 의지, 양호한 결혼운

결혼선이 선명하게 한 줄만 있으며, 아래로 내려가지 않고 옆으로 쭉 뻗어 있는 사람은 보수적인 결혼관의 소유자입니다. 연애=결혼이라고 생각하는 경향이 있으며, 한 번 결혼하면 어지간한 일로는 이혼을 생각하지 않는 타입입니다. 애인도 이러한 결혼선을 가지고 있다면 두 사람의 유대가 강해질 수 있습니다. 이 손금을 가지고 사람은 결혼운이 안정적이지만, 연애 기질이 아니기 때문에 상대가 없는 경우에는 맞선이나 소개를 통해 만나는 것을 추천합니다.

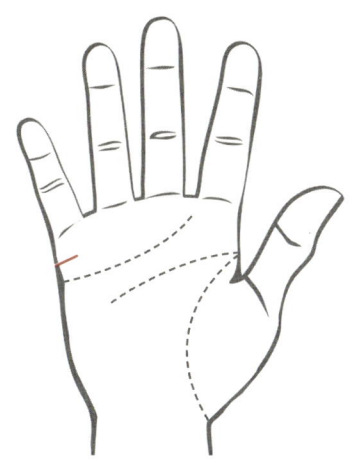

같은 길이의 결혼선이 두 줄 있는 경우

결혼 상대를 마주하는 의식이 강하다.

선명한 결혼선이 두 줄 있는 경우는 한 줄인 경우와 비슷한 경향이 있어 보수적인 결혼관의 소유자이자 안정을 추구하는 타입입니다. 상대가 좋아해 주지 않으면 이혼하거나, 재혼하는 경우도 있습니다. 같은 사람과 두 번 결혼해 신혼의 기분을 두 번 맛보는 사람도 있습니다. 결혼선은 수성구에 있는 선이며, 수성구는 재운을 의미하고 생식기와도 관련이 깊습니다. 따라서 결혼선이 흐트러짐 없이 한두 줄만 선명하게 있는 사람은 결혼 후에 안정적인 경제생활을 하고, 자식과 집안의 평화를 생활을 원하는 사람이라고 할 수 있습니다.

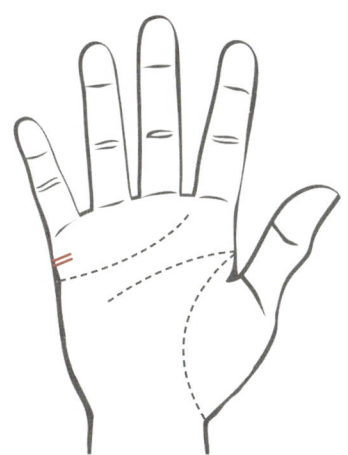

선이 세 줄 이상 있는 경우

결혼의 기회가 2번 이상 있다.

결혼선이 세 줄 이상인 사람은 이성을 만나는 기회가 많아 여러 명과 연애를 하고, 결혼할 기회도 여러 번 생깁니다. 하지만, 망설이다 한 사람으로 결정하지 못해 혼기가 늦어지거나 결혼한 후에 더 좋은 사람이 나타나지 않을까 걱정하기도 해 결혼운은 불안정하다고 할 수 있습니다. 반드시 이혼을 한다고 장담할 수는 없지만, 그러한 위험성을 품고 있습니다. 여러 결혼선 중에서 가장 길고 쭉 뻗은 선으로 혼기를 판단합니다.

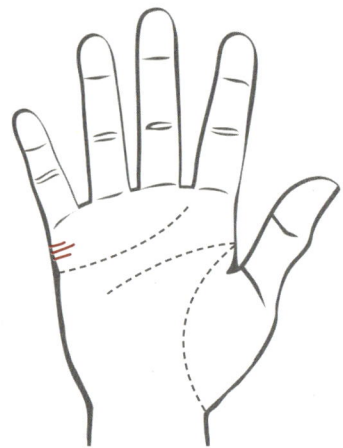

연한 주름 같은 선이 많은 경우

감수성이 풍부하고 연애 기회가 많다.

예민한 감성의 소유자로, 연애의 기회가 많은 사람입니다. 물론 결혼 기회도 많지만, '이번에 놓치면 더 이상 없을 것'이라는 생각을 잘 하지 않기 때문에 혼기를 놓칠 가능성이 있습니다. 이성에게 쉽게 반하고, 이성이 자신에게 잘 반하게 만드는, 연애를 즐길 줄 아는 타입이지만, 나이를 먹을수록 좋은 상대와의 만남은 줄어드는 법. 따라서 적령기를 놓치지 않고 결혼을 결정하는 것이 좋습니다.

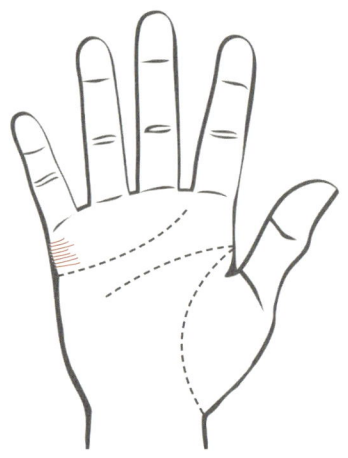

결혼선이 길거나 태양선에 닿는 경우

성공한 결혼을 할 가능성이 크다.

결혼선은 새끼 손가락 가운데까지 나와 있으면 꽤 긴 편이라 할 수 있습니다. 긴 결혼선의 소유자는 훌륭한 결혼과 인연이 있을 뿐만 아니라 스스로 그러한 결혼을 목표로 노력합니다. 또 약지 밑에 있는 태양구까지 깨끗하게 뻗은 결혼선은 행복한 결혼을 암시합니다. 부귀한 집안과 결혼하는 등 경제적으로 풍족한 결혼을 할 가능성이 있습니다. 태양선에 닿은 경우는 사회적인 지위나 재산을 누리는 만족스러운 결혼을 하게 될 것입니다. 자기계발을 하고 대인관계를 넓히다 보면 좋은 인연을 만날 수 있을 것입니다.

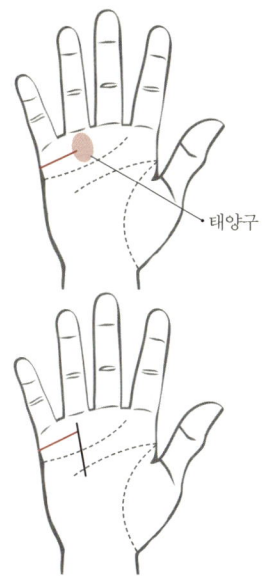

태양구

태양선을 넘는 경우

결혼에 대한 이야기에 신중할 것

일반적으로 수상학에서는 가로줄이 주요 세로줄을 막으면 좋지 않다고 보는 경향이 있습니다. 결혼선은 길수록 길상이지만, 태양선을 넘어가는 경우는 다릅니다. 결혼할 상대가 구미가 당기는 이야기를 조심하시기 바랍니다. 단지, 연애하기 좋은 사람일수 있으므로 항상 신중하게 행동한다면 별 문제는 없을 것입니다.

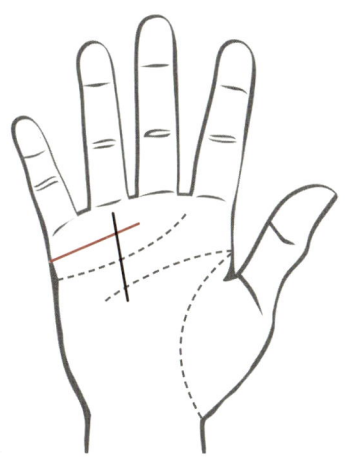

선이 연하고 가늘거나 짧은 경우

결혼은 아직 먼 일이라고 생각하고 있는 타입

결혼선이 연해 눈에 잘 띄지 않는 사람 또는 매우 짧은 사람은 결혼운이 없는 것이 아니라 결혼에 대한 의욕이 떨어져 있는 상태라고 할 수 있습니다. 겉으로는 결혼하고 싶다고 말하면서도 '독신이 편하고 좋을지도 모른다'고 생각하거나 가정을 만들 자신이 없어 결혼에 대한 마음을 먹지 못하는 상태입니다. 이 손금을 가진 사람은 '결혼하고 싶다'는 의지를 강하게 가짐으로써 운기를 변화시킬 수 있습니다. 맞선 등 인위적인 힘을 빌리는

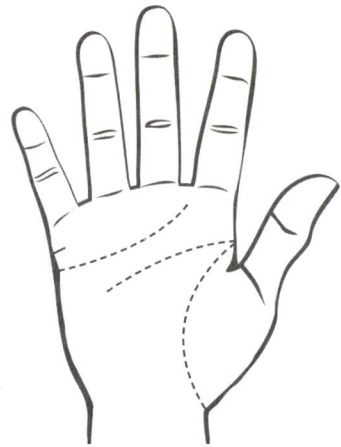

것도 한 가지 방법입니다. 결혼한 후에 결혼선이 점점 연해지는 것은 상대가 꼭 필요한 존재가 되고 있음을 나타내는 것이니, 별 문제가 없으니 걱정 할 필요가 없습니다.

선이 없는 경우

결혼에 대한 동경이 없는 타입

결혼선이 하나도 없다고 해서 평생 결혼을 할 수 없는 것은 아닙니다. 결혼에 대한 의욕이 전혀 없거나 이상적인 결혼에 구애 받지 않는 타입이라 할 수 있습니다. 유소년기 가정환경 등이 영향을 미쳐 결혼에 대한 동경심이 없는 경우도 많습니다. 이 손금을 가진 사람은 국제결혼 등 일반적이지 않은 결혼 스타일이라고 할 수 있습니다.

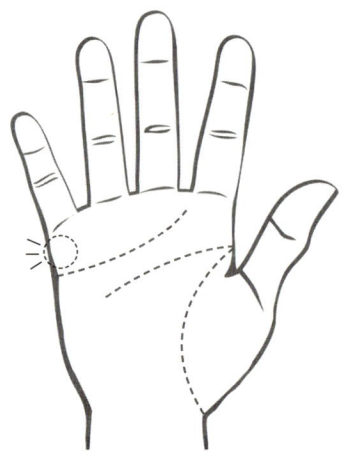

끝부분이 살짝 내려가는 경우

상대에 대한 애정이 시들해진 상태

결혼선 끝이 살짝 아래로 떨어진 것은 상대에 대한 애정이 식어가고 있음을 나타내는 사인입니다. 하지만, 연애기간이 길어지면 결혼선이 살짝 내려가는 것은 자주 있는 일이므로 크게 걱정하지 않아도 됩니다. 약간의 불만이 있어도 타협해 결혼생활을 원만하게 꾸려갈 수 있는 타입입니다. 다만, 선이 계속 내려가면 결혼에 위험신호가 커질 수 있습니다. 미혼인 상태에서 결혼선의 끝이 내려가 있는 사람은 이성을 마주할 자신이 약하다는 뜻이므로 적극성이 필요합니다.

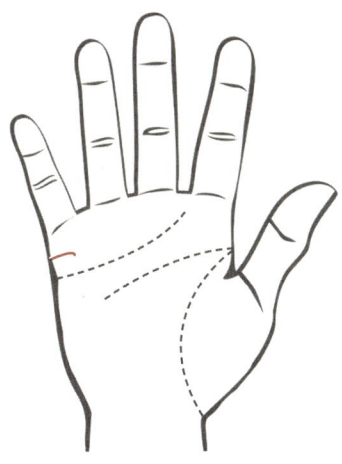

급격히 꺾여 감정선까지 내려가는 경우

"동거인"과 같은 상태

감정선에 닿을 정도로 결혼선이 내려가 있는 사람은 상대와의 관계가 완전히 식었거나 사이가 좋더라도 남녀관계보다는 우정으로 이어진 상태입니다. 또 감정선을 넘는 정도로 내려간 경우는 애정이 완전히 식어 쇼윈도 부부와 같은 상태입니다. 상대의 몸이 약해 성적으로 만족할 수 없는 경우 등에도 결혼선이 내려가는 경향이 있습니다. 둘 다 결혼선이 내려갔다면 그 상태로 관계를 지속할 수 있지만, 한 사람만 내려갔다면 불만이 쌓이고 있는 상태라고 할 수 있습니다. .

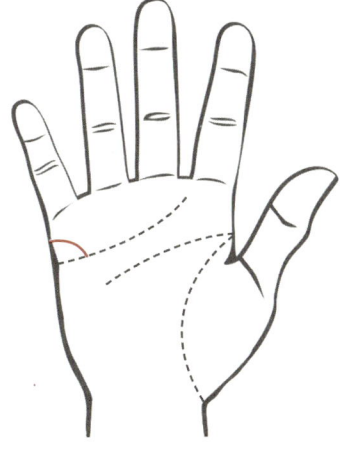

끝부분이 두 갈래로 갈라지는 경우

부부의 몸과 마음이 멀어진 상태

결혼선 끝부분이 두 갈래로 갈라지면 부부의 마음이 서로 다른 방향으로 향하고 있다는 암시로, 이혼 가능성을 품고 있습니다. 하지만, 혼자만의 시간을 중요시하는 부부라면 헤어지지 않고 살아갈 수 있습니다. 두 갈래가 작은 경우는 전근 등 일시적인 별거를 의미합니다. 이 손금은 흑백을 확실히 가리고 싶어 하는 사람에게 자주 나타나는 경향이 있으며, 독신인 사람 가운데 자신감이 없는 경우에도 나타납니다. 결혼에 대한 큰 이상 없이 라이프스타일이 맞는 사람과 결혼하는 것이 좋습니다.

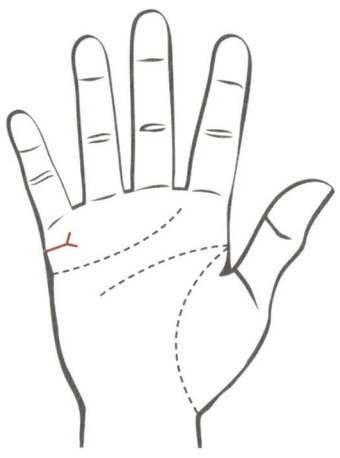

끝부분이 새끼 손가락 쪽으로 올라가는 경우

결혼 상대에 대한 이상이 높은 타입

결혼선이 튀어 오르듯 위쪽으로 꺾여 있는 사람은 결혼에 대한 이상이 높고, 상대방을 엄격한 잣대로 보는 경향이 있습니다. 현실적이고 생활력 있는 여성에게 자주 나타나는 손금으로, 이상이 과도하게 높아 좀처럼 결혼을 하지 못하는 경우도 많습니다. 조건을 줄이고 취미와 기호가 맞는 사람을 찾는 것을 추천합니다. 급격하게 상승하지 않고 아주 살짝 위쪽으로 꺾인 결혼선은 결혼운이 최고로 좋은 상태임을 의미합니다.

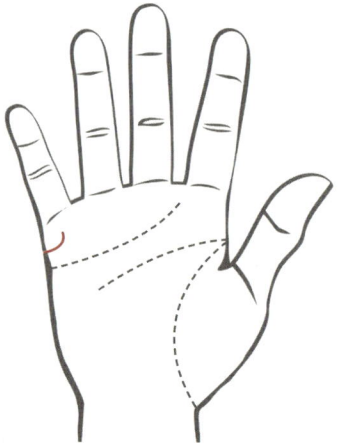

결혼선에서 새끼 손가락으로 향하는 지선이 있는 경우

일과 가정을 양립할 수 있는 타입

결혼선이 직선으로 곧게 뻗어 있고, 지선이 튀어 오르듯 위쪽으로 꺾인 사람은 생활력이 있고 정신적으로도 안정된 상태입니다. 일과 가정을 양립할 수 있으며, 융통성 있는 결혼생활을 보낼 수 있습니다. 한편, 결혼선이 내려간 경우는 부부의 애정이 식어 일에만 에너지를 쏟고 있는 상태를 나타냅니다. 결혼선이 내려갈수록 상대에 대한 애정이 완전히 식어가고 있음을 의미합니다.

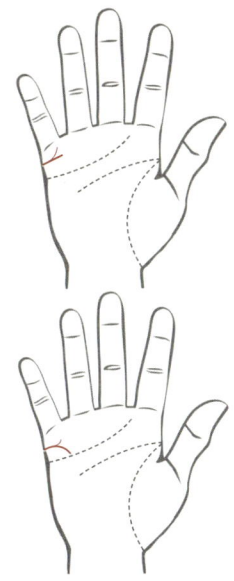

아래쪽에 여러 개의 지선이 있는 경우

결혼생활에 난관이 있음을 암시

결혼선 아래에 짧은 지선이 많이 있는 경우는 부부의 애정이 식어 권태기에 들어섰거나, 결혼 후 한사람이 건강문제로 인해 경제적인 역할을 하지 못하는 상태임을 암시합니다. 이런 손금이 생기는 시기에는, 고난을 극복할 수 있도록 취직을 하거나, 적극적으로 일에 매진해 가계경제를 안정시키는 것이 중요합니다.

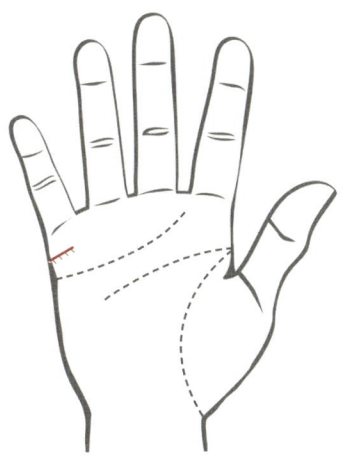

결혼선이 토막토막 끊어져 있는 경우

부부의 애정도 단절된 상태

결혼선이 한 줄이 아니라 토막토막 끊어져 있는 것은 불안정한 결혼운을 나타냅니다. 상대에게 불만이 있거나 질려 애정이 쉽게 흔들릴 수 있는 상태입니다. 하지만, '부부싸움은 칼로 물 베기'와 같은 상태로 이혼할 정도는 아닙니다. 가령 이혼하고 다른 사람과 다시 결혼한다 해도 같은 상태가 될 가능성이 높기 때문에 섣부른 판단은 금물입니다.

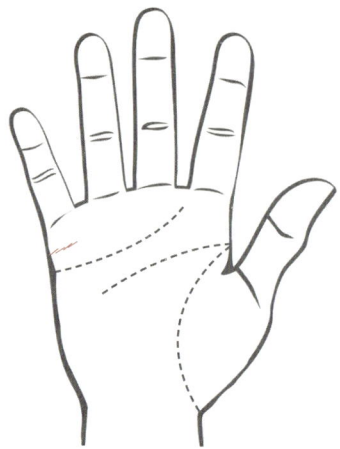

끝부분이 빗자루 모양으로 갈라지는 경우

권태기를 맞이한 상태

부부의 애정이 분산된 상태입니다. 육아, 일 등 상대 이외의 일로 머릿속이 가득 차 결혼생활이 무미건조해진 상태이거나, 부부 모두 또는 한쪽이 바쁠 때에도 나타날 수 있는 손금입니다. 어느 한 사람이라도 이 손금이 나타난 경우에는 외식, 여행 등을 통해 깊이 있는 대화를 하거나 선물 등을 통해 평소의 감사한 마음을 전해 어려운 시기를 극복해야 할 것입니다.

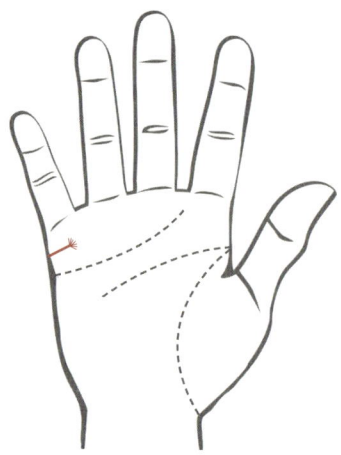

결혼선 위나 아래에 가늘고 짧은 선이 있는 경우

바람에 대한 욕구나 설렘의 표현

선명한 결혼선을 따라 위쪽이나 아래쪽에 짧은 선이 있는 것은 결혼 이외의 작은 만남에 대한 운을 나타냅니다. 바람, 불륜으로 이어질 가능성도 있지만, 바람에 대한 욕구만 있을 뿐 실제로 무슨 짓을 하지는 않습니다. 사소한 불장난 같은 만남이 있는 경우에도 이 손금이 나타나는 경우가 있으므로 그렇게 심각하게 받아들이지 않아도 됩니다. 다만, 결혼선이 아래로 내려가거나 짧은 선이 점점 길어지면 단순한 바람으로 그치지 않을 가능성이 있습니다.

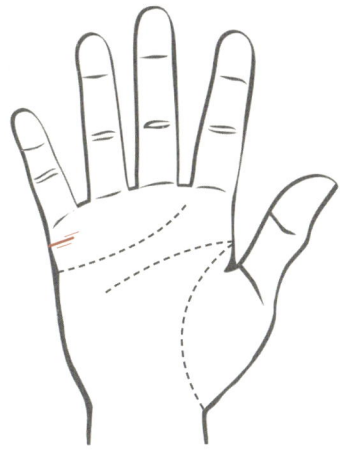

두 줄의 선이 하나로 합쳐지는 경우

장애물을 극복하고 결혼에 성공

결혼하기 전에 가족의 반대, 직업상의 문제 등 무언가 극복해야 할 커다란 장애물이 있는 듯합니다. 집안이나 나이 차이, 국제결혼 등 이 손금이 있는 사람은 교제 중 어려운 순간을 맞이할 수도 있지만, 결국에는 결혼할 수 있는 운세입니다. 끝부분이 한 줄로 합쳐져 옆쪽으로 곧게 뻗으면 원만한 결혼생활을 꾸릴 수 있다는 뜻입니다.

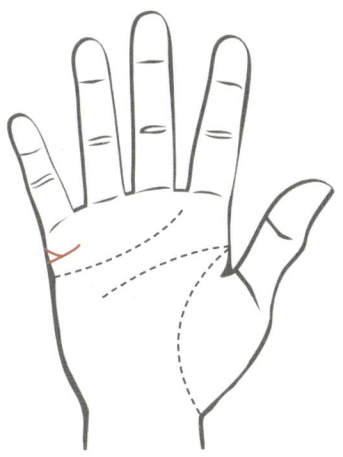

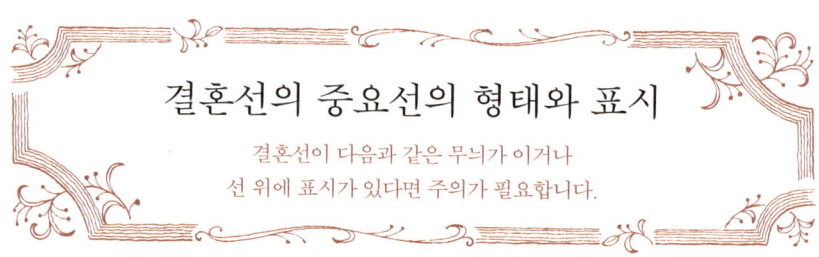

결혼선의 중요선의 형태와 표시

결혼선이 다음과 같은 무늬가 이거나
선 위에 표시가 있다면 주의가 필요합니다.

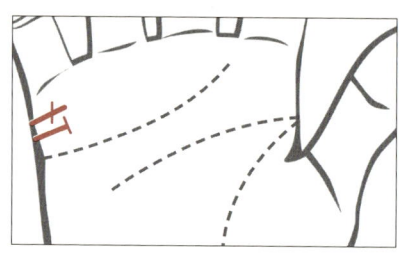

| 세로선

결혼선 중간에 세로선(장애선)이 있으면 극복해야 할 시련, 트러블이 있다는 뜻이며, 끝에 있는 경우에는 이혼 가능성이 있습니다.

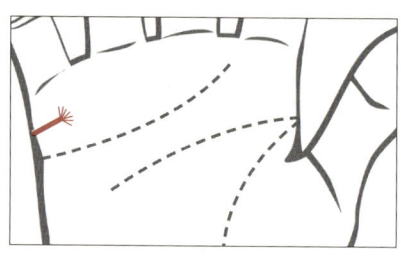

| 빗자루선

끝에 연한 지선이 빗자루 모양인 결혼선은 부부간의 권태기를 나타냅니다.

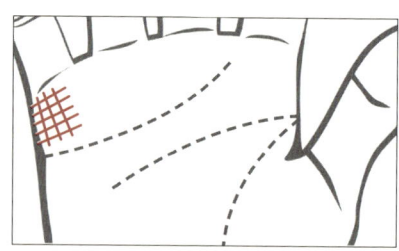

| 격자무늬

여러 개의 결혼선이 격자무늬를 이루고 있는 사람은 이성운이 있고, 인기가 많은 타입입니다. 다만, 이성간 트러블 등으로 인해 결혼이 늦어지는 경향이 있습니다.

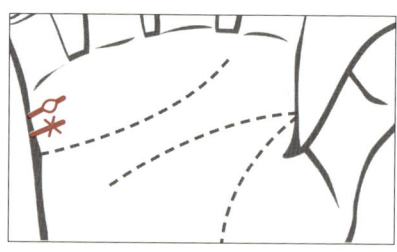

| 섬, 십자무늬

결혼선 위에 나타나는 돌발적인 문제나 충격적인 사건이 있음을 암시합니다. 끝에 있으면 이혼으로 이어질 가능성이 있습니다.

태양선 太陽線

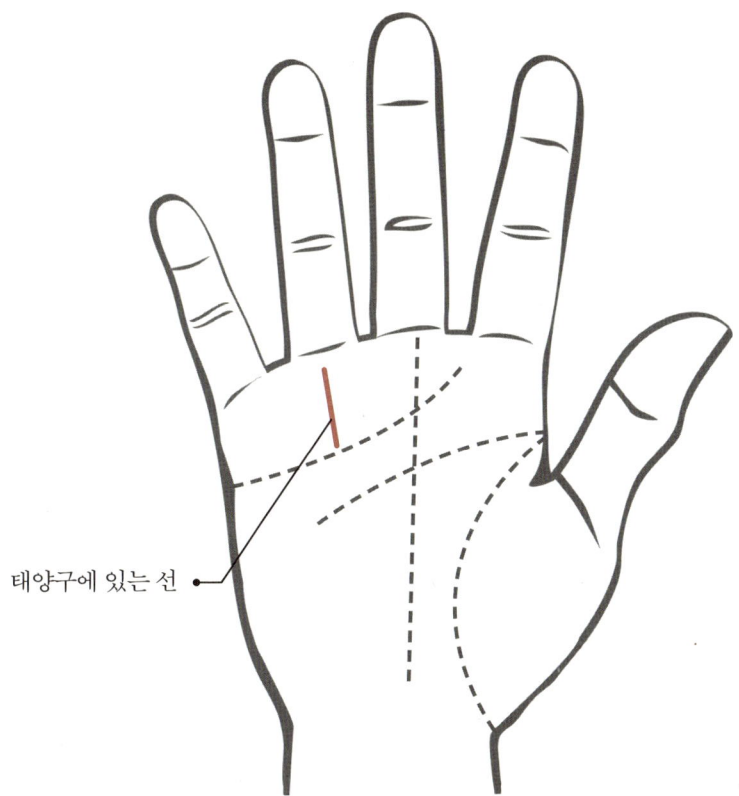

태양구에 있는 선

▎성공운, 인기운, 예술적 감각, 재운을 나타낸다.

　태양선은 태양구에 있는 선이므로 태양구의 에너지를 받아 성공, 인기, 재운 등을 나타냅니다. 수성구에 있는 재운선으로 보는 재운은 재물에 대한 집착을 나타내지만, 태양선으로 보는 재운은 일이 잘되어 재물을 얻거나, 상상할 수 없는 큰 인기를 얻게 됨을 의미합니다. 젊을 때는 태양선이 없는 사람이 많지만, 직업운, 금전운, 만족감의 변화에 따라 선이 생기거나 손목 쪽으로 길게 이어지기도 합니다.

태양선이 진한 경우

인기와 성공을 손에 넣는다.

태양선이 기본선과 비슷한 정도로 진한 사람은 금전운이 강해 돈으로 인해 곤란한 일을 겪지 않을 행운의 상입니다. 일을 하는 사람은 일이 순조롭게 돌아가고, 주부의 경우는 가족이나 주변사람의 혜택을 받아 안정된 생활을 보낼 수 있습니다. 예술적인 감각도 뛰어나 화려한 인상으로 사람들을 끌어당기는 매력이 있습니다. '호박이 넝쿨째로 굴러 떨어졌다' 식의 금전운이 아니라 사람들로부터 인정을 받은 결과 돈이 따라오는 운세입니다. 구가 들쭉날쭉하지 않는 타입의 경우, 태양선이 별로 진하지 않을 수도 있지만, 말끔하게 길다면 성공운이 있다고 볼 수 있습니다.

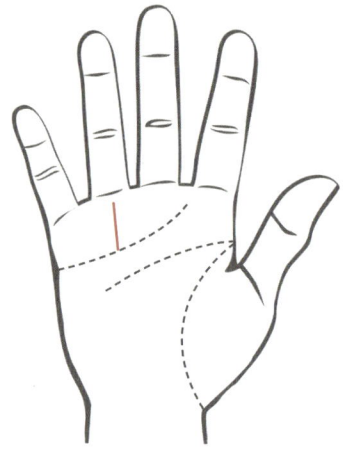

태양선이 연한 경우

운은 강하지만 무언가 부족한 만족도

기본선에 비해 연하고 눈에 띄지 않는 태양선은 인기운, 성공운이 좋음에도 불구하고 아직 생각한 만큼의 결과가 나오지 않은 상태를 의미합니다. 목적이 정해지지 않아 찾고 있거나, 스스로에게 만족하지 못하고 있는 사람에게 많이 나타나며, 목적이 정해지면 선이 진해지는 경향이 있습니다. 이미 사회적으로 성공한 사람이라도 불안정한 업계에 있다면 태양선이 연할 수 있습니다.

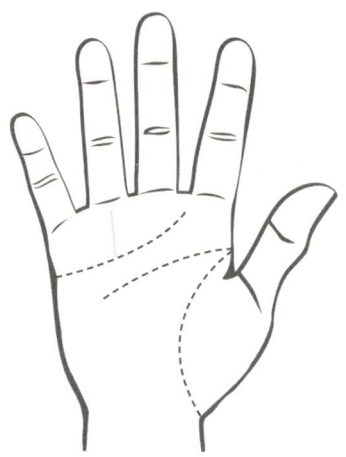

선이 토막토막 끊어져 있는 경우

운이 불안정하고 성공이 오래가지 않는다.

태양선이 토막토막 끊어진 손금은 금전운, 성공운이 전혀 없는 것은 아니지만, 불안정한 상태입니다. 일이나 인간관계에 변화가 많아 금전운이 안정되지 않거나 의욕이 한결같지 않아 성공하기 전에 포기해 버리면 안정적으로 비행할 수 없습니다. 어떤 일이든 끈기 있게 대처하고자 하면 토막토막 끊어진 선이 조금씩 깨끗해질 것입니다.

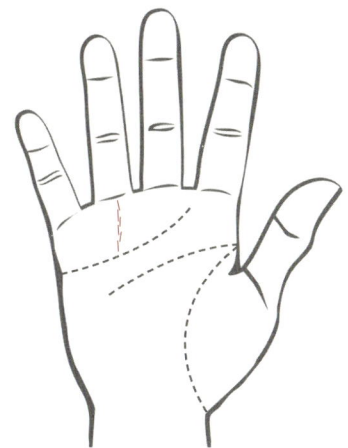

꾸불꾸불한 경우

성공하기까지 시간이 걸린다.

태양선이 부자연스럽게 구부러진 사람은 결국 사람들로부터 인정을 받아 성공하지만, 그 지점에 이르기까지 많은 고생을 하는 타입입니다. 대체로 성실하지만, 자기만의 방식을 고집하거나 자신감이 없어 쓸데없이 망설이거나, 요령이 좋지 않아 지름길을 두고 길을 돌아서 가곤 합니다. 목표지점에 빠르게 도달하고 싶다면, 지나치게 생각하지 말고, 시작은 다른 사람들과 같은 방식으로 하는 것이 좋습니다.

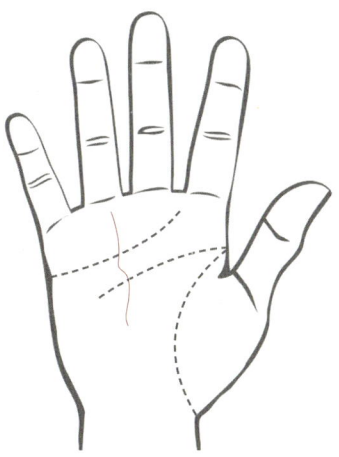

태양선이 많은 경우

하고 싶은 일이 많아 목표가 명확하지 않다.

선명한 태양선이 여러 줄 있는 경우는 '이것도 하고 싶고 저것도 하고 싶다'는 마음이 앞서 힘이 분산되어 있는 상태입니다. 육아를 마친 주부에게도 많이 나타나며, 밝고 적극적인 상태이므로 나쁜 손금은 아니지만, 우선 한 가지 일에 집중해 몰두하면 좋은 성과를 낼 수 있을 것입니다. 한편, 연한 태양선이 여러 줄 있는 경우는 끈기가 부족하고 돈을 낭비하는 경향이 있습니다.

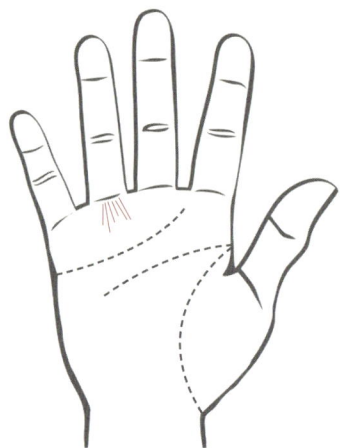

지구에서 출발하는 경우

조상의 은덕으로 어린 시절부터 운이 따른다.

조상, 부모와의 연이 깊고, 어린 시절부터 눈에 띄는 존재로 활약한다는 뜻입니다. 유소년기에 무언가 뛰어난 능력이 나타나 신동이라 불리거나 조숙하고 인기가 많은 사람에게 나타나기도 합니다. 어린 시절부터 이 손금이 있는 사람은 똑 부러지고 어른도 무색할 정도의 능력을 가진 타입입니다. 조상을 잘 모시고, 감사한 마음을 잊지 않으면 성공운이 평생 이어질 것입니다.

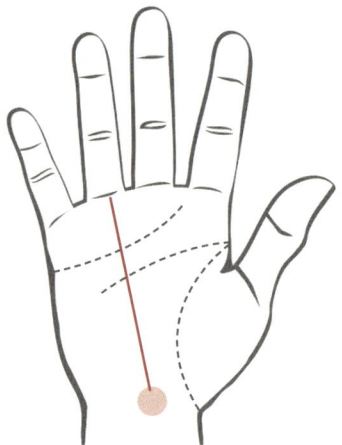

지능선에서 출발하는 경우

재능이 꽃피는 상

지적 재능을 나타내는 지능선에서 태양선이 출발하는 사람은 자기만의 아이디어를 살려 성공할 수 있습니다. 사교적이고, 시대가 요구하는 것을 정확히 파악할 수 있는 능력도 있습니다. 유년법으로 보면 중년기 이후에 기회가 많습니다. 적극적으로 머리를 써 지혜를 짜냄으로써 재산이나 명예를 손에 넣을 수 있습니다.

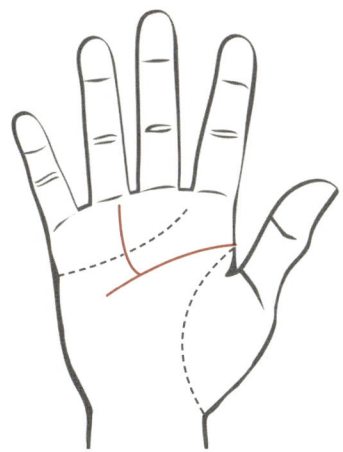

생명선 안쪽의 아랫부분에서 출발하는 경우

부모의 도움으로 성공한다.

생명선 안쪽의 손목 부근에서 태양선이 출발하는 사람은 집안의 도움이나 원조를 받아 성공할 수 있습니다. 이 손금은 장남, 장녀 또는 막내 중에서 부모와의 유대가 깊은 사람에게서 자주 나타나며, 부모로부터 재산을 물려받을 가능성도 있습니다. 긴 태양선이 화려한 성격으로 다른 이들의 사랑을 받는다는 의미로, 그 기질 또한 부모로부터 물려받은 재산 중 하나입니다.

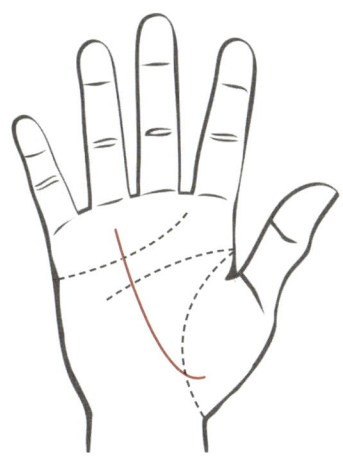

생명선 안쪽의 윗부분에서 출발하는 경우

감성을 활용하는 일로 성공한다.

태양선이 생명선 안쪽의 가운데에서 출발해 위쪽으로 향하는 사람은 미적 감각, 예술성을 살린 일에서 활동할 수 있습니다. 재산과 사회적 지위가 있는 분의 지원도 받아 사업을 성공시켜 수 있으며, 전문분야에서 활동하는 사람에게 많이 나타나는 손금입니다.

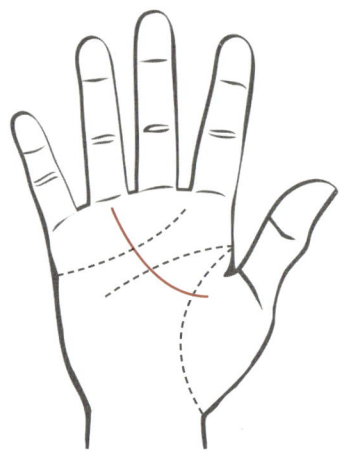

여행선에서 출발하는 경우

이사를 함으로써 재운, 명예운이 올라간다.

여행선(P180 참조) 선상에서 태양선이 출발하는 것은 여행이나 이사를 통해 재산이나 명예를 얻을 수 있다는 암시입니다. 새로운 곳에서 사업을 시작해 성공하는 등 새로운 땅에서의 성공을 의미합니다. 이 손금이 있는 사람은 나고 자란 곳에 계속 살기보다 과감하게 이사를 하면 운이 트일 것입니다. 여행지에서도 좋은 운을 얻을 수 있으므로 여행을 즐기는 것도 방법입니다.

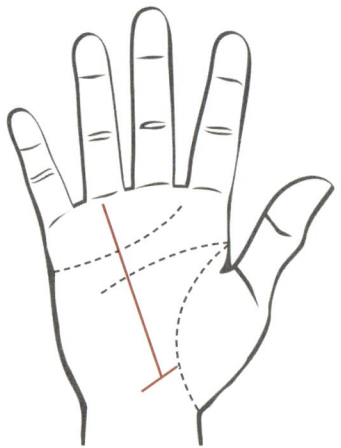

토성구 가까이에 있는 경우

자신이 중심이 되어하는 일에서 성공한다.

끝점이 토성구 가까이에 있는 태양선은 자신이 중심이 되어 일을 하고, 열심히 노력한 후에 성공하며, 만족할 만한 위치에 오르거나 권력을 얻을 수 있습니다. 태양선에서 토성구 방향으로 지선이 있는 경우도 비슷한 의미를 지니며, 꾸준히 노력을 거듭한 끝에 크게 성공해 부자가 된 후에도 보람을 얻기 위해 일을 계속하는 타입입니다.

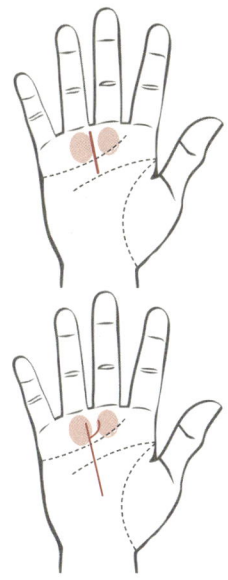

수성구 가까이에 있는 경우

재물을 얻어야 만족하는 타입

무엇을 성공이라 판단할 수 있는지는 사람에 따라 생각이 다르겠지만, 태양선 끝이 수성구 가까이에 있는 사람은 돈으로 성공을 판가름하는 현실적인 타입입니다. 지위 등에는 그다지 구애 받지 않아 부자가 되면 일을 그만두고 자유롭게 살 수도 있습니다. 또 태양선에서 수성구 방향으로 지선이 있는 경우는 크게 성공해 경제적으로 풍족해짐을 의미합니다.

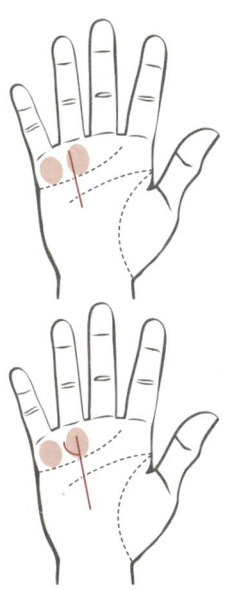

태양선의 중요선의 형태와 표시

태양선에 있는 표시를 체크해 성공 및
재운의 운기, 주의해야 할 시기를 판단합니다.

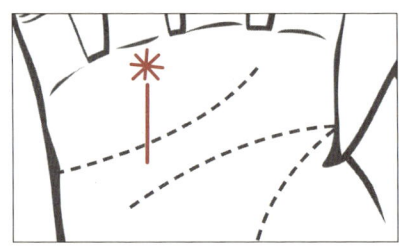

별 무늬

태양구의 태양선에 별이 있으면 명예, 금전운의 상승을 나타내며, 뜻밖의 수입이 굴러들어 옴을 암시합니다.

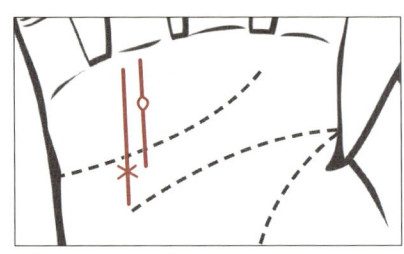

섬, 십자 무늬

태양선에 있는 장애마크는 금전이나 명예의 불운을 암시합니다. 신중한 대처가 필요합니다.

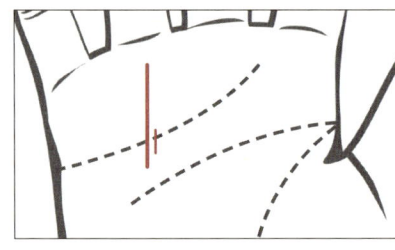

보조선

태양선 옆에 평행으로 짧은 보조선이 있는 부분은 크게 활약할 수 있는 행운의 시기입니다.

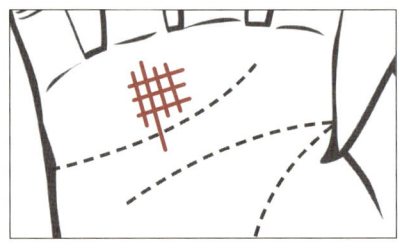

격자 무늬

태양구의 격자무늬는 독특한 센스의 소유자임을 나타냅니다. 그 중에서 유난히 진한 태양선이 하나 있으면 개성 있는 감각으로 크게 성공을 거둘 수도 있습니다.

유년법으로 보는 금전운과 성공운의 변화

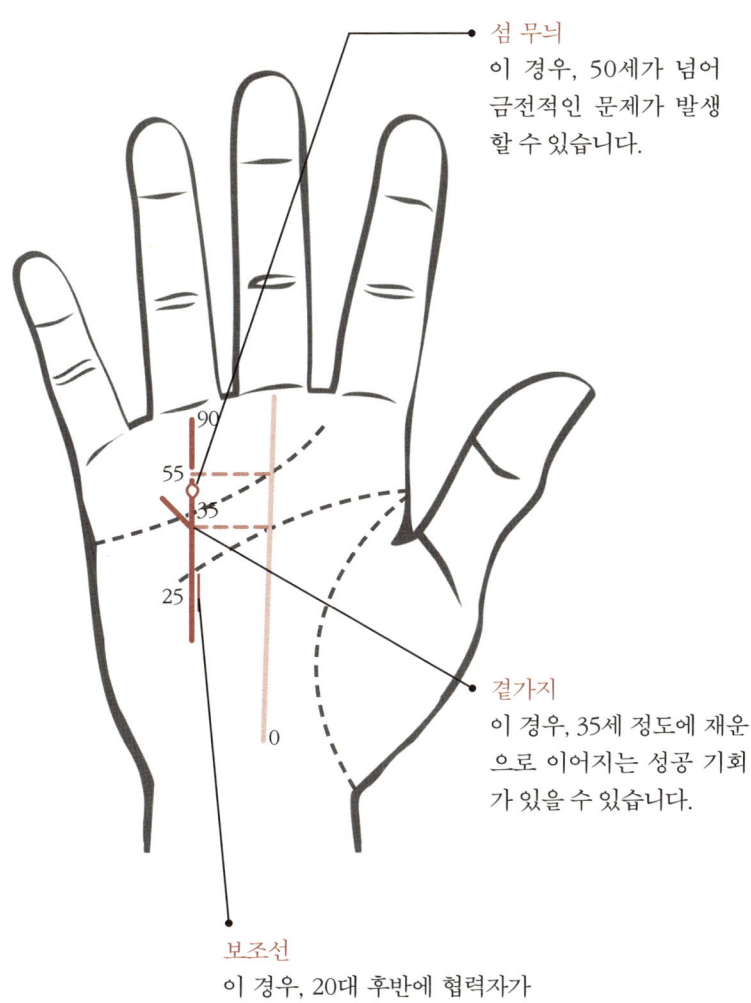

섬 무늬
이 경우, 50세가 넘어 금전적인 문제가 발생할 수 있습니다.

곁가지
이 경우, 35세 정도에 재운으로 이어지는 성공 기회가 있을 수 있습니다.

보조선
이 경우, 20대 후반에 협력자가 나타날 수 있습니다.

재운선 財運線

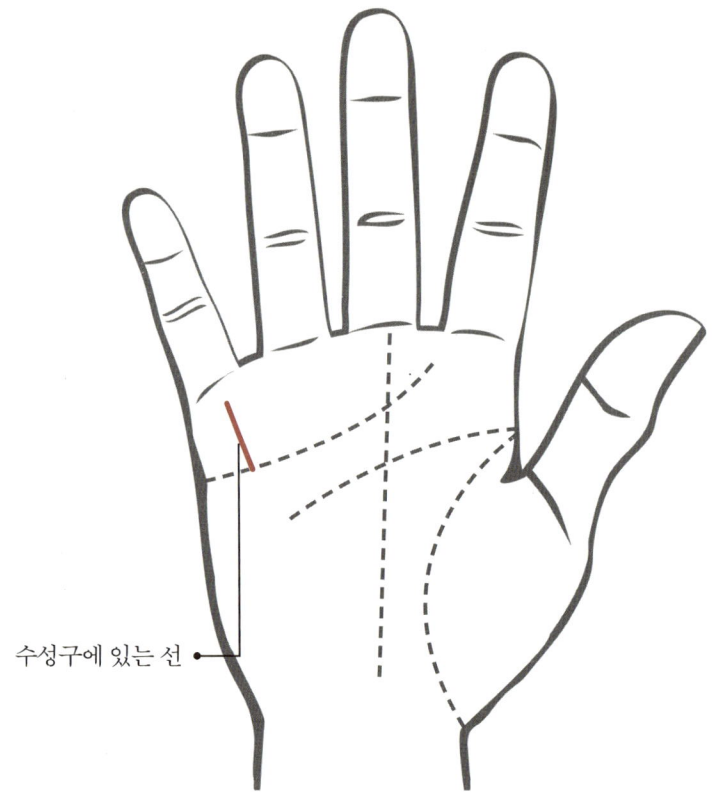

수성구에 있는 선

❙ 재운, 금전감각을 나타낸다.

재운선은 재운을 나타내는 수성구에 세로로 있는 선입니다. 태양선이 의미하는 재운과는 달리 현재의 자금 상태, 돈에 대한 집착도, 돈을 변통하는 능력, 비즈니스 능력 등 지금 금전감각이 어떠한지를 나타냅니다. 전체적인 금전운은 태양선과 재운선의 밸런스로 판단합니다. 진하기와 길이뿐만 아니라 수성구의 어디에 위치해 있는지, 태양구에 가까이 있는지 등 구가 가지고 있는 에너지를 생각하면서 살펴보면 쉽게 이해할 수 있습니다.

수성구 가운데에 있는 경우

잘 벌고, 잘 모으는 타입

수성구 가운데 쪽에 흐트러짐 없는 한 줄의 재운선이 있다면 재운이 좋은 사람입니다. 열심히 일해 돈을 벌거나 변통을 잘하는 상태를 나타냅니다. 이 손금이 있는 사람은 낭비 없이 계획적으로 돈을 모을 수 있어 착실하게 재산을 축적해 갑니다. 선이 진하고 선명할수록 재운이 강하다고 할 수 있습니다.

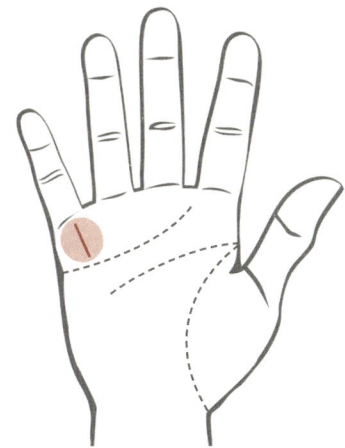

태양구 가까이에 있는 경우

돈을 운용하는 센스가 있다.

흐트러짐 없는 한 줄의 재운선이 수성구 중앙보다 약지 쪽에 가까운 사람은 금전 감각이 뛰어나고, 자산 운용이 능숙합니다. 화려함이 있는 태양구의 영향을 받아 절약으로 천천히 돈을 모으기보다는 재산을 빠르게 불리고 싶어합니다. 비즈니스와 잘 맞으며, 현재 가지고 있는 돈을 불리는 센스가 있어 주식 거래를 하는 사람에게도 많이 있는 손금입니다.

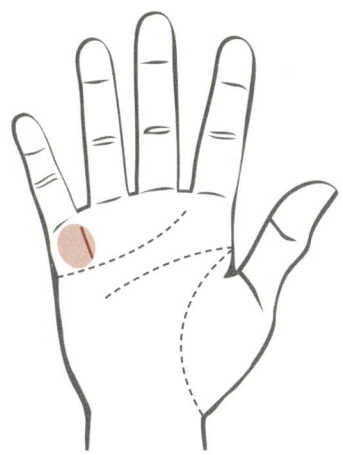

재운선이 없는 경우

돈에 대한 집착이 별로 없다.

재운선이 전혀 없는 사람도 있는데 이것이 빈부를 뜻하는 것은 아닙니다. 돈에 개의치 않고 없으면 없는 대로 살아갈 수 있는 사람 또는 돈에 대한 집착이 거의 없는 사람은 재운선이 없는 경우가 있습니다. 돈 때문에 고민할 일이 없는 상태입니다. 태양선이 깨끗하게 있는 사람은 저금을 꽤 많이 한 사람일 수도 있습니다. 하지만, 돈을 무신경하게 써 버릴 수 있으므로 큰 돈을 가지고 다니지 않는 것이 좋습니다.

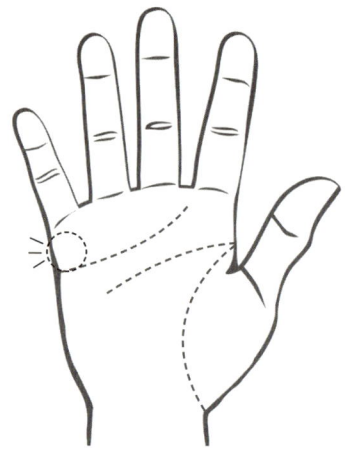

가는 선이 다섯 줄 이상인 경우

있으면 있는 만큼 써 버리는 타입

돈은 들어오지만, 있는 만큼 써 버리는 소비가 기질이 있어 좀처럼 돈을 모으지 못하는 타입입니다. 무언가 배우는 것을 좋아하는 여자에게도 자주 나타나는 손금입니다. 약지 밑에 태양선이 깨끗하게 있으면 돈이 들어오는 데에는 어려움이 없을 것입니다. 하지만, 그 돈을 쓰지 않으면 욕구불만이 생기는 타입이므로 자격증을 취득하거나, 물건을 사는 등 돈을 어떻게 해야 잘 쓸 수 있는지 고민해 보는 것이 좋을 것 같습니다.

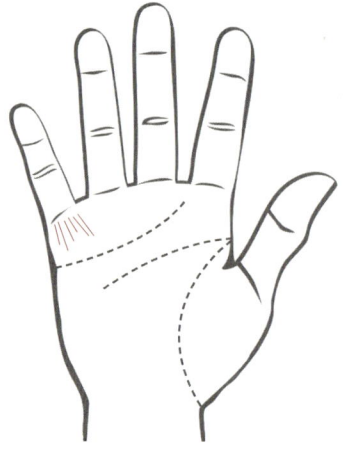

토막토막 끊어져 있는 경우

금전운이 위기를 맞은 상태

수입이 줄어든 데다 지출이 늘어나 큰 위기를 맞은 상태입니다. 이 손금이 있는 동안에는 돈 때문에 골치 아픈 일이 많이 생길 수 있습니다. 금전운이 폭 떨어져 있는 상태이므로 신규 사업이나 투자 등은 자제해야 합니다. 재운선은 상황에 따라 자주 변화합니다. 낭비를 줄이고 돈 관리를 잘하면 선이 정리될 것입니다.

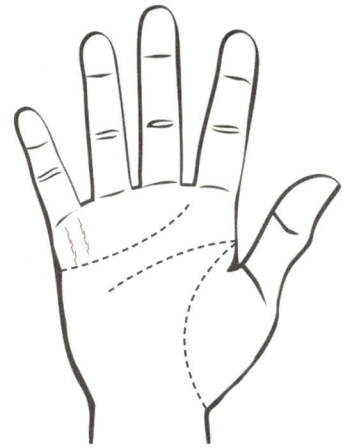

생명선에 출발하는 경우

노력의 성과로 재물을 얻는다.

선명한 한 줄이 생명선 위에서 출발하는 재운선은 자기 자신의 노력으로 재물을 얻는다는 뜻입니다. 이 손금이 있는 사람은 향상심이 강한 노력가형으로, 타인의 도움에 기대지 않고 스스로 열심히 일해 재산을 쌓아 갑니다. 한편, 재운선이 생명선에서 출발하지만, 토막토막 끊어진 경우는 노력한 만큼 결과가 따라오지 않거나 끈기가 부족해 재산을 얻기까지 시간이 걸리는 타입입니다.

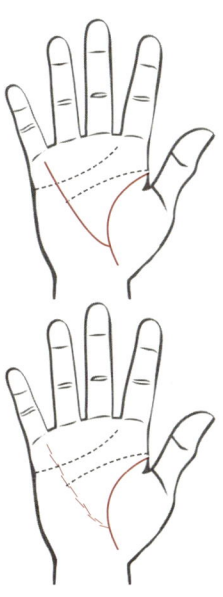

운명선에서 출발하는 경우

직업운이 좋아 재물을 얻는 사람

직업운이 좋은 사람에게 생기는 손금입니다. 복권에 당첨되거나 유산을 물려받는 등 뜻밖의 행운으로 얻어지는 재운이 아니라 좋은 직업을 얻어 노력한 결과 돈을 손에 넣는 사람입니다. 조건이 좋은 회사에 입사해 재운이 상승하거나 참가한 프로젝트가 성공해 큰 돈을 얻는 경우 등이 있습니다. 재운이 상승하는 시기는 운명선 유년법으로 판단할 수도 있습니다.

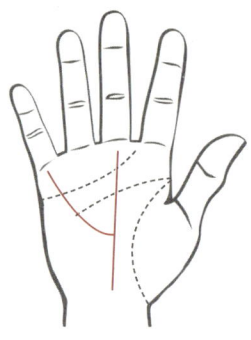

태양선에서 출발하는 경우

사교적이고 일적으로 크게 성공한다.

인맥과 성공을 나타내는 태양선에서 재운과 협상력을 나타내는 재운선이 나뭇가지처럼 뻗어 있는 손금은 아주 좋은 길상입니다. 커뮤니케이션 능력이 뛰어나고, 기술력과 감성을 살린 분야에서 활약할 수 있습니다. 성공으로 향하는 계단을 뛰어 올라 큰 재산을 얻을 수 있으며, 사회적으로 인정받는 풍족한 생활을 보낼 수 있습니다.

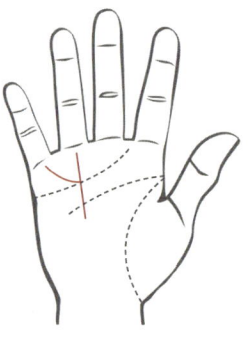

두뇌선에서 출발하는 경우

발군의 비즈니스 감각이 부를 낳는다.

두뇌 회전이 빠르고 지식이 풍부하며, 재능이 넘쳐 비즈니스 감각도 매우 훌륭합니다. 사업 파트너의 협력자로 새로운 프로젝트를 성공시키거나, 자신이 하고 있는 비즈니스를 성공시켜 재산을 얻을 수 있습니다. 이 손금이 있는 사람은 로또에 기대하기보다 자신의 아이디어를 살려 부를 얻는 길을 택하는 것이 확실하고 현실적입니다.

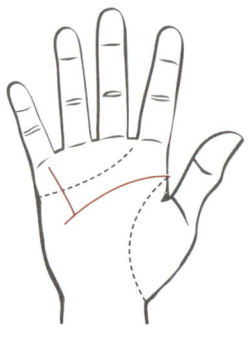

생명선 안쪽의 아랫부분에서 출발하는 경우

집안의 도움으로 재산을 얻는다.

생명선 안쪽의 아랫부분에서 출발하는 긴 재운선의 소유자는 부모나 고향과의 연이 강한 사람입니다. 장남, 장녀에게 많은 손금으로, 집안의 덕을 본다는 뜻입니다. 돈을 들여 귀하게 키워지거나 유산을 상속하는 등 경제적인 안정은 부모의 존재 덕분입니다. 선이 토막토막 끊어진 경우도 비슷한 의미를 가지지만, 큰 돈이 바로 들어오지는 않을 것입니다.

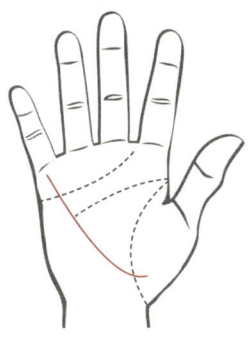

월구에서부터 길게 직선을 이루는 경우

자신의 업무능력으로 부를 축적한다.

두뇌회전이 빠르고, 독창성이 있으며, 창의적인 분야에서 부를 축적하는 재능이 있는 사람입니다. 업무능력이 매우 뛰어나 에너지 넘치게 일을 함으로써 부를 얻습니다. 하지만, 이 손금이 있는 사람은 머리를 항상 굴리느라 쉴 틈이 없기 때문에 스트레스가 쌓이지 않는 환경을 조성하는 것도 중요합니다.

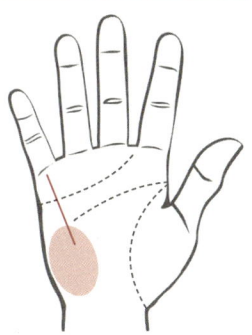

얇고 연한 경우

재운이 약해 돈이 잘 모이지 않는다.

연하고 눈에 띄지 않는 재운선은 돈이 잘 모이지 않는다는 뜻입니다. 태양선이 있으면 생활에 어려움은 없지만, 돈에 대한 집착이 약한 상태라 할 수 있습니다. 부모와 함께 살고 있어 돈과 관련된 어려움이 없는 사람에게도 자주 나타나는 손금입니다. 또 선이 연하고 꾸불거리는 사람도 금전운이 불안정하다고 할 수 있습니다. 이러한 사람은 가계부를 쓰는 등 돈에 대한 의식을 향상시키고자 노력하면 선이 확실히 변화합니다.

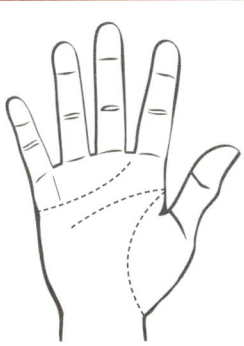

금성대 金星帶

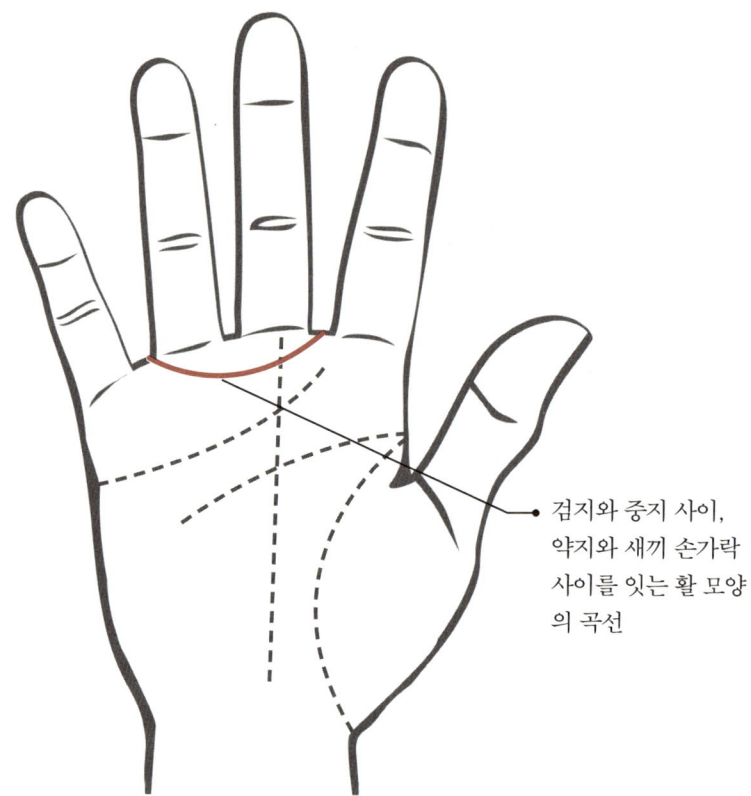

검지와 중지 사이, 약지와 새끼 손가락 사이를 잇는 활 모양의 곡선

▎감수성, 미적 감각, 성적 매력, 관능성을 나타낸다.

별칭으로 '에로스선'이라 불리기도 하지만, 이성에 관한 것뿐만 아니라 미적 감각, 감수성을 나타내기도 합니다. 금성대가 확실하게 반원형으로 있는 사람은 대부분 열정적인 연애를 하지만, 그 중에는 이성과 연이 없고 미술, 음악 등 예술적인 부분에 열정을 쏟는 사람도 있습니다. 이 경우에도 잘 갈고 닦으면 눈부신 성적 매력을 가질 수 있는 타입이므로 만남 운은 많다고 할 수 있습니다. 예술적 감각이 필요한 직업에도 잘 맞습니다.

가운데 부분이 끊어져 있는 경우

자기만의 미적 감각

금성대는 깔끔한 활 모양으로 있는 사람이 드물며, 대부분 중간이 끊어져 있습니다. 이 손금이 있는 사람은 항상 성적 매력을 풍기지는 않지만, 개성이 느껴지는 매력과 성적 매력이 있고, 사람들에게 부드럽게 대하기 때문에 호감을 많이 얻습니다. 검지와 중지 사이, 약지와 새끼 손다락 사이에서 뻗는 선이 길수록 감성이 풍부하고 자기만의 미적 감각이 뛰어납니다.

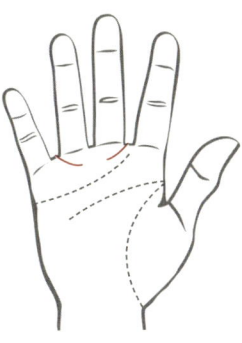

토막토막 끊어져 있는 경우

멋쟁이에 분위기가 있는 사람

금성대가 중간중간 끊어진 사람은 분위기 미인이라 할 수 있는 타입으로, 멋스러운 사람에게 많이 나타나는 손금입니다. 무드가 있어 인기가 많지만, 살짝 기분파인 데다 싫증을 잘 내는 스타일이기 때문에 연애를 길게 하지 못하는 경향이 있습니다. 하지만, 헤어져도 바로 다음 애인이 생기는 타입입니다.

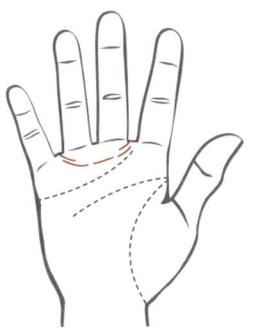

금성대가 여러 개 있는 경우

이성을 끌어당기는 성적 매력의 소유자

성적 매력이 가장 많은 타입입니다. 관능적인 인기인 타입으로, 이성으로부터 자주 유혹을 받는 사람이라 할 수 있습니다. 인기가 너무 많은 나머지 이성관계가 깔끔하지 못한 경우도 있으며, 질투심이 많은 사람이 이 손금이 있는 사람과 사귀면 괴로울 수도 있습니다. 한편, 감수성이 풍부하고 정이 많기 때문에 두뇌선이 선명한 사람은 예술, 문예 등의 분야에서 활약할 수도 있습니다. 또 결혼선이 길어 이 여러 겹의 금성대 안으로 들어가는 사람은 신경이 날카로운 경향이 있습니다.

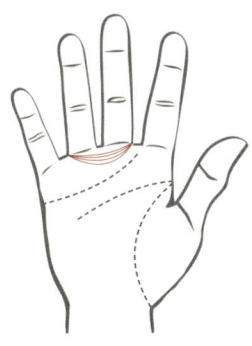

토성고리 土星環

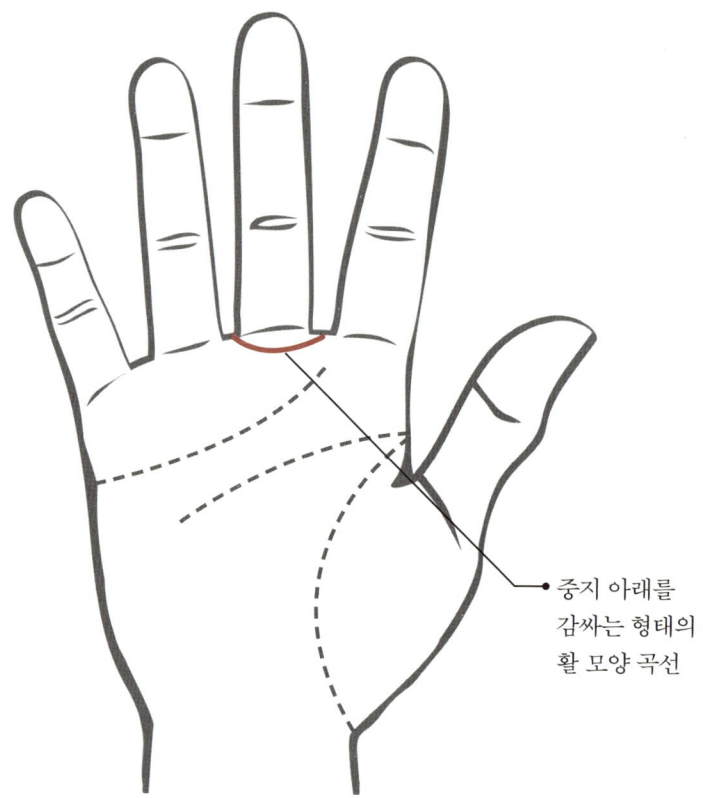

중지 아래를 감싸는 형태의 활 모양 곡선

▎고독성, 예민한 감성을 나타낸다.

내성적인 은둔 형 타입으로, 옛날에는 흉상으로 여겨지던 상입니다. 독자의 세계관을 가지고 있어 자신이 좋아하는 일에 몰두하거나 무언가를 집중적으로 탐구하는 등 개성을 살려 활약하는 사람에게 많이 나타납니다. 이 손금이 있는 사람은 자신의 성격을 이해해 주는 사람을 소중히 여기며, 자신의 장점을 살린 라이프 스타일을 만들어 가는 것이 좋습니다.

태양고리 太陽環

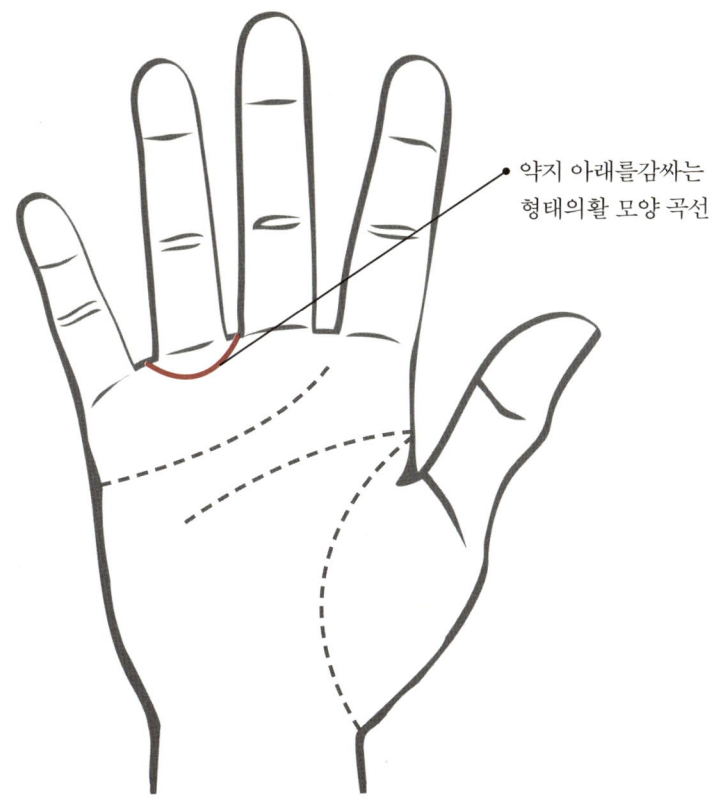

약지 아래를 감싸는
형태의 활 모양 곡선

｜예술적 감각, 화려함을 나타낸다

　태양고리가 있는 사람은 매우 드뭅니다. 약지 아래의 태양구에 있는 반원형 선으로, 태양구가 가지는 예술적 감각, 인기, 성공, 신뢰 등의 의미가 강해집니다. 자기 실력 이상의 일을 하려고 애쓰는 경향이 있으나, 젊은 시절에 명예를 얻을 가능성이 높으며, 분위기가 화려합니다. 누구에게나 호감을 얻을 수 있는 타입으로, 주변사람의 후원을 받는 경우가 많으며, 특히 이성을 끌어당기는 매력의 소유자입니다.

신비의 십자선 十字線

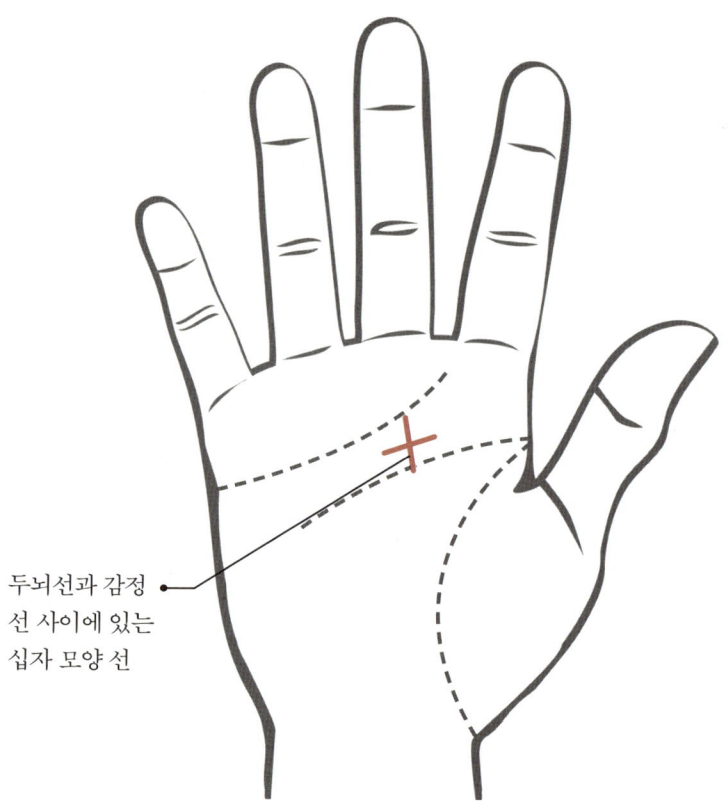

두뇌선과 감정
선 사이에 있는
십자 모양 선

▌영감, 조상과 신의 가호, 신앙심을 나타낸다.

신비십자라는 이름대로 신비로운 것에 끌리는 사람, 영감이 강한 사람, 직감이 날카로운 사람, 신앙심이 깊은 사람에게 있는 선입니다. 조상의 가호를 받아 운이 강한 것으로 여겨지며, 구사일생으로 살아난 사람에게 많이 나타납니다. 또 전통예술에 관심이 깊은 사람, 다른 사람을 잘 돌보는 사람에게도 자주 나타납니다. 선이 희미하거나 조금 변형된 경우, 신비십자가 가지는 의미는 약해지지만, 운이 강하고 육감이 좋습니다.

기타 신비의 십자선

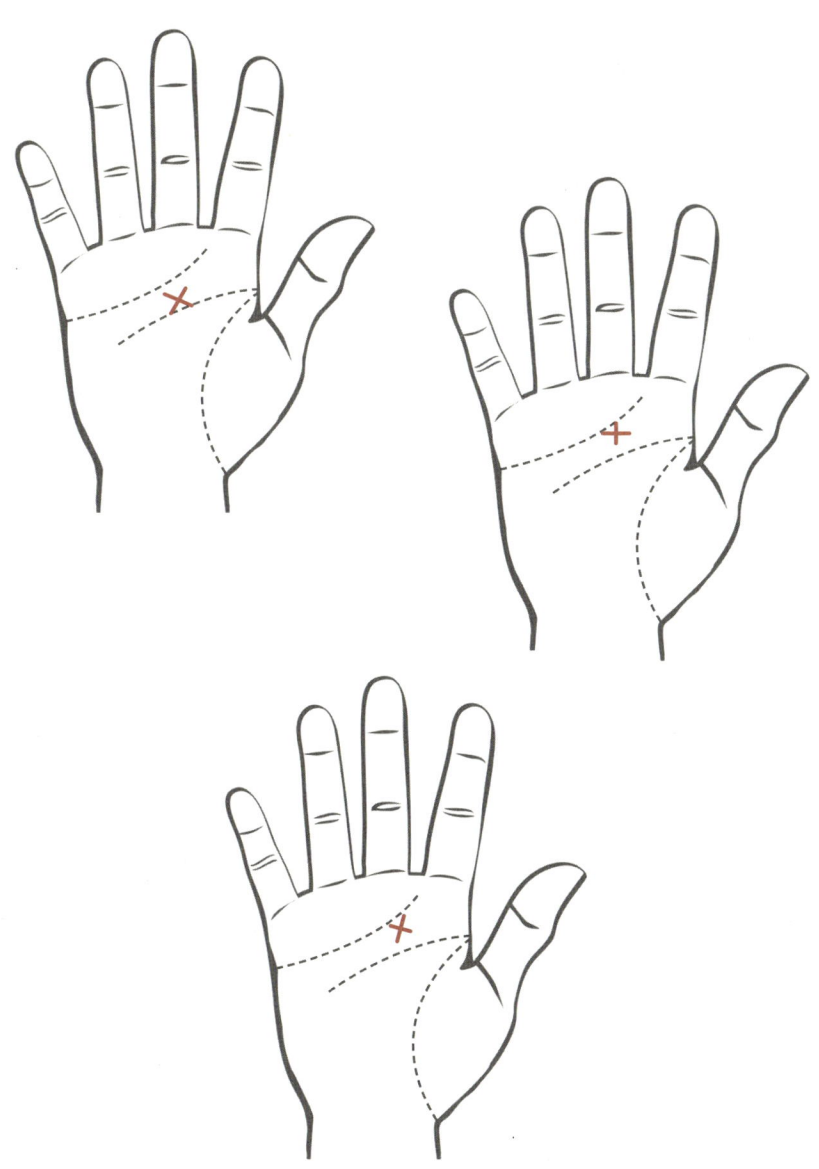

제3장 | 기타 중요선을 살펴보자

태양십자선 太陽十字線

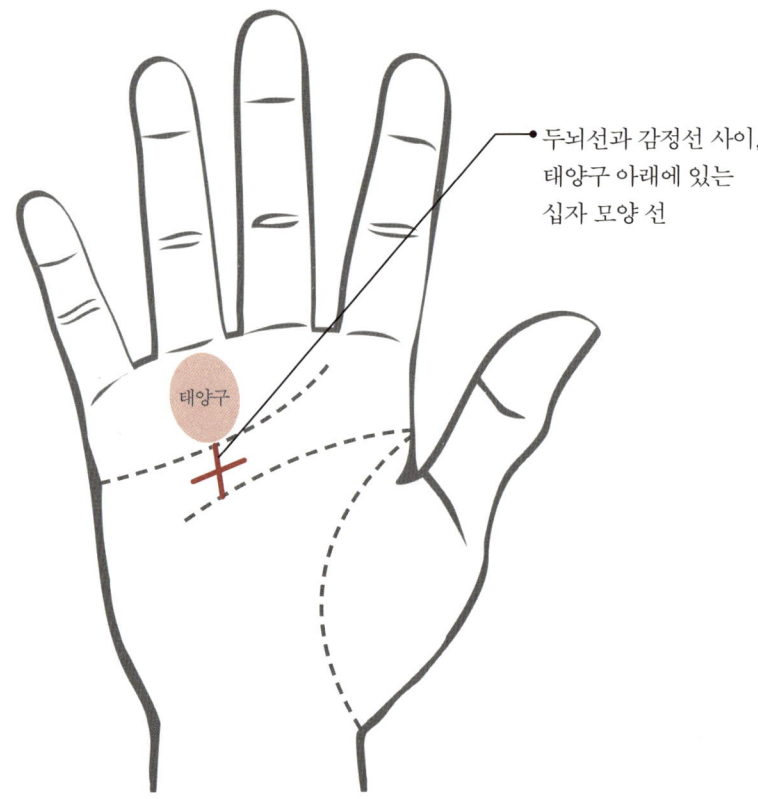

두뇌선과 감정선 사이, 태양구 아래에 있는 십자 모양 선

태양구

▎예술적인 영감을 나타낸다.

신비십자의 일종으로, 태양구 아래에 있는 십자를 태양십자라 합니다. 신비십자선이 가지는 강한 신비성과 영감, 운에 예술적인 영감이 더해집니다. 이 손금이 있는 사람 중에는 자신이 가지고 있는 신비성과 예술적 감성을 비즈니스로 살려 사회에서 인정받는 사람도 있습니다.

봉사십자선 奉仕十字線

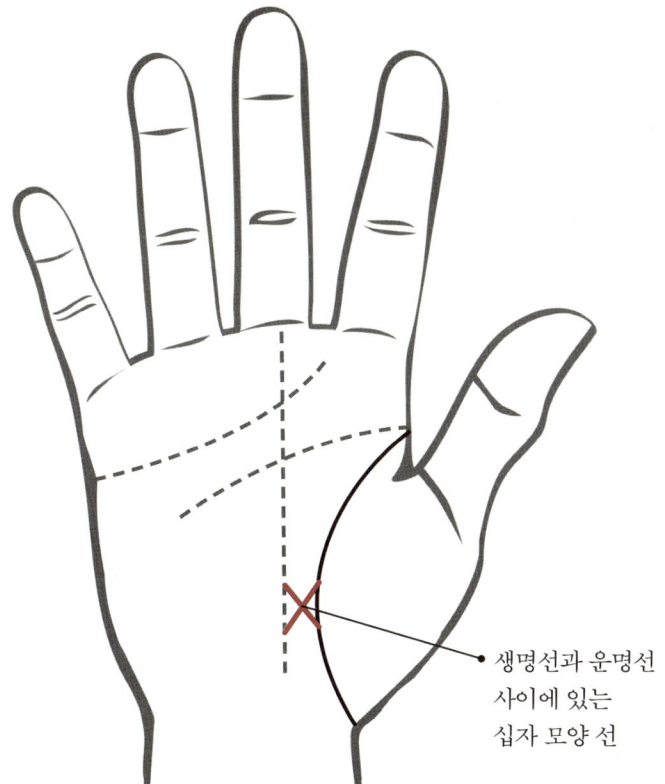

생명선과 운명선
사이에 있는
십자 모양 선

┃봉사정신을 나타낸다.

생명선 아래쪽과 운명선 사이에 있는 십자선입니다. 이 손금이 있는 사람은 봉사정신이 강한 사람으로, 가족을 지극히 생각하는 사람에게 많이 나타납니다. 손님에게 서비스하거나 자원봉사를 하는 등 누군가를 위해 열심히 임할 수 있는 사람으로 의료, 복지, 교육 관련된 업무에 종사하면 장점을 발휘할 수 있습니다.

직감선 直感線

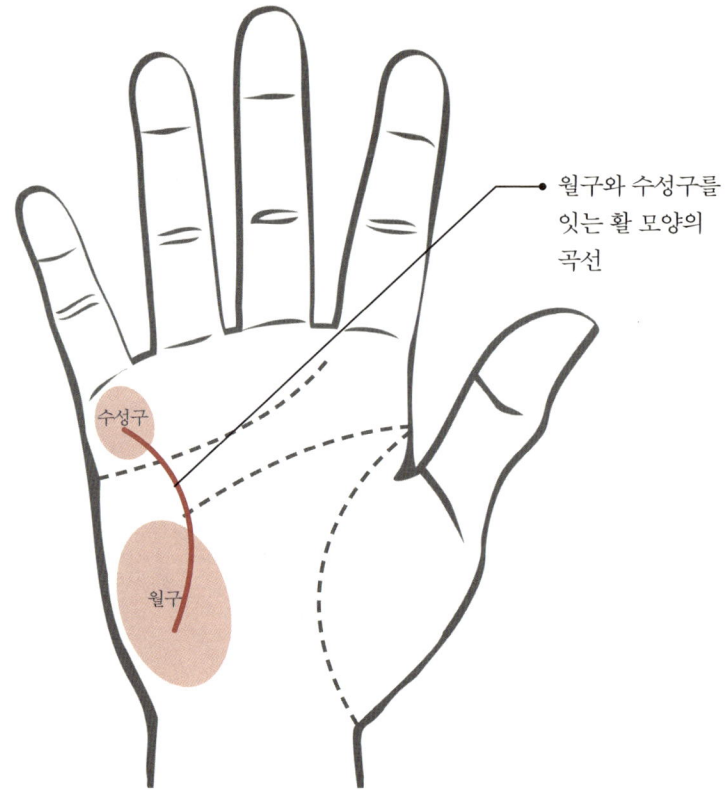

월구와 수성구를 잇는 활 모양의 곡선

수성구

월구

▌직감과 본질을 꿰뚫어 보는 능력을 나타낸다.

뚜렷한 활 모양의 직감선을 가진 사람은 매우 드뭅니다. 직감이 날카롭고, 본질을 수시로 꿰뚫어 보는 사람에게 나타납니다. 점성술사, 심령치료사, 심리학자, 예술가에 어울리는 것으로 여겨지며, 시대의 변화, 고객의 니즈를 정확하게 파악할 수 있어, 컨설턴트, 경영자로 활동하는 사람도 있습니다. 또는 프리랜서로도 원만하게 일할 수 있습니다.

불심문 佛心紋

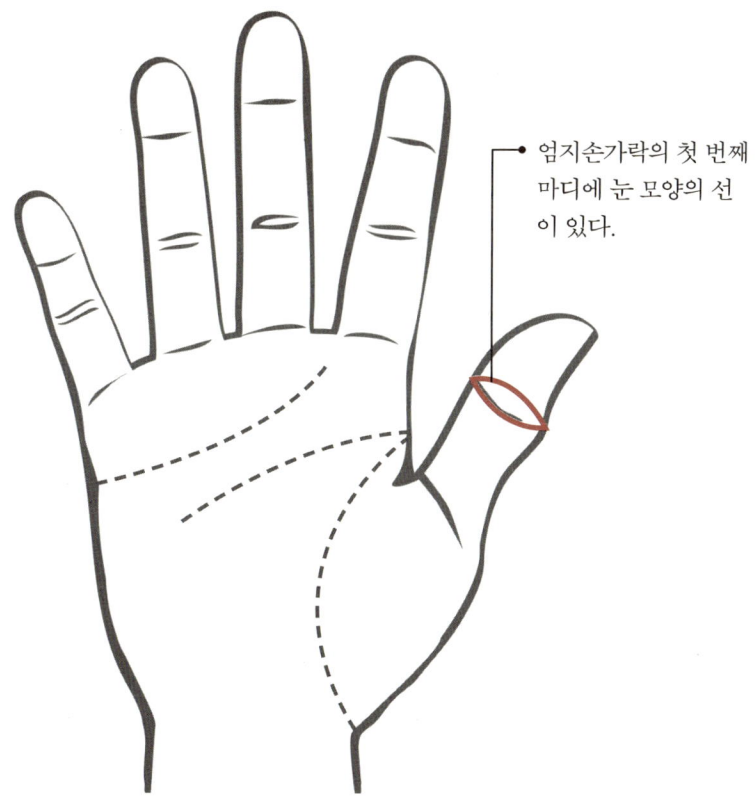

엄지손가락의 첫 번째 마디에 눈 모양의 선이 있다.

❙ 조상의 가호, 덕을 나타낸다.

 엄지손가락 첫 번째 마디에 두 줄의 선이 눈알 모양으로 보이는 것을 불심문이라 합니다. 불심문이 있는 사람은 조상의 가호와 덕이 있는 사람으로 여겨지며, 조상의 가호를 받는 만큼 좋지 않은 일이 일어나지 않는다고도 합니다. 직감이 날카로운 사람이 많으며, 원하는 것을 뜻하지 않게 손에 넣거나 위험을 회피하는 등의 강한 운세를 가집니다.

가족고리 家族環

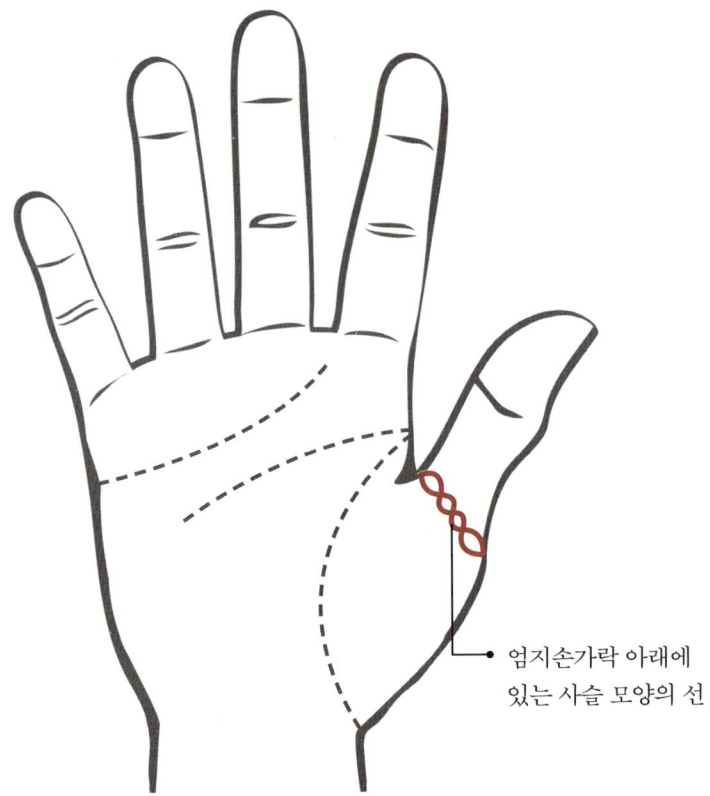

엄지손가락 아래에 있는 사슬 모양의 선

❙가족에 대한 마음, 좋은 가정운을 나타낸다.

 엄지손가락 아래의 관절 부분에 링을 연결한 모양으로 선이 있는 것은 가정이 행복한 사람입니다. 가족에 대한 마음이 깊고, 좋은 가정을 이룬 사람에게 많이 나타납니다. 링의 개수가 많을수록 자식운이 좋다고도 합니다. 한편, 이 손금이 있는 사람은 정에 휩쓸리기 쉬우므로 사기 등에 걸려들지 않도록 주의해야 합니다.

행운의 M

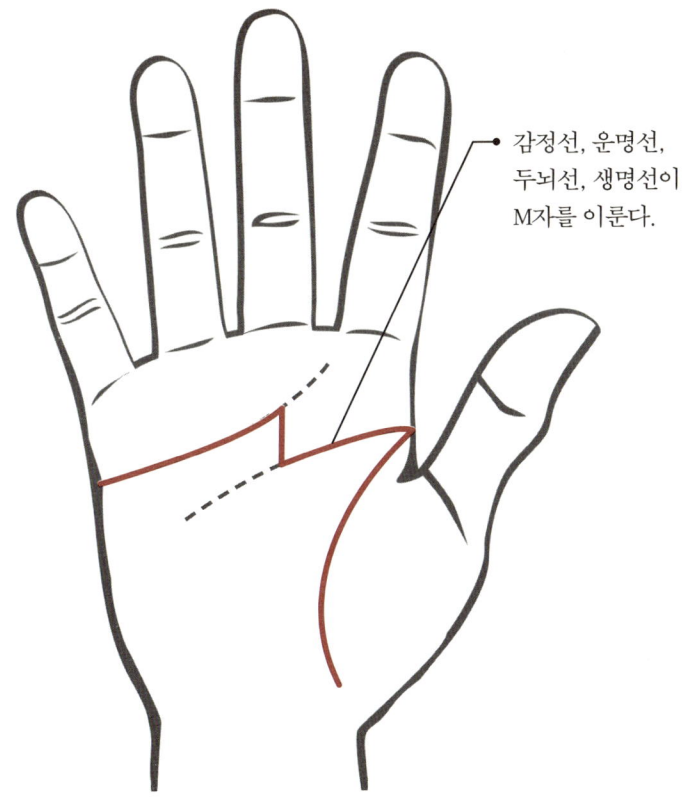

감정선, 운명선, 두뇌선, 생명선이 M자를 이룬다.

▌조화로운 인품이 행운을 부른다.

감정선, 운명선, 두뇌선, 생명선을 포함하는 주요 기본선이 확실하게 있어 깔끔한 M자 모양을 이루는 사람은 인품이 좋고, 온화합니다. 특히, 중년기 이후의 운명선이 직선이 아니면 M자가 깔끔하게 생기지 않기 때문에 중년기 운이 좋고, 노력의 결과로 착실하게 결실을 맺어 가는 사람이라 할 수 있습니다. 정신적, 신체적으로 모두 건강하고, 현실과 꿈이 조화를 잘 이루고 있는 것도 특징입니다.

리더선

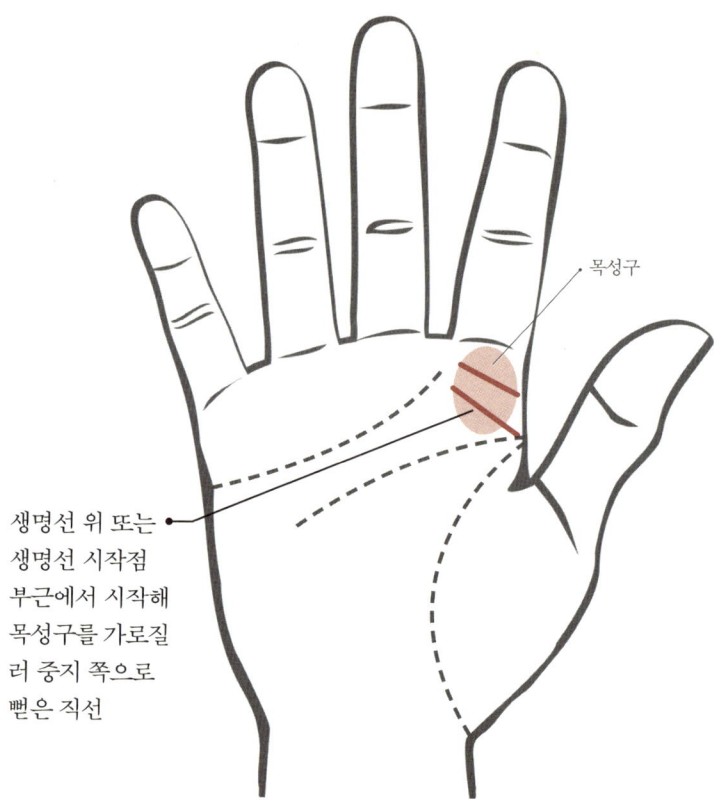

목성구

생명선 위 또는 생명선 시작점 부근에서 시작해 목성구를 가로질러 중지 쪽으로 뻗은 직선

❙리더십, 지도력, 관리능력을 나타낸다.

이 선이 있으면 사람들을 통솔하거나 가르치는 일을 잘하기 때문에 교사, 관리직, 지도자적인 일에 잘 맞습니다. 한편, 타인에게 가르침을 받는 것을 싫어하는 경향이 있습니다. 리더선이 희미하고, 여러 개인 경우는 이것저것에 신경 쓰느라 리더십을 제대로 발휘하지 못하는 상태입니다. 리더선이 없는 사람은 느긋하게 일하는 것을 좋아하는 타입으로, 기술자 등에게는 이 리더선이 없는 경우가 많습니다.

솔로몬 고리

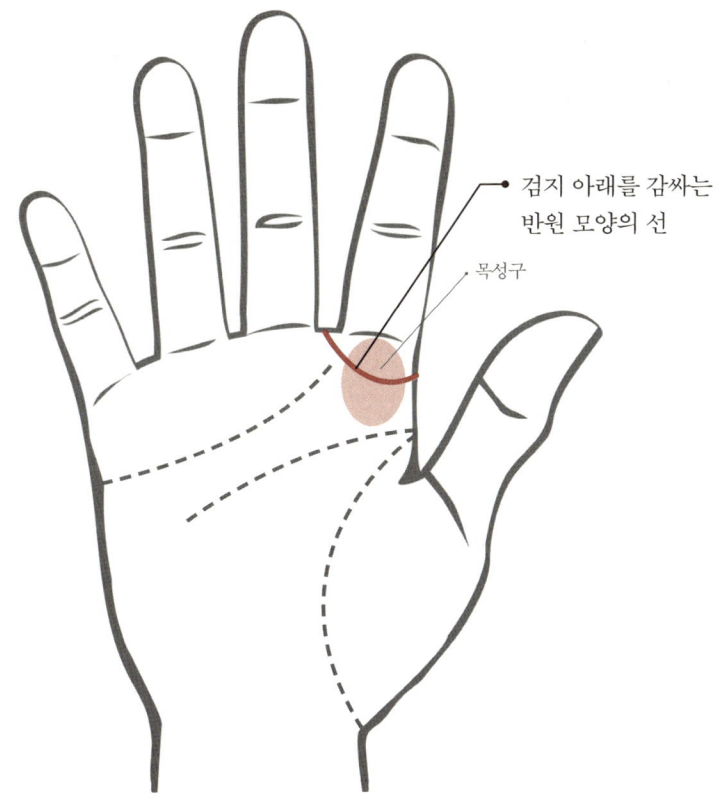

검지 아래를 감싸는 반원 모양의 선
목성구

▌지혜와 명예, 지도력을 나타낸다.

'솔로몬 고리'는 고대 이스라엘의 왕인 솔로몬 왕의 이름에서 유래한 것입니다. 솔로몬 왕은 지혜와 부를 가지고 나라를 번영하게 만들었습니다. 솔로몬 고리는 지혜와 지도력, 타인에 대한 영향력 등을 나타내며, 향상심과 독립심이 강한 사람이 가지는 선입니다. 솔로몬 고리가 있는 사람은 혼자 힘으로 노력해 명예를 얻고, 사람들 위에 설 수 있는 능력을 가지고 있습니다. 목성구의 영향을 받아 야심이 있고, 프라이드도 높습니다.

승운선 昇運線

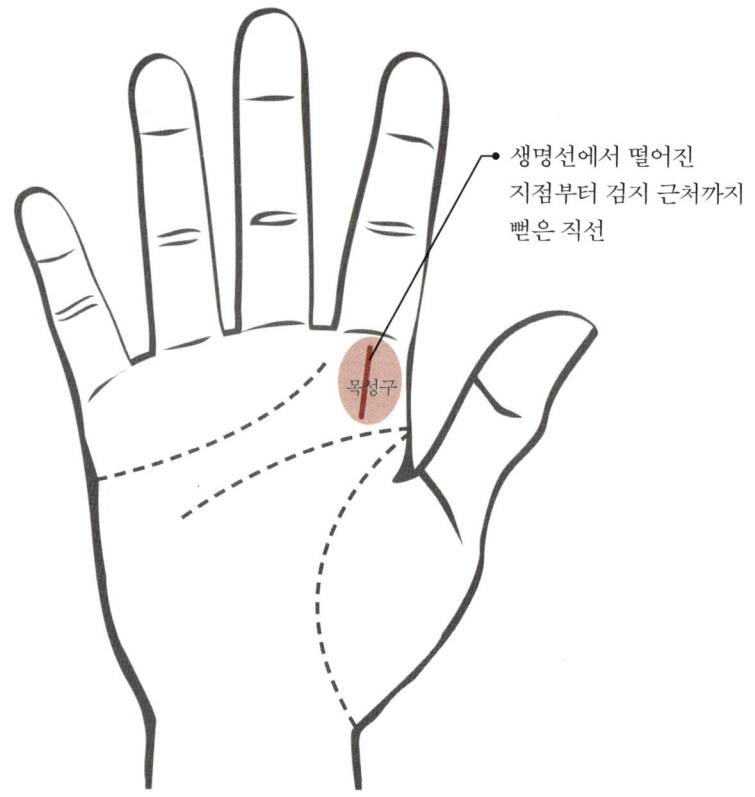

생명선에서 떨어진 지점부터 검지 근처까지 뻗은 직선

목성구

▌노력이 사람들의 인정을 받는다.

생명선에서 떨어진 지점에서 출발해 목성구에 나타나는 선으로, 검지 바로 밑에 비스듬하게 있습니다. 희망선과 구별하기 어렵지만, 승운선은 생명선과 접하지 않고 떨어져 있습니다. 이 선이 뚜렷하게 뻗어 있는 사람은 협력자 또는 타인의 후원을 통해 사회에서 활약할 수 있는 상태입니다. 일이나 학업에 대한 의욕이 강하고, 주위로부터 인정을 받아 승진하는 운기를 가지고 있습니다.

희망선 希望線

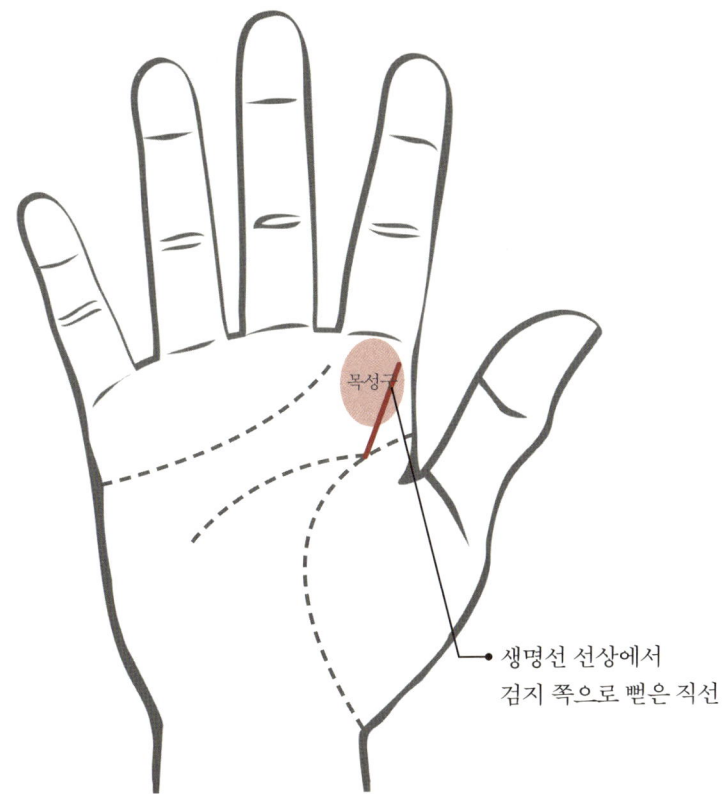

목성구

생명선 선상에서
검지 쪽으로 뻗은 직선

┃꿈과 희망, 야심을 나타낸다.

생명선 선상에서 출발하는 것이 희망선 입니다. '꿈이 이루어지는 선'이라고도 불리며, 높은 곳에 오르고자 하는 욕망이 강하고, 희망이나 목표가 있으며, 장애물에 쓰러지지 않고 꿈을 실현시킬 수 있는 강인함을 나타냅니다. 희망선이 있는 사람은 구체적인 꿈을 가짐으로써 운이 트이는 타입이므로 집 사기, 독립하기, 결혼하기 등 확실한 목표를 세우는 것이 좋습니다. 일반적으로 손금에 십자 문양이 있으면 흉상으로 여겨지지만, 희망선이나 리더선이 십자 문양인 경우는 나쁜 뜻이 아니라 사람들 위에 서는 운기가 강한 시기를 의미합니다.

향상선 向上線

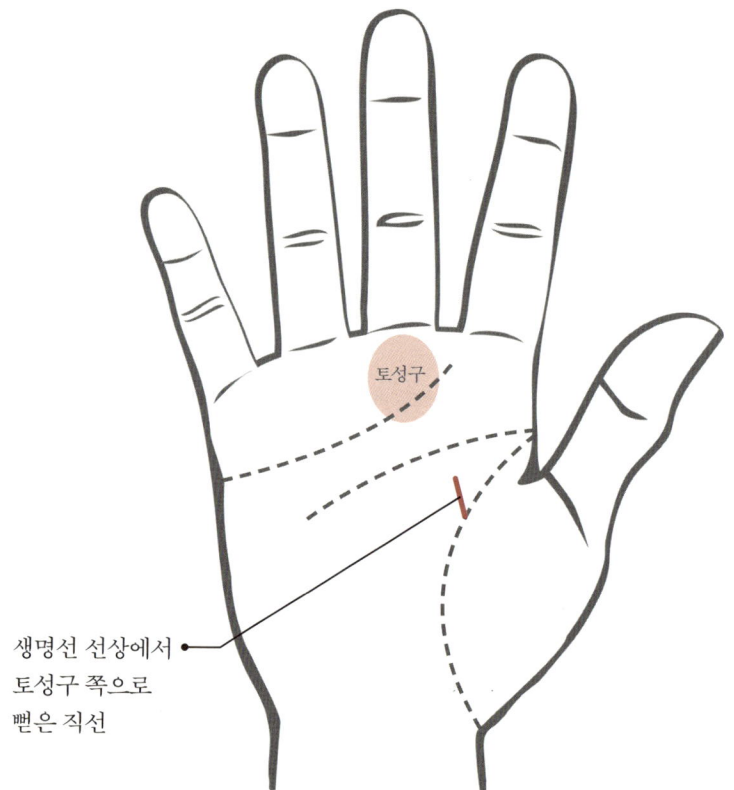

생명선 선상에서
토성구 쪽으로
뻗은 직선

▍향상심이 강한 노력가

생명선 선상에서 토성구 방향으로 뻗은 짧은 선입니다. 선이 토성구까지 길게 뻗으면, 향상선이 아니라 운명선이 됩니다. 이 선이 짧아도 뚜렷한 사람은 항상 현재에 만족하지 않고 다음을 목표로 노력하는 노력가 타입입니다. 목적의식이 강해 목표가 생기면 열정을 불태워 자기도 모르게 과도하게 열중해 버리는 경우도 많습니다. 선이 가늘고 여러 개인 경우에는 향상선의 의미가 약화되어 마음만 앞서기 쉬우므로, 선택과 집중이 필요합니다.

인내선 忍耐線

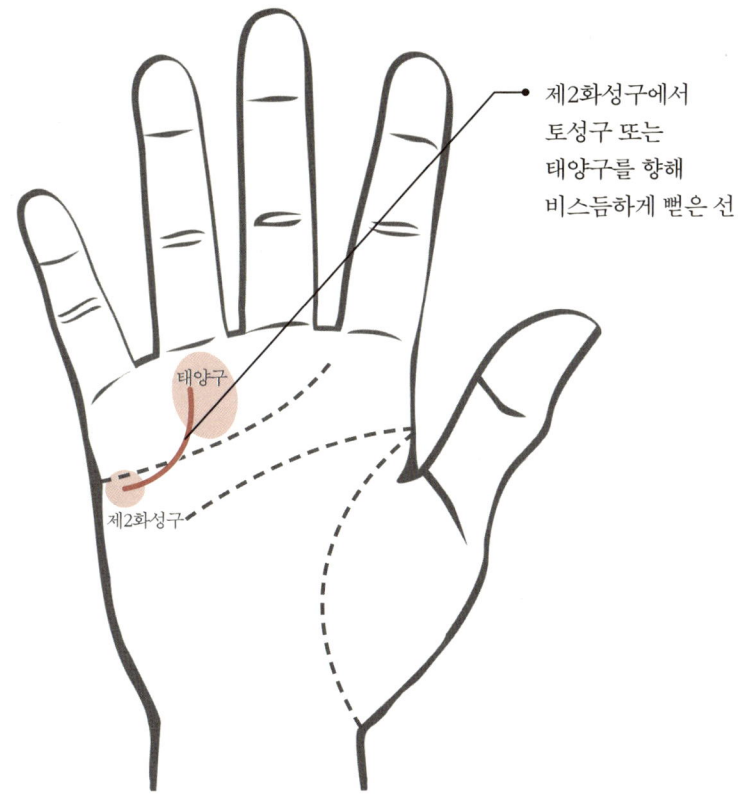

제2화성구에서
토성구 또는
태양구를 향해
비스듬하게 뻗은 선

태양구

제2화성구

| 포기하지 않고 운기를 열 수 있음을 의미한다.

　겉으로는 그렇게 보이지 않지만, 오기가 있고 참을성이 강하며 심지가 굳은 사람에게 생기는 선입니다. 무명시절이 길었던 연예인에게 있는 경우도 있습니다. 이러한 사람은 인내를 강요 당하는 상황에 놓여도 포기하지 않고 계속 노력함으로써 착실하게 운기를 열어 갑니다. 인내선이 있는 사람은 라이벌이 많은 환경, 대가족 속에서도 참고 견딜 수 있는 능력이 있습니다.

행운선 幸運線

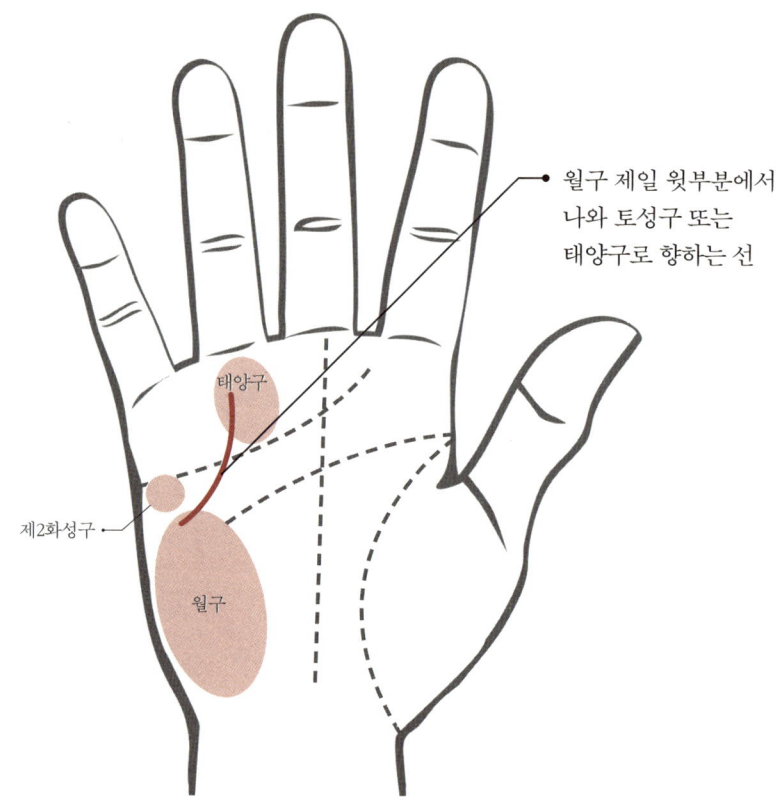

월구 제일 윗부분에서
나와 토성구 또는
태양구로 향하는 선

❙ 우연한 만남으로 인해 운이 트인다.

제2화성구 바로 밑에서 출발하고, 월구의 제일 윗부분에 있는 것이 판단 포인트입니다. 행운선이 있는 사람은 본인도 예상하지 못한 귀인과의 만남으로 운세가 호전됩니다. 이 선이 있는 경우, 언제 기회가 찾아올지 모르니 놓치지 않게, 평소에 자신을 갈고 닦아 두는 것이 좋습니다. 또 적극적으로 밖에 나가 행동범위를 넓히는 것도 좋습니다.

후원선 後援線

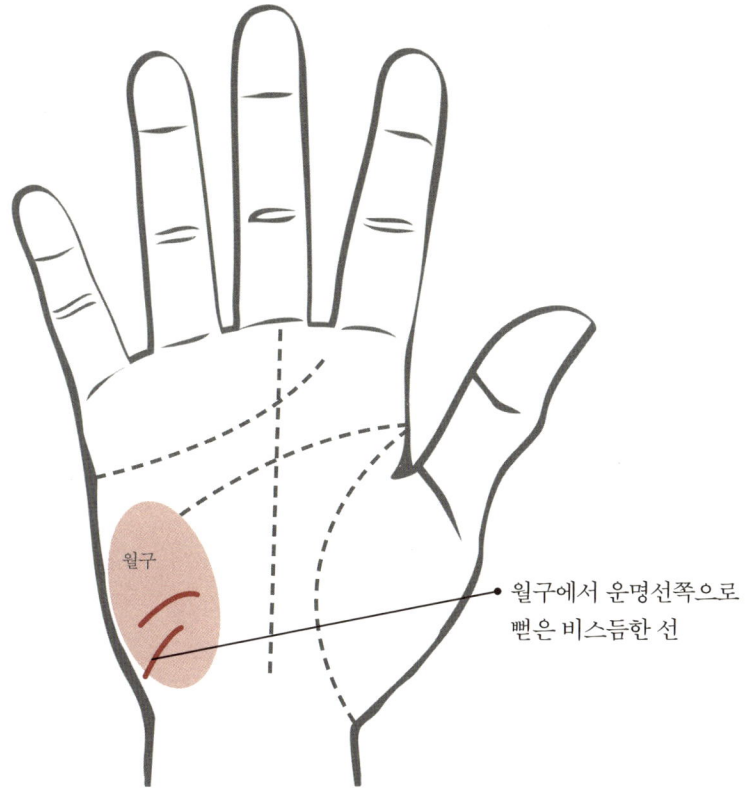

월구에서 운명선쪽으로 뻗은 비스듬한 선

▎타인으로부터 도움을 받음을 의미한다.

  월구에서 운명선 쪽으로 비스듬하게 뻗은 선은 타인의 도움으로 운이 트임을 의미합니다. 좋은 직장상사, 선생님, 동료, 친구가 많아 어려울 때 꼭 도와줄 사람이 나타납니다. 또 이성, 동성을 불문하고 만남운이 있습니다. 후원선이 있음에도 만남이 없는 사람은 친구에게 소개 등을 부탁하면 좋은 만남을 가질 수 있을 가능성이 높습니다.

영향선 影響線

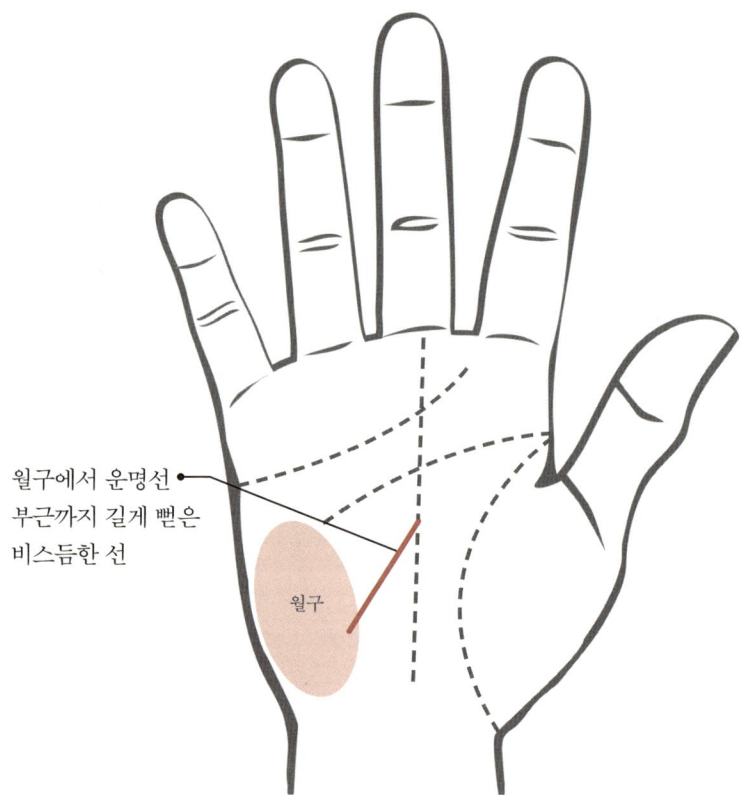

월구에서 운명선
부근까지 길게 뻗은
비스듬한 선

월구

▍만남운, 결혼하기 좋은 시기를 알 수 있다.

　월구에서 운명선 쪽으로 비스듬하고 길게 뻗은 선입니다. 후원선과 구별하기 어렵지만, 운명선까지 또는 운명선 바로 근처까지 길게 뻗은 선이 영향선입니다. 후원선에 비해 영향선이 인생에 대한 영향도가 큽니다. 하지만, 둘 다 인간관계 덕을 많이 보고, 사람들의 도움을 받을 수 있다는 의미가 있으므로 머리 아프게 구별해 볼 필요는 없습니다. 끝점이 운명선에 닿아 있는 사람은 경제적으로 안정된 사람과 결혼해 행복해집니다. 또 운명선과 접하는 지점을 유년법으로 살펴봄으로써 결혼하기 좋은 시기를 알 수 있습니다.

운명선과 유년법으로 보는 만남운

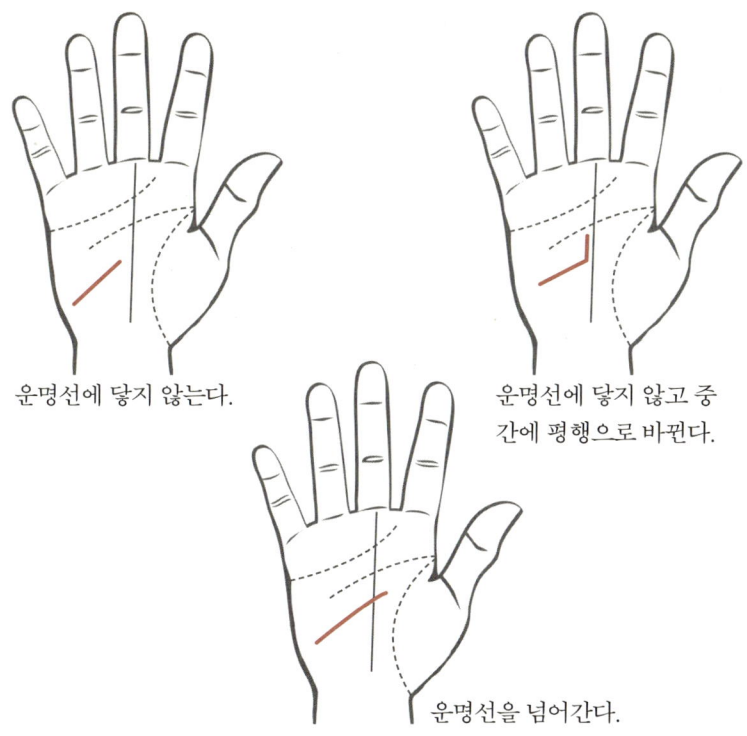

운명선에 닿지 않는다.

운명선에 닿지 않고 중간에 평행으로 바뀐다.

운명선을 넘어간다.

영향선이 운명선과 접하는 지점을 유년법으로 살펴봄으로써 만남운과 결혼시기를 알 수 있습니다.

영향선이 운명선에 닿는 사람은 경제적으로 풍족한 사람과 결혼해 소중하게 대우받음을 의미합니다. 한편, 선이 운명선에 닿지 않는 사람은 결혼 직전에 연이 희미해질 가능성이 있습니다. 영향선이 운명선과 평행하게 되는 경우도 애인과 악연이 될 가능성이 있습니다. 운명선을 넘어가는 사람은 좋은 만남을 가질 수 있지만, 이별의 위험을 갖고 있습니다. 반면, 남편이 집안 일을 하고 아내가 직장생활을 하거나, 부부가 함께 일(사업)을 하는 경우 등 일반적이지 않은 형태의 결혼이라면 별 문제가 없을 것입니다.

여행선 旅行線

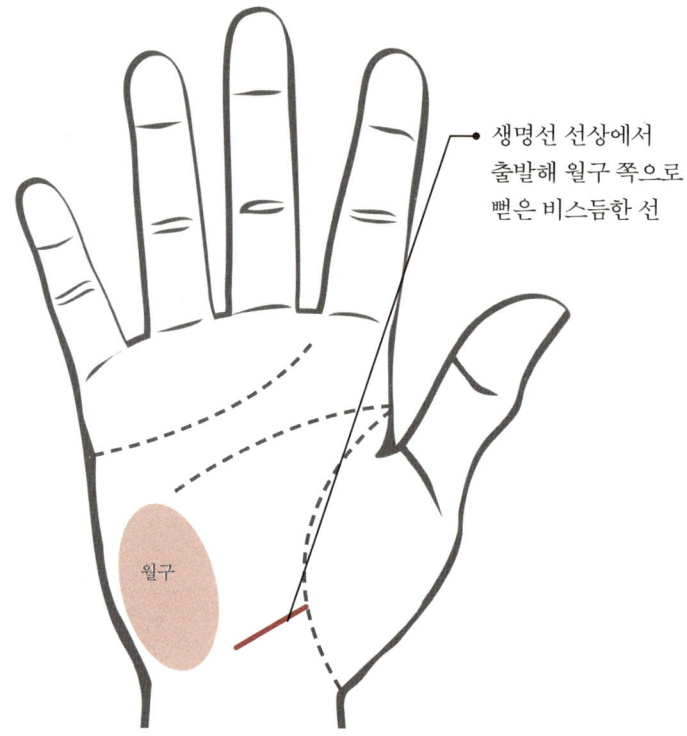

생명선 선상에서 출발해 월구 쪽으로 뻗은 비스듬한 선

월구

| 여행, 해외이민 등에 연이 있으며, 독립운을 나타낸다.

생명선 아래쪽 선상에서 밑으로 비스듬하게 나와 있는 선으로, 나고 자란 곳을 떠나 활약한다는 뜻입니다. 이 손금이 있는 사람은 변화를 좋아하는 여행 애호가로, 여행을 통해 운이 열리는 타입입니다. 선이 길면 장기 여행, 해외이민 등 고향으로 돌아오지 않고 활동할 수 있습니다. 선이 짧으면 단기적인 여행이나 유학과 연이 있습니다. 생명선 중앙과 가까운 높은 위치에서 여행선이 출발하는 경우는 젊은 시절부터 부모 곁을 떠나 사회생활을 한다고 할 수 있습니다.

방종선 放縱線

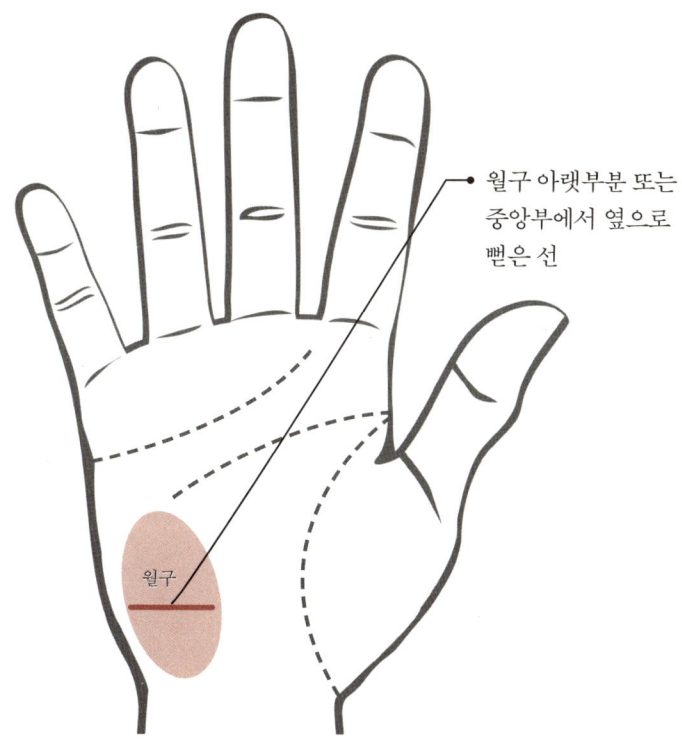

월구 아랫부분 또는 중앙부에서 옆으로 뻗은 선

월구

▎육체적으로 쇠약하다.

피곤하거나 건강을 신경 쓰지 않는 등의 이유로 스스로 건강을 해치고 있을 때 생깁니다. 선이 길고 진하면 의미가 더욱 악화됩니다. 생명선에 닿거나 생명선을 가르지를 정도로 길게 뻗은 경우는 엄청난 피로가 쌓였다는 뜻이므로 휴식을 취하고, 조기에 병원 진찰을 받아 보는 것이 좋습니다. 방종선이 길고 생명선 등에 섬 무늬나 장애선이 있는 경우는 자각 증상이 없어도 병이 생길 가능성이 있으므로 주의해야 합니다. 또 이 선은 '자유인의 손금'이라고도 하는, 분방한 삶을 사는 사람들에게 나타나는 선으로 여겨지기도 합니다. 이 경우도 자주 밤을 새거나 취미 삼매경에 빠져 있는 등 몸을 혹사하고 있다는 뜻입니다.

장해선 障害線

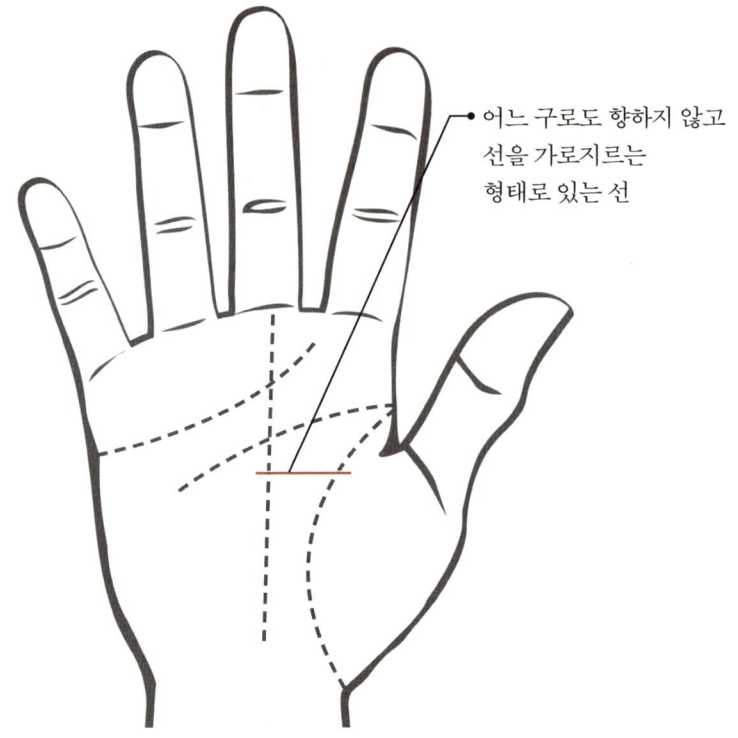

어느 구로도 향하지 않고
선을 가로지르는
형태로 있는 선

▌선이 가지는 에너지를 약화시킨다.

주요한 선을 가로지르는 선으로, 손바닥의 모든 곳에 나타나며, 어느 선 상에 있는지에 따라 의미가 달라집니다. 생명선에 있는 경우는 건강을 위협하는 위험, 운명선에 있는 경우는 직업운, 종합적인 운기의 하락, 두뇌선에 있는 경우는 지력, 판단력이 둔화될 위험을 가리키는 등 장해선은 선이 본래 가지고 있는 의미를 약화시키는 작용을 합니다. 또 장해선은 하나의 선보다 여러 선에 걸쳐 있으면 더욱 나쁜 의미를 가집니다. 선이 희미하면 크게 신경 쓸 필요가 없지만, 손바닥에 희미한 가로줄이 가득한 사람은 예민하고 스트레스를 잘 받는 스타일이기 때문에 그때그때 휴식시간을 갖는 것이 중요합니다.

건강선 健康線

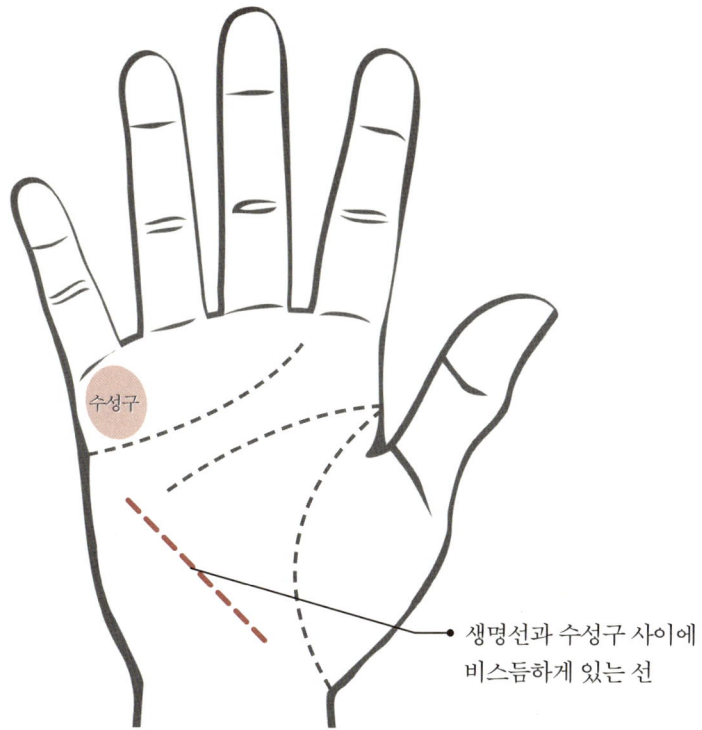

생명선과 수성구 사이에 비스듬하게 있는 선

▌선이 변형되어 있으면 컨디션이 좋지 않다는 뜻이다.

재운선과 구별하기 어렵지만, 끝점이 수성구로 들어가면 긴 재운선, 끝점이 수성구에 닿지 않으면 건강선입니다. 건강선은 선이 뚜렷하면 건강에 문제가 없지만, 중간에 끊어져 있거나 장해표시가 있는 등 변형되어 있으면 컨디션이 좋지 않다는 뜻입니다. 건강선이 전혀 없는 사람은 건강합니다. 건강선이 토막토막 끊어진 사람은 위, 물결 모양인 사람은 간 건강이 좋지 않을 가능성이 있습니다.

단기선 短氣線

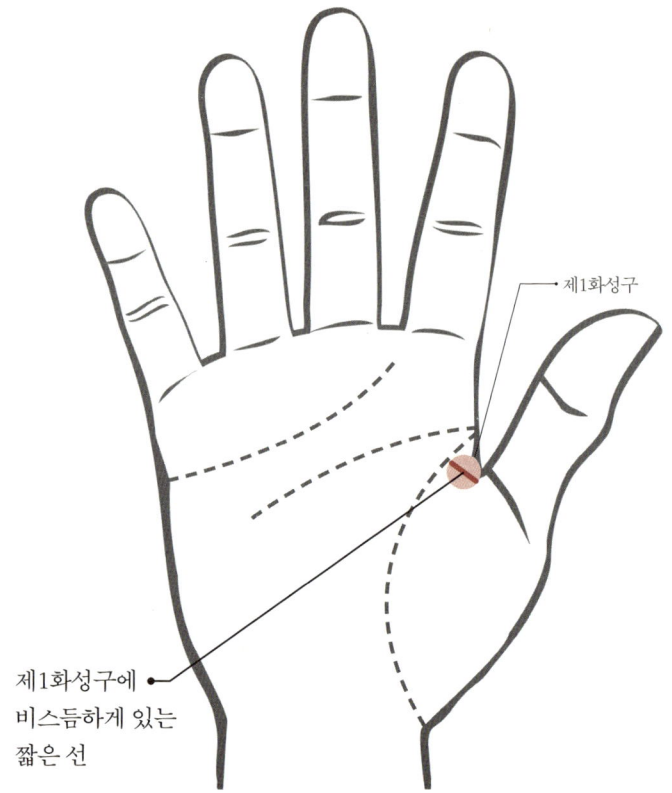

제1화성구

제1화성구에
비스듬하게 있는
짧은 선

▍성질이 급하지만 추진력이 있다.

성질이 급하고 욱하는 성격인 사람도 있지만, 활동적이고 추진력이 있는 사람, 적극적이고 지기 싫어하는 성질인 사람도 있습니다. 목적을 향해 갈 때는 용감하게 도전하는 힘이 됩니다. 단기선이 있고, 제1화성구가 볼록하면 선의 의미가 더욱 강해집니다. 이 부근은 가는 주름이 생기기 쉽기 때문에 구별하기가 어려운데 제1화성구에 한두 줄만 눈에 띄게 있는 특징이 있습니다. 주름과 같은 선이 많이 있는 것은 단기선이 아닙니다.

반항선 反抗線

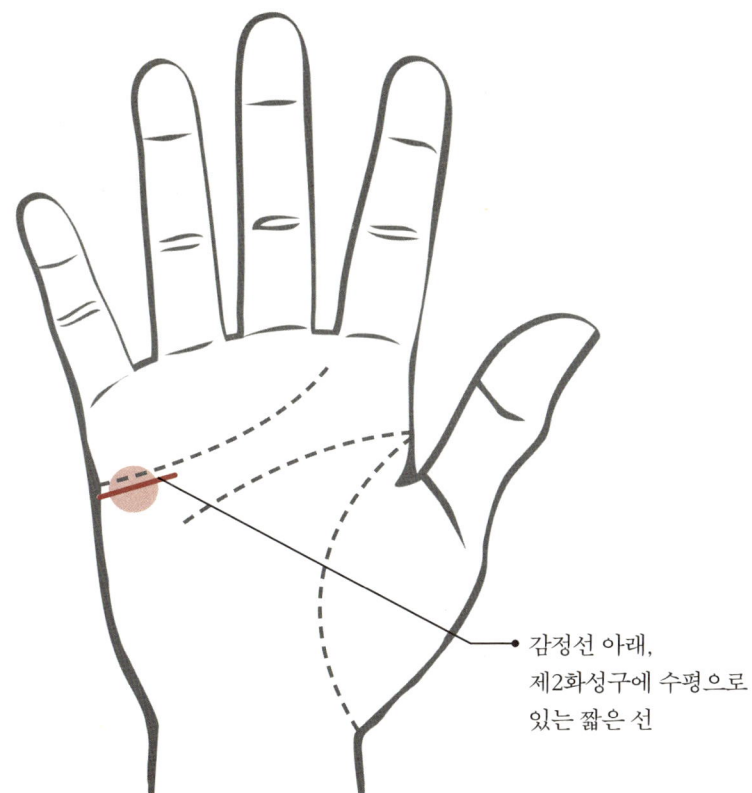

감정선 아래,
제2화성구에 수평으로
있는 짧은 선

❙자기 주장을 나타낸다.

별칭 '주장선'이라고도 불리며, 속박, 간섭을 싫어하는 사람에게 생깁니다. 자기주장이 강하고, 심지가 굳은 사람, 참을성이 많은 사람, 자유롭게 살아가고자 하는 사람들에게 이 반항선이 있으며, 무엇인가에 반항한다기보다 마음 속에 자기주장을 숨기고 있습니다. 직장상사 등 윗사람과 충돌할 수도 있지만, 자신이 결정한 일은 끝까지 해내는 강인함을 가지고 있습니다.

사교선 社交線

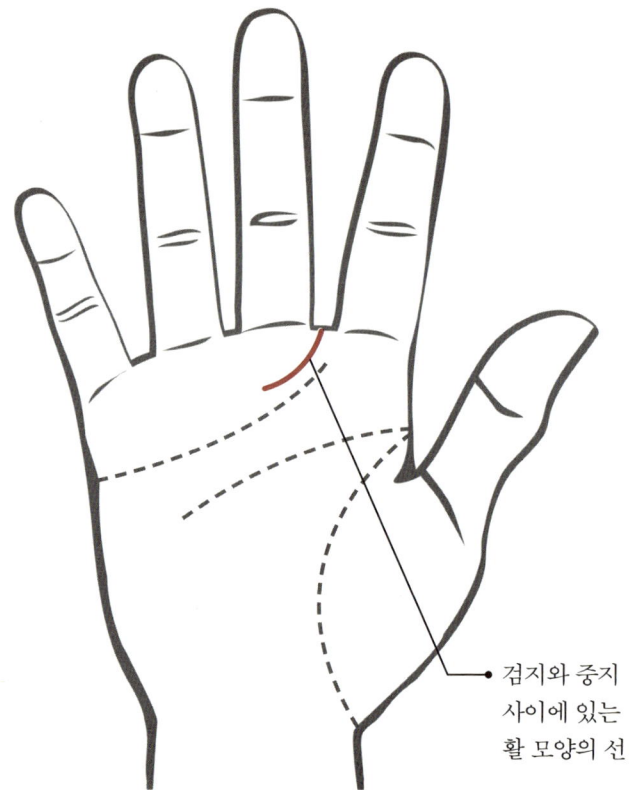

검지와 중지
사이에 있는
활 모양의 선

▎협조심과 통솔력이 있다.

검지와 중지 사이에서 출발해 감정선 옆을 따르는 활 모양의 선으로, 약지에는 이르지 않는 선을 사교선이라 합니다(약지를 지나치는 선은 이중 감정선으로 봅니다). 사교선이 있는 사람은 팀으로 활동하는 일에 잘 맞으며, 협조심과 통솔력이 있습니다. 특히, 선이 뚜렷한 사람은 리더십이 있으며 사교성이 좋아 조직 내에서 활약할 수 있는 타입입니다.

설득선 說得線

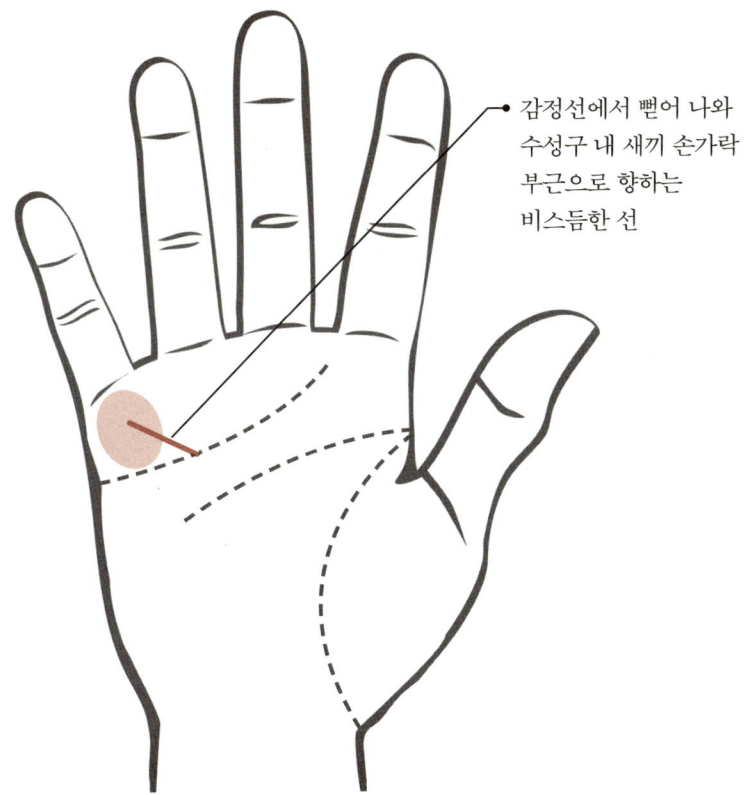

감정선에서 뻗어 나와
수성구 내 새끼 손가락
부근으로 향하는
비스듬한 선

| 설득을 잘한다.

감정선이 가지는 애정 표현의 의미에 수성구가 가지는 커뮤니케이션 능력, 좋은 머리가 혼합된 형태입니다. 사람들에게 자신의 감정과 생각을 잘 전달할 줄 아는 사람으로, 사교성도 좋습니다. 설득선이 있는 사람은 가르치거나 소통하는 일을 잘하기 때문에 접객, 판매, 영업, 교사 등 사람들을 대하며 무언가를 설득하는 직업에 잘 맞습니다.

애정선 愛情線

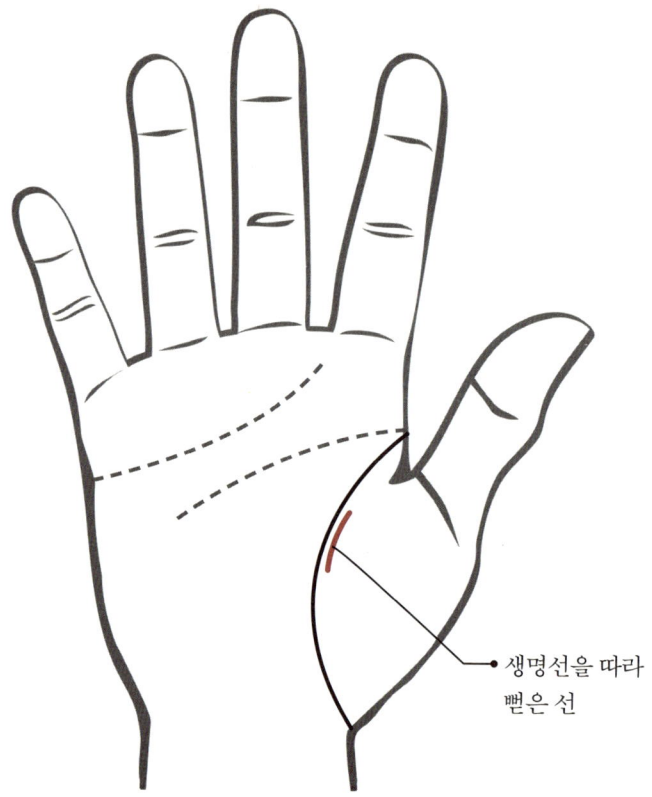

생명선을 따라
뻗은 선

| 만남운을 나타낸다.

이중 생명선과 헷갈리기 쉬운데 생명선 안쪽 1~3mm 내에 있는 것, 선이 비교적 가늘고 희미한 것이 판단 포인트입니다. 애정선이라는 이름과 같이 애인, 배우자와의 만남의 운기를 나타내며, 선이 생명선과 합류할 정도로 가까워지면 결혼으로 이어지고, 밑으로 갈수록 생명선에서 떨어지면 결혼에는 이르지 않을 가능성이 있습니다. 또 파트너와 만나기 쉬운 시기는 생명선 유년법으로 판단할 수 있습니다.

생명선과 유년법으로 보는 애정선

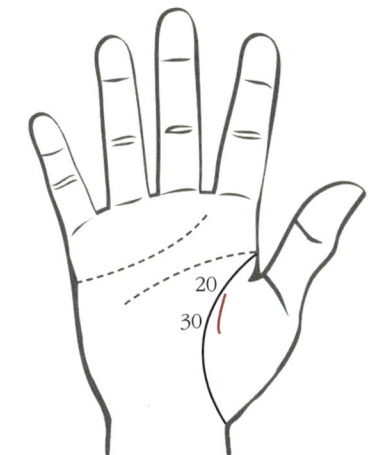

점점 멀어지면 결혼하지 않을 가능성이 높다.

학창시절에 사귄 사람과 결혼하거나 결혼하지 않을 가능성이 높다.

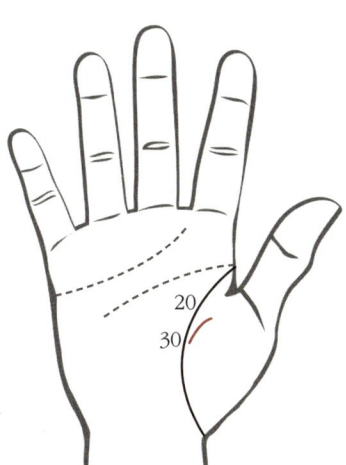

합류하면 확실히 결혼으로 이어진다.

이는 딱 20대가 만남운이 좋고, 30세가 지나 결혼한다.

부동산선 不動産線

▌부동산을 손에 넣는다.

운명선과 태양선이 있고, 이 두 선을 이어 주는 비스듬한 직선이 부동산선입니다. 운명선에서 덮개를 씌우는 모양으로 태양선에 합류하기 때문에 길상. 땅이나 집을 손에 넣는 등 부동산과의 연을 나타냅니다.

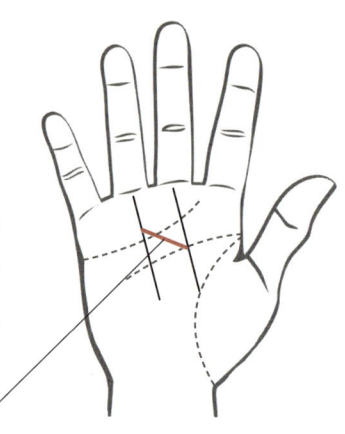

운명선과 태양선을 잇는 비스듬한 선

절 기둥 卍線

▌조상과의 연이 깊다.

절 기둥 있는 사람은 흔히 집안을 일으킨다고 이야기합니다. 조상을 뜻하는 지구에 건물이 서 있는 형태이므로 조상의 가호를 받아 운이 강하고, 땅이나 집이 따르는 운입니다. 영감이 강한 사람에게 나타나기도 하며, 정신적인 강인함을 의미하기도 합니다.

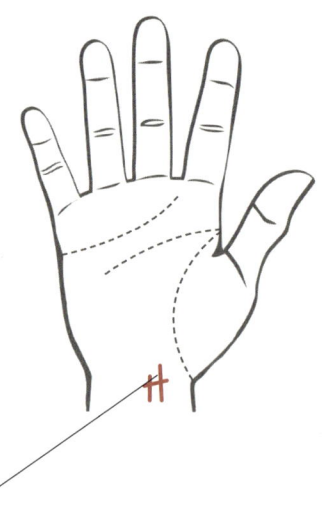

지구에 세로줄이 두 줄 있고, 이 둘을 잇는 비스듬한 선이 있다

의료선 醫療線

| 다른 사람의 감정 변화에 민감하다.

의료선은 의료에 종사하는 사람들에게 많이 있었기 때문에 붙여진 이름입니다. 타인의 컨디션이나 기분 변화를 잘 알아차리며, 능숙하게 대응할 수 있는 사람입니다.

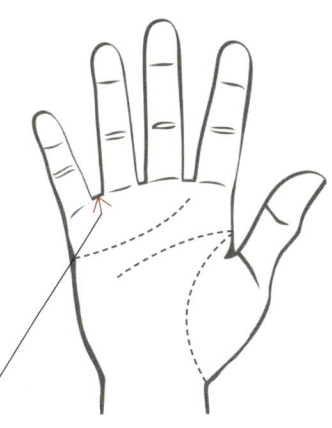

약지와 새끼손가락 사이에 2.3줄의 가느다란 선이 나와 있다

손목선 手首線

| 건강 상태를 나타낸다.

손목에 깨끗한 선이 세 줄 있으면 몸이 튼튼하다는 뜻입니다. 선이 사슬 모양이거나 중간에 끊어진 사람은 몸이 약한 경향이 있습니다. 또 꾸불꾸불하게 뻗어 있는 사람은 여성의 경우 부인과 질환에 주의해야 합니다.

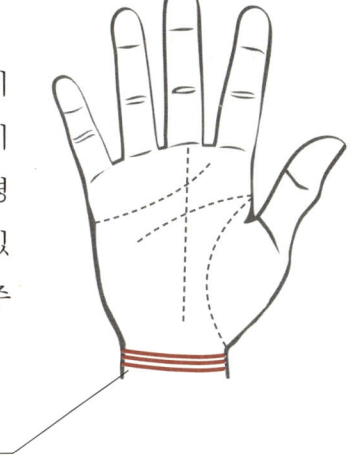

손목에 있는 가로줄

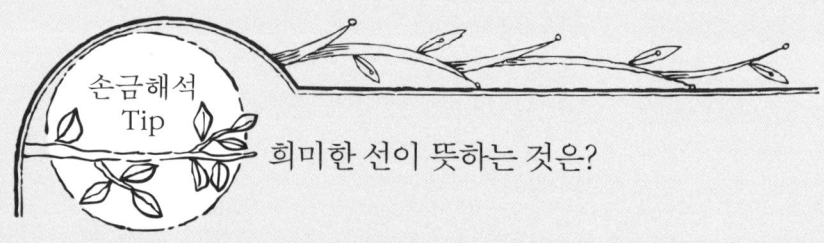

희미한 선이 뜻하는 것은?

손금을 보다 보면 유난히 선이 희미한 사람이 있을 것입니다.

손금은 진하거나 두꺼워야 좋다고 생각하지 말고, 얼굴에 굴곡이 많은 사람이 있고 적은 사람이 있는 것처럼 기질 차이라고 생각해야 합니다.

운명선이 없거나 희미한 데에는 각각의 의미가 있습니다(P128 참조). 선의 진하기와 유무로 손금을 판단하는 것이 아니라 손바닥 전체가 어떻게 이루어져 있는지를 살펴보는 것이 수상학입니다.

손금이 전반적으로 연한 주름과 같이 생긴 사람은 매우 섬세하고 민감하며 신경이 날카롭습니다. 다만, 다른 사람들을 너무 신경 쓰는 탓에 쉽게 피로해지고 스트레스에 약합니다. 다른 사람의 영향을 쉽게 받기 때문에 주변 사람들로 인해 상처를 받거나 정신적으로 중심을 잡지 못하는 때도 있습니다. 이처럼 희미한 손금을 갖고 있는 사람은 이런 약점이 있습니다. 본인의 성격을 잘 파악한 후 맞는 환경을 찾는 것이 중요합니다.

손금이 연한 사람은 감성이 예민하기 때문에 음악, 문예, 창작 등 관심 있는 분야에서 활용하는 활동을 하는 것이 좋습니다. 또 인간관계에 너무 크게 신경 쓰지 않도록 하고, 밝은 사람들을 만나는 것도 중요합니다. 손금이 전반적으로 연하더라도 기본선이 한 가닥으로 뚜렷해지면 운기가 호전된 것이므로 기분도 안정될 것입니다. 모든 선은 진하기보다 중간에 끊어짐, 변형, 흐트러짐이 있는지 없는지가 더욱 중요합니다.

손금은 다른 사람과 비교하지 말고 자기 손금의 변화를 즐기면서 주목하시기 바랍니다. 손금이 연한 사람은 사각, 별 등 가느다란 선에 있는 표시를 발견하기가 비교적 쉽습니다. 사소한 것에 구애 받지 않으면서 미세한 부분까지 살펴보다 보면 매우 재미있게 즐길 수 있을 것입니다.

제4장

당신의 손금은 무슨 타입일까?

지금까지 배운 내용을 응용해 손금을
해석해 보면 어떤 성격과
기질을 갖고 있는지 알 수 있습니다.

연애운과 결혼운 알아보기

만남의 시기가 다가오고 있는 시기

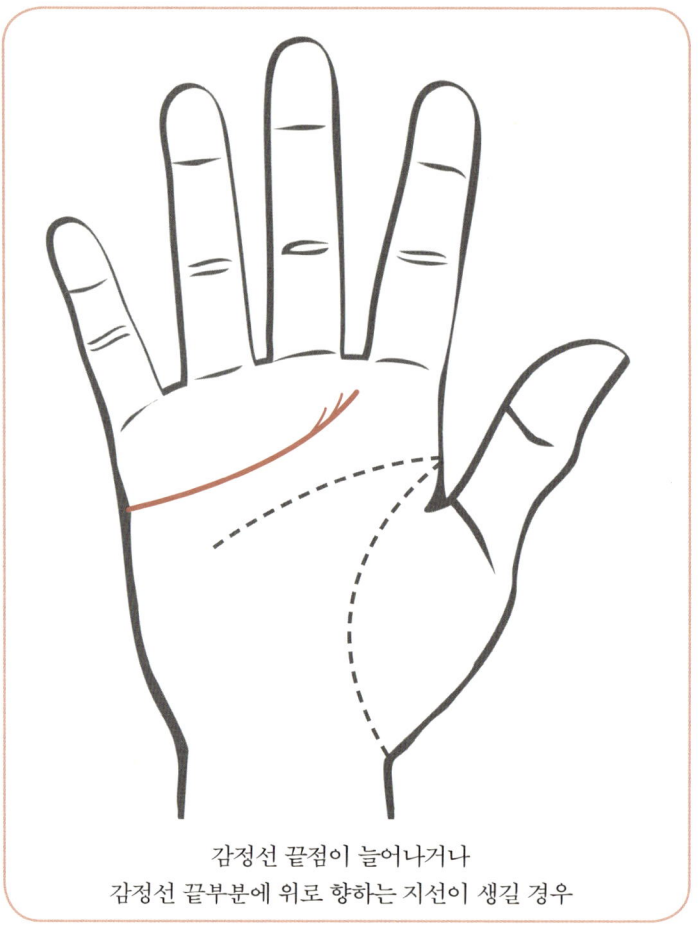

감정선 끝점이 늘어나거나
감정선 끝부분에 위로 향하는 지선이 생길 경우

Point 1

감정선 끝점이 길어지거나 진해지는 시기는 마음이 연애에 향하는 시기입니다. 애인이 없는 사람에게 이 선이 생긴 경우에는 만남의 기회가 찾아오고 있다는 뜻입니다. 단순히 친구라 여겼던 상대와 연인 관계로 발전하거나 애인이 생긴다는 신호로, 새롭게 마음에 들어오는 이성이 나타날 것입니다.

Point 2

이제껏 희미했던 결혼선이 진해진 사람은 만남에 대한 의욕이 강해진 것입니다. 애인이 있는 사람은 현재 만나고 있는 상대와 결혼에 대해 진지하게 생각해 보기 좋은 시기입니다. 결혼선은 결혼시기뿐만 아니라 남녀의 만남에 관한 운기도 나타냅니다.

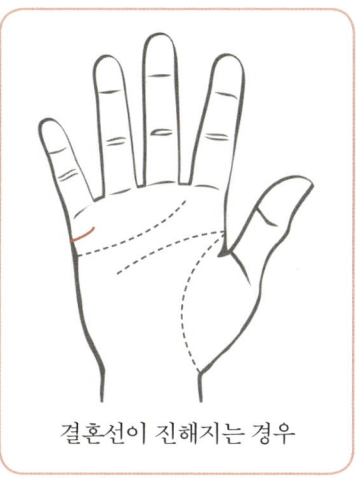

결혼선이 진해지는 경우

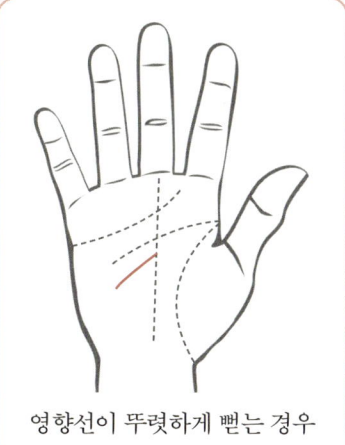

영향선이 뚜렷하게 뻗는 경우

Point 3

영향선은 영향력이 강한 타인과의 만남운 등을 나타내며, 특히 이 선이 뚜렷하게 뻗으면 좋은 사람과의 만남이 있다는 뜻입니다. 운명선에 닿을 정도로 길어지면 머지않아 결혼할 가능성이 있는 사람과 만나게 될 것입니다.

Point 4

애정선은 이성, 가족과의 연을 나타내는 선이므로 미혼인 사람에게 이 선이 생기면 만남이 다가오고 있다는 뜻입니다. 또 생명선 유년법을 이용해 애정선의 위치로 몇 살 정도에 좋은 만남이 이루어지는지를 알 수 있습니다.

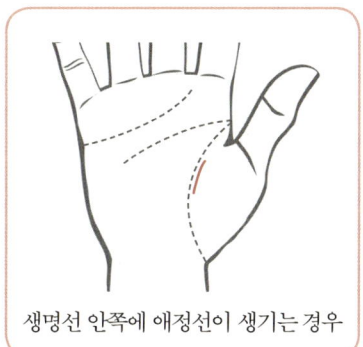

생명선 안쪽에 애정선이 생기는 경우

사랑에 적극적인 타입

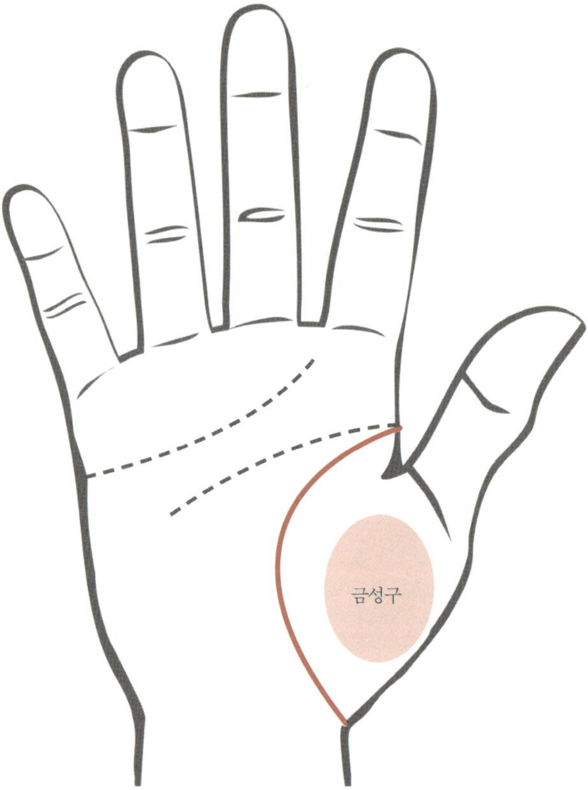

금성구

생명선이 돌출되어 있는 경우
(금성구 면적이 넓음)

Point 1

이 타입은 생명력이 강하고 활동적이며, 놀 때는 놀고 일할 때는 열심히 일하며 여러 가지 경험을 통해 인생을 즐기는 사람입니다. 정력도 좋아 사랑하는 사람과 몸과 마음 모두 하나가 되는 충실감을 맛보기 위해 호감이 가는 사람이 나타나면 적극적으로 다가갑니다.

Point 2

감정선은 위로 올라가고 길수록 정열적인 사람입니다. 자기 어필과 배려가 모두 능숙하며, 좋아하는 사람에게는 최선을 다합니다. 감정선이 긴 사람일수록 나이를 많이 먹어도 사랑에 적극적인 경향이 있습니다.

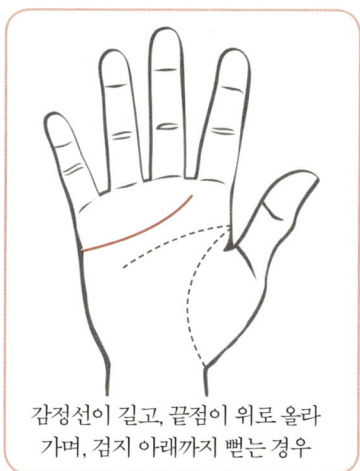

감정선이 길고, 끝점이 위로 올라가며, 검지 아래까지 뻗는 경우

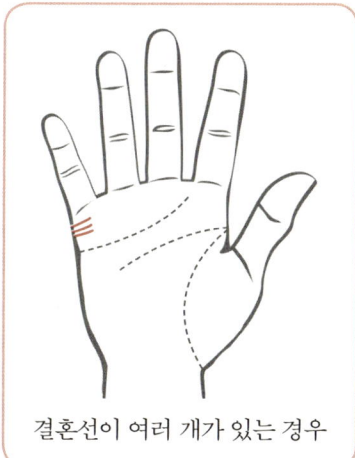

결혼선이 여러 개가 있는 경우

Point 3

흐트러짐이 없고 옆으로 쭉 뻗은 결혼선이 두 줄 이상인 것은 이성을 의식하거나 의식 당하는 감감각이 민감하다는 증거. 특히, 길거나 짧은 선이 세 줄 이상인 경우는 설레기를 원하며 행동하는 타입입니다.

Point 4

결혼선이 기본선 수준으로 진하고, 소지 폭의 절반 정도까지 뻗은 사람은 사귀는 사람에게 의식이 집중되기 때문에 결혼 후에는 좋은 가정을 이룰 수 있으며, 결혼에 이르기까지 적극적입니다. 하지만, 진하더라도 소지 폭의 중간까지도 닿지 않는 선이 한 줄인 사람은 연애보다 맞선이 맞는 타입입니다.

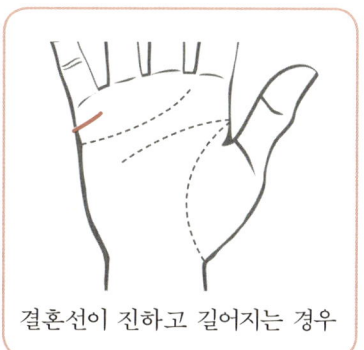

결혼선이 진하고 길어지는 경우

사랑이 많은 타입

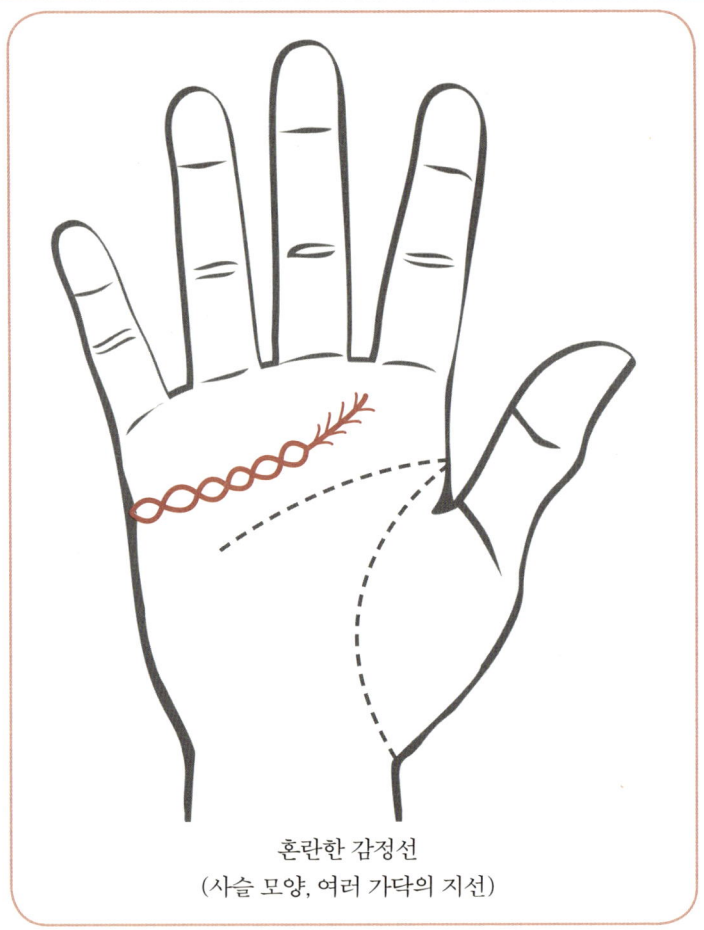

혼란한 감정선
(사슬 모양, 여러 가닥의 지선)

Point 1

감정선 위아래에 지선이 있는 사람은 감수성이 예민해 이성에게 쉽게 반하는 타입입니다. 반하기도 잘 반하고, 질리기도 잘 질리기 때문에 사귀는 사람이 있어도 다른 이성에게 두근거림을 느끼기도 합니다. 또 감정선이 사슬 모양인 사람은 섬세하고 사소한 것도 잘 알아채기 때문에 이성으로부터 많은 인기를 얻는 사랑이 많은 타입입니다.

Point 2

이 손금인 사람은 이른바 4차원 타입으로, 사랑을 사랑하는 로맨티스트 성향이 있습니다. 분위기가 있어 나름 인기가 있지만, 백마 탄 왕자님과 같은 이상형을 기다리느라 애인이 잘 생기지 않는 사람도 있습니다.

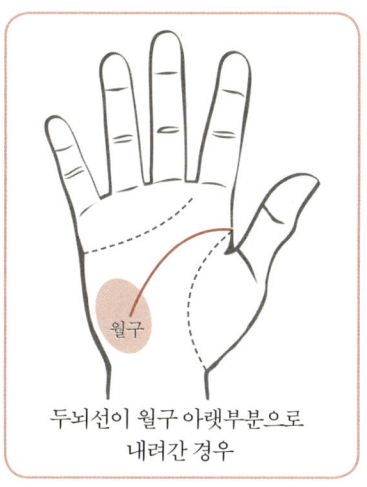

두뇌선이 월구 아랫부분으로
내려간 경우

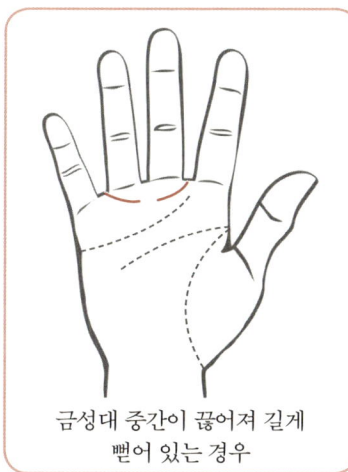

금성대 중간이 끊어져 길게
뻗어 있는 경우

Point 3

금성대는 에로스 선으로도 불리는 선으로, 이 선이 뚜렷하게 뻗은 사람은 이성을 끌어당기는 독특한 매력이 있습니다. 인생에 자극을 줄 수 있는 연애를 원하는 기질이지만, 쉽게 달아오르고 쉽게 식는 스타일이어서 애인에 대한 호불호가 명확합니다. 하지만, 볼 줄 아는 사람이 보면 그것 또한 매력일지도 모릅니다.

Point 4

결혼선이 많다는 것은 만남도 많고 결혼의 기회도 매우 많다는 뜻입니다. 이 손금인 사람은 많은 사람들의 대시를 받아 연애를 즐길 수 있지만, 나이를 먹으면서 만남의 기회도 줄어들기 때문에 어느 정도 연애를 즐긴 후에는 한 사람과 깊은 인연을 맺는 것이 좋다는 것을 명심해야 합니다.

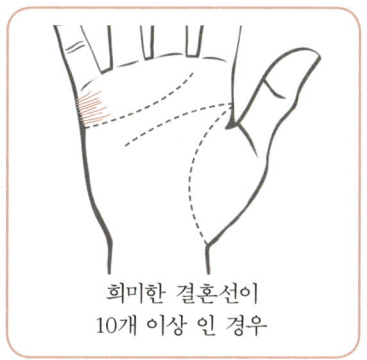

희미한 결혼선이
10개 이상 인 경우

제4장 | 당신의 손금은 무슨 타입일까? 199

혼자서도 살아갈 수 있는 타입

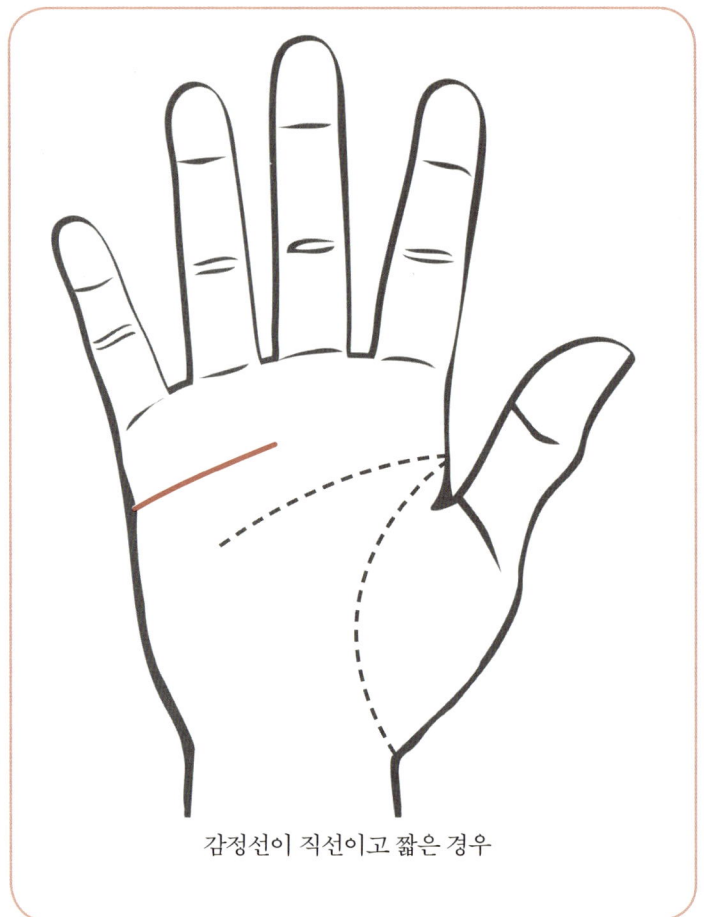

감정선이 직선이고 짧은 경우

Point 1

감정선이 직선이고 짧은 사람은 애정 에너지가 약한 편이기 때문에 남녀의 애정관계에 대해 지나치게 단호한 경향이 있습니다. 파트너가 없어도 잘 사는 타입이기 때문에 밀접한 애정관계를 잘 몰라 결혼에 이르지 않을 수도 있습니다.

Point 2

이 손금인 사람은 매우 활력이 있으며, 타인에게 의존하지 않고 무엇이든 스스로 해내는 노력가. 독립심도 강하기 때문에 누군가와 서로 도우며 살아가기보다는 자신이 결정한 길을 혼자서 나아가는 인생이 될 가능성이 높습니다.

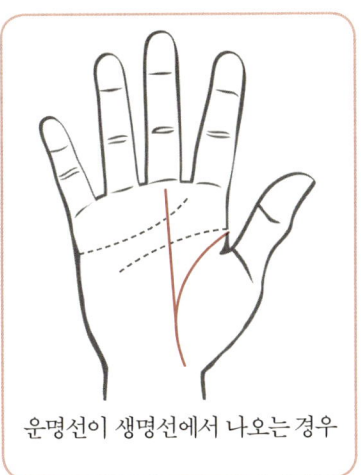

운명선이 생명선에서 나오는 경우

Point 3

결혼선이 없는 사람은 연애, 결혼에 관심이 없습니다. 이 타입은 일반적인 결혼에 대한 감이 없는 사람으로, 라이프스타일이 결혼과 맞지 않습니다. 이성을 원하는 욕구도 희미한 상태입니다.

결혼선이 없는 경우

Point 4

이 손금인 사람은 체력과 기력이 모두 가득한 상태이며 에너지가 강합니다. 활력 있고 정력적이기 때문에 특히 여성의 경우는 생활력이 강하고 자신의 스타일을 바꾸지 않기 때문에 가정에만 머물러 있기 힘든 사람이 많습니다.

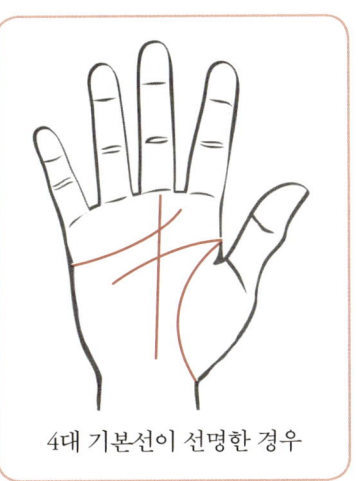

4대 기본선이 선명한 경우

웨딩마치가 얼마 남지 않은 상황

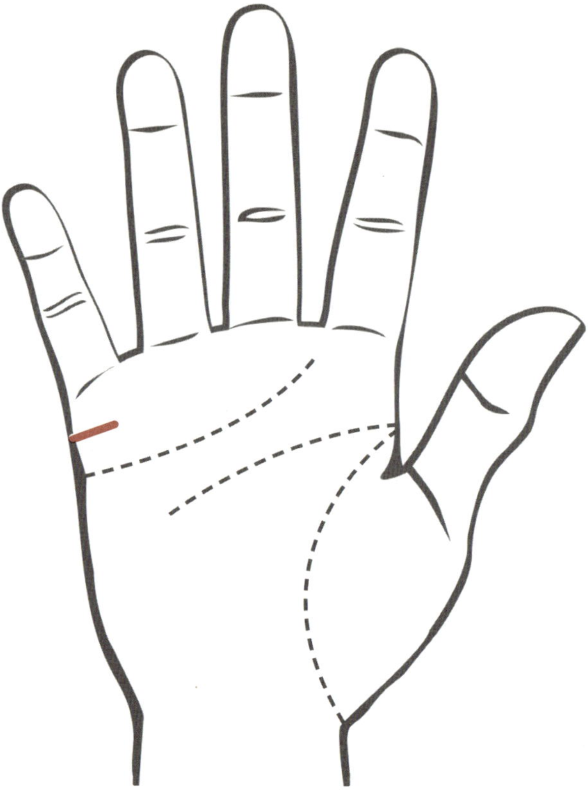

결혼선이 눈에 띄는 경우

Point 1

결혼선이 여러 개여도 그 중 하나가 유난히 빨갛고 깊게 느껴질 정도로 눈에 띄면 결혼이 임박했다는 징조입니다. 상대가 없는 사람도 결혼으로 이어지는 좋은 사람과의 만남을 기대할 수 있습니다.

Point 2

수성구는 자손 번영을 위한 에너지를 나타내는 구이기도 합니다. 이 부분이 볼록해졌다는 것은 결혼해 가족을 만들고 싶은 욕구가 강해지고 있다는 증거로, 결혼이 가까워진 듯합니다.

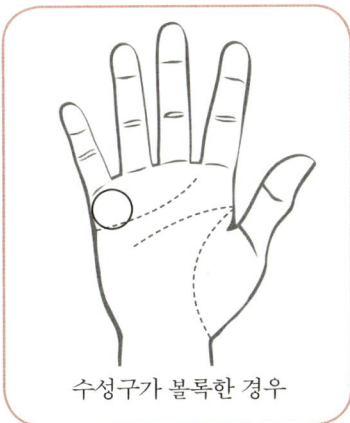

수성구가 볼록한 경우

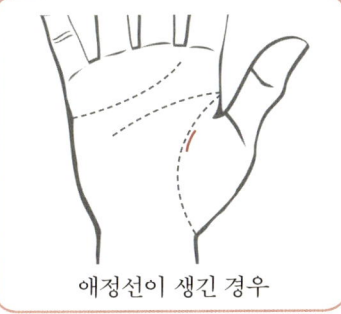

애정선이 생긴 경우

Point 3

가족이 될 사람과의 만남 등을 나타내는 애정선이 생긴 것은 결혼이 다가오고 있다는 신호입니다. 애정선의 끝점이 생면선과 가까울수록 결혼 가능성이 높습니다.

운명선이 변화하는 시기

여자의 경우, 유년으로 봤을 때 오른쪽 그림과 같이 운명선이 사라지거나 희미해지는 시기가 혼기에 가깝습니다. 또 남녀 모두 왼쪽 그림과 같이 이제껏 없었던 운명선이 생기는 시기도 혼기로 볼 수 있습니다. 이밖에 운명선이 끊어졌다가 다시 생기는 시기 등도 결혼을 결심하는 계기가 될 수 있습니다.

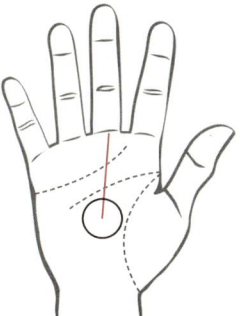
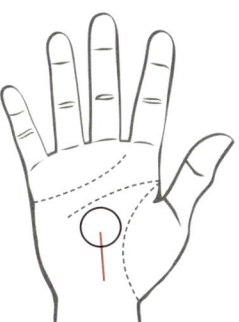

결혼

어릴 때 만나 일찍 결혼하는 타입

Point 1

선명한 결혼선이 감정선에 가까이 있는 경우, 학창시절 등 어릴 때 만나 일찍 결혼의 기회가 찾아오는 사람입니다. 20세 무렵에 결혼을 하는 안정적인 결혼운이기 때문에 어리다고 고민하지 말고 과감하게 결혼을 결정하면 행복해질 수 있습니다.

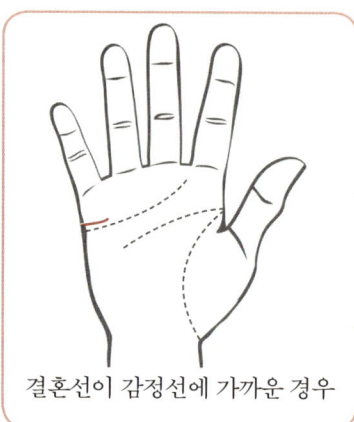

결혼선이 감정선에 가까운 경우

Point 2

영향선은 만남과 결혼을 나타내는 선으로, 이 선이 손바닥 중앙보다 밑에 있으면 어릴 때 좋은 결혼 상대자를 만날 수 있습니다. 하지만, 30세를 지나면 좋은 만남이 감소하므로 빨리 상대를 결정하는 것이 행복해지는 길입니다.

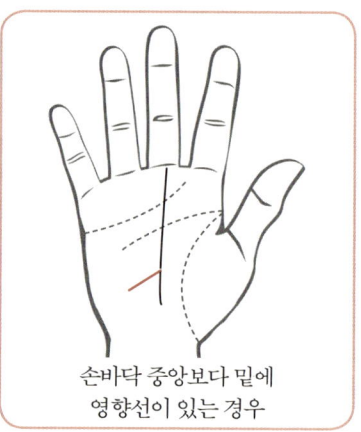

손바닥 중앙보다 밑에 영향선이 있는 경우

Point 3

감정선이 위로 올라가 검지에 닿을 정도로 긴 사람은 좋아하게 되면 바로 직진하는 타입입니다. 상대에게 마음을 다하고 싶고, 지배욕도 강하기 때문에 어릴 시절의 연애가 그대로 결혼으로 이어질 수도 있습니다.

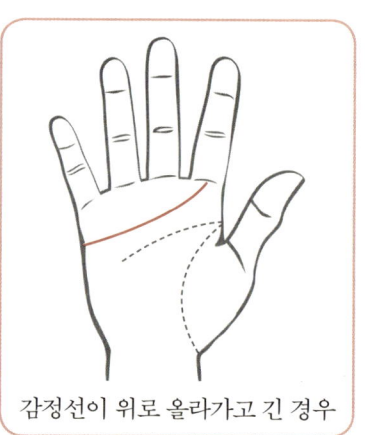

감정선이 위로 올라가고 긴 경우

늦게 결혼하는 타입

Point 1

이 타입은 현실적이고 상대를 보는 눈도 엄격하기 때문에 결혼이 늦어질 수 있습니다. 하지만, 혼기는 늦어져도 똑 부러진 사람들이 많이 가지고 있는 모양이기 때문에 이상한 이성에게 걸리는 일은 거의 없습니다. 겉모습보다는 취미가 맞는 사람을 찾으면 행복해질 수 있습니다.

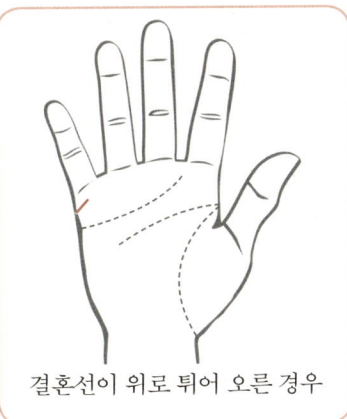

결혼선이 위로 튀어 오른 경우

Point 2

제일 눈에 띄는 결혼선이 새끼 손가락 부근에 있는 사람은 좀처럼 결혼에 대해 결단을 내리지 못하는 타입입니다. 20대에는 이리저리 망설이다 한 사람으로 결정하지 못하기 때문에 연애에서 결혼으로 나아가기 어렵습니다. 만남의 기회는 있으니 그것을 놓치지 않도록 하는 것이 중요.

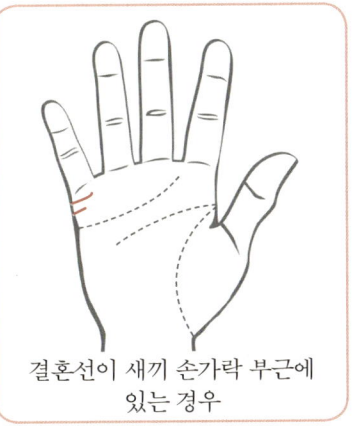

결혼선이 새끼 손가락 부근에 있는 경우

Point 3

두뇌선이 생명선 중간에서 시작되는 사람은 무엇이든 신중한 타입이어서 결혼도 늦어질 가능성이 높습니다. 하지만, 늦어지더라도 신중하고 견실한 타입이기 때문에 결혼 후에는 안정적으로 살 수 있습니다.

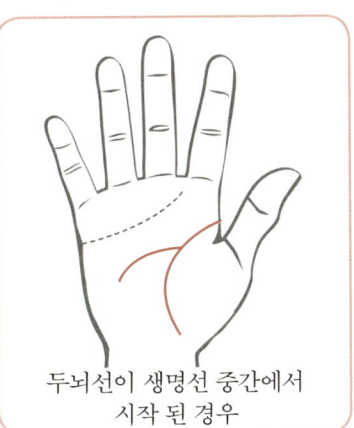

두뇌선이 생명선 중간에서 시작 된 경우

맞선에 맞는 타입

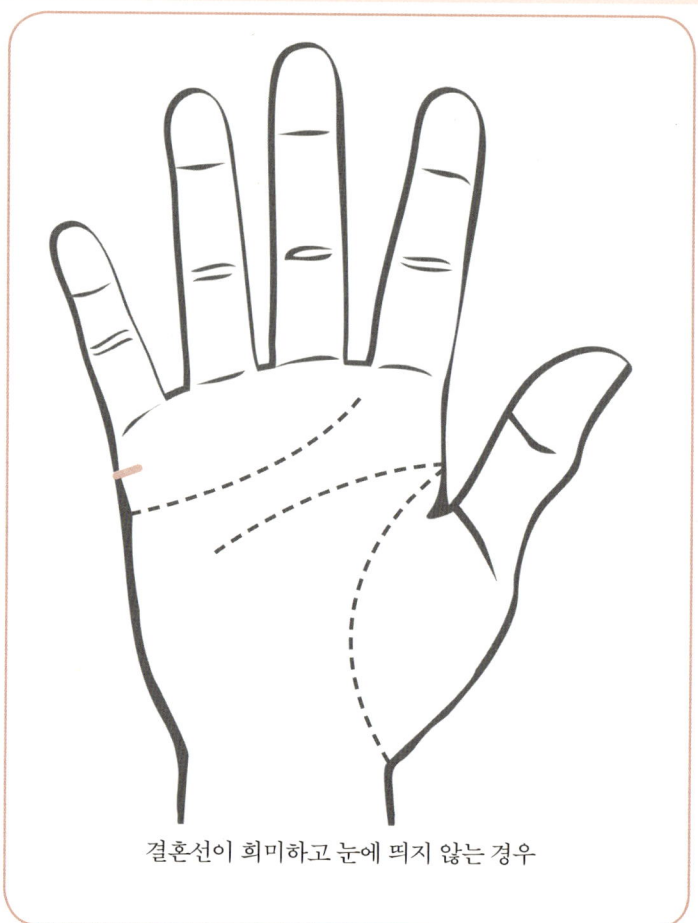

결혼선이 희미하고 눈에 띄지 않는 경우

Point 1

이 손금인 사람은 결혼에 대한 의욕이 거의 없고, '아직은 혼자라도 괜찮지 않을까' 하고 생각하는 타입입니다. 어필하는 힘, 사람을 끌어당기는 힘이 약하고, 결혼해도 좋겠다는 생각은 해도 본능적인 욕망이 별로 없기 때문에 적극적으로 나서지 않습니다.

Point 2

결혼선이 짧게 한 줄만 있는 사람은 연애는 서투르지만 결혼은 잘하는 타입입니다. 한번 결혼하면 바람을 피우거나 이혼을 하지 않고 정적인 결혼생활을 할 수 있습니다. 하지만, 연애를 잘 못해 이성이 별로 없는 직장이나 환경에서는 만남을 갖기 어려우므로 맞선이 맞는 사람입니다.

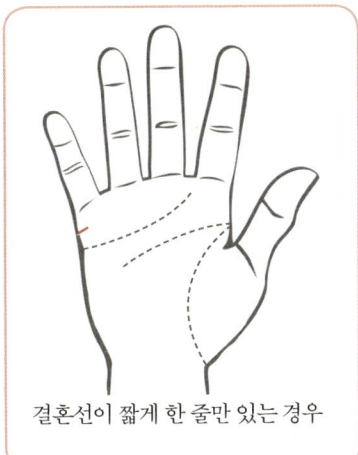

결혼선이 짧게 한 줄만 있는 경우

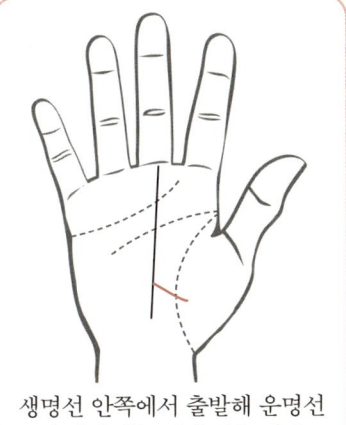

생명선 안쪽에서 출발해 운명선에 합쳐지는 선이 있는 경우

Point 3

생명선 안쪽에 있는 선은 집안과의 연이 깊다는 뜻으로, 이 선이 운명선에 합쳐지는 사람은 부모나 친척으로부터의 혼담 등으로 인생의 반려자를 만날 수 있을지도 모릅니다.

Point 4

두뇌선과 생명선이 크게 겹치는 사람은 경계심이 많아 연애로 잘 발전시키지 못하는 타입입니다. 속마음을 좀처럼 드러내지 않기 때문에 상대에게 성실함을 어필할 수 있는 맞선 쪽이 결론을 내기 편할 것입니다.

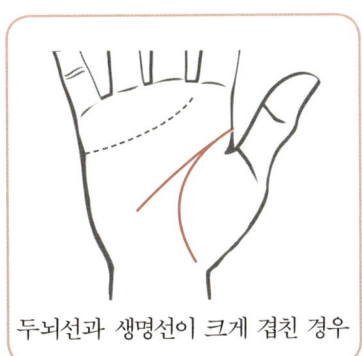

두뇌선과 생명선이 크게 겹친 경우

꽃 가마를 탈 확률이 높은 결혼

Point 1

태양구는 재운, 신뢰, 명예를 뜻하므로 여기에 결혼선이 닿으면 결혼을 계기로 유복하질 수 있음을 나타냅니다. 선이 태양선까지 이르는 경우는 완전하게 꽃 가마를 탈 수 있는 상으로, 더욱 좋다고 할 수 있습니다.

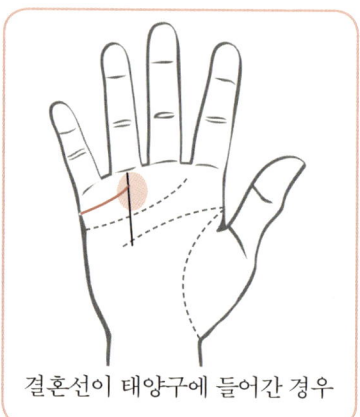

결혼선이 태양구에 들어간 경우

Point 2

이 선이 있는 사람은 부자이고 연상인 이성에게 사랑을 받습니다. 딱히 본인이 다가가지 않아도 상대로부터 구애를 받는 경우가 많기 때문에 꽃 가마를 탈 수 있는 기회도 많습니다.

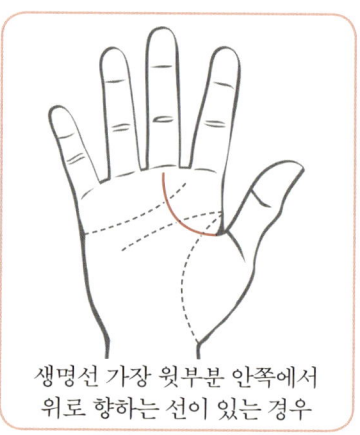

생명선 가장 윗부분 안쪽에서 위로 향하는 선이 있는 경우

Point 3

태양선은 길게 뻗을수록 성공운이 강합니다. 영향선은 운명적인 사람과의 만남을 나타내기 때문에 이 선과 운명선이 만나는 부근부터 태양선이 시작되는 사람은 결혼시기에 금전운, 명예운이 상승합니다. 비교적 많은 사람들이 가지고 있는 손금으로, 부자까지는 아니더라도 여유로운 결혼생활을 맛볼 수 있습니다.

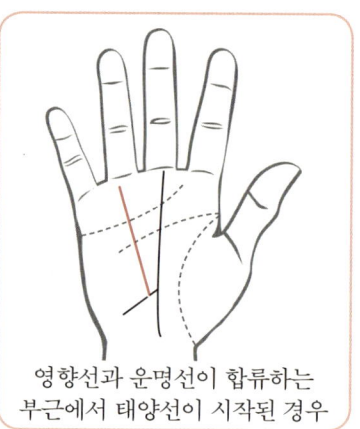

영향선과 운명선이 합류하는 부근에서 태양선이 시작된 경우

가정이 평안한 타입

Point 1

감정선은 길수록 애정이 풍부합니다. 또 선이 검지와 중지 사이로 들어가는 사람은 성실하고 견실하며 가족에 대한 마음이 깊습니다. 따라서 이 손금을 가진 사람끼리 결혼하면 더욱 원만한 가정을 이룰 수 있습니다.

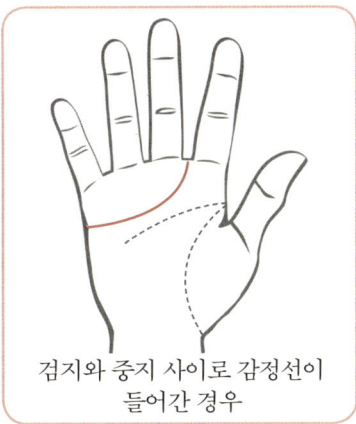

검지와 중지 사이로 감정선이 들어간 경우

Point 2

결혼선의 위치와 관계없이 선이 딱 한 줄만 있는 사람은 보수적인 결혼관을 가지고 있어 한번 결혼하면 가정을 유지하고자 하는 의식이 작용해 가정을 무너뜨릴 정도의 바람, 이혼 등을 생각하지 않습니다. 연애 중에도 항상 결혼을 의식해 공전을 거듭하기도 하지만, 결혼 후에는 안정적인 생활이 가능합니다.

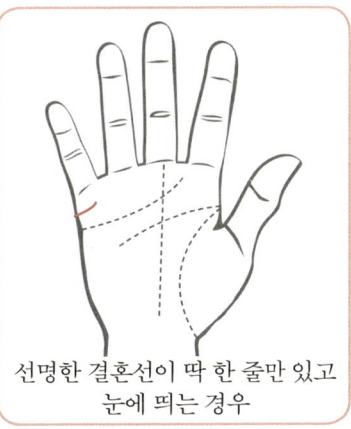

선명한 결혼선이 딱 한 줄만 있고 눈에 띄는 경우

Point 3

금성구에 격자선이 있는 사람은 애정이 흘러 넘쳐 가족에게도 두루두루 마음을 쏠 수 있기 때문에 원만한 가정을 이룰 수 있습니다.

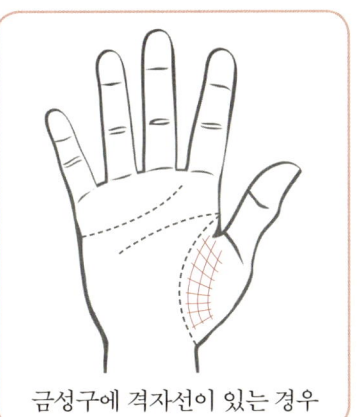

금성구에 격자선이 있는 경우

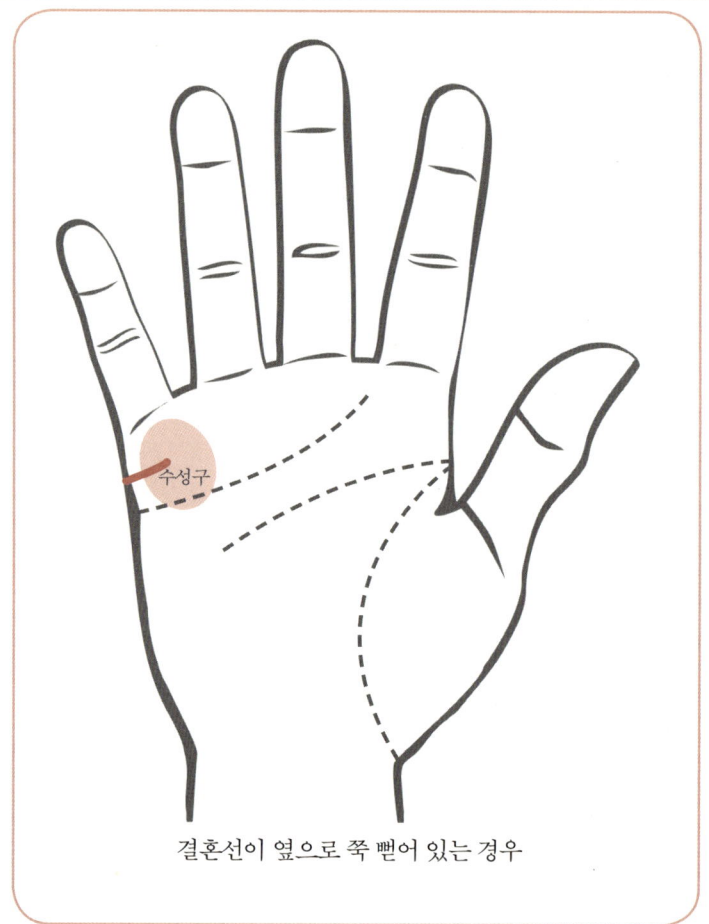

자식 복이 많은 타입

결혼선이 옆으로 쭉 뻗어 있는 경우

Point 1

　자식 복이 있는지 없는지는 파트너와의 궁합에도 따르기 때문에 한 사람 손금만 보고 일괄적으로 말할 수 없지만, 결혼선이 선명하게 뻗어 있는 사람은 자식 복이 좋은 편이라고 볼 수 있습니다. 수성구는 생식기를 담당하기 때문에 특히 여성 가운데 결혼선이 이렇게 생긴 사람은 자식 복이 좋다고 봅니다.

Point 2

 감정선 시작점에 지선이 많은 사람은 아이가 생기기 쉬운 체질입니다. 감정선이 수성구에서 시작하고, 여기에 지선이 많으면 남녀 모두 정력이 왕성하다는 뜻입니다.

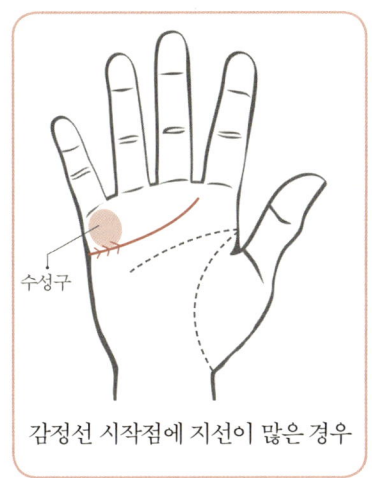

감정선 시작점에 지선이 많은 경우

Point 3

 엄지손가락 두 번째 마디가 사슬 모양인 가족고리가 있는 사람은 자식 복이 많아 가족 중심의 생활을 할 가능성이 높습니다.

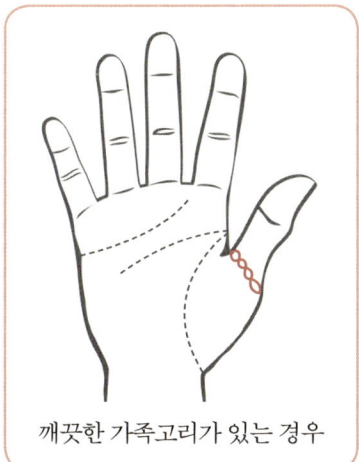

깨끗한 가족고리가 있는 경우

Point 4

 금성구의 면적이 넓고 볼록한 사람은 생명 에너지가 넘쳐 흐르는 타입입니다. 정력도 강해 나이를 먹어도 자식 복이 많을 수 있습니다. 사람들을 돌보아 주기 좋아하는 성격이기 때문에 아이가 태어나면 좋은 엄마아빠가 될 수 있습니다.

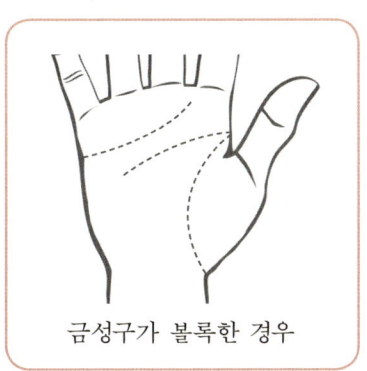

금성구가 볼록한 경우

결혼 상대의 부모와 관계가 좋다

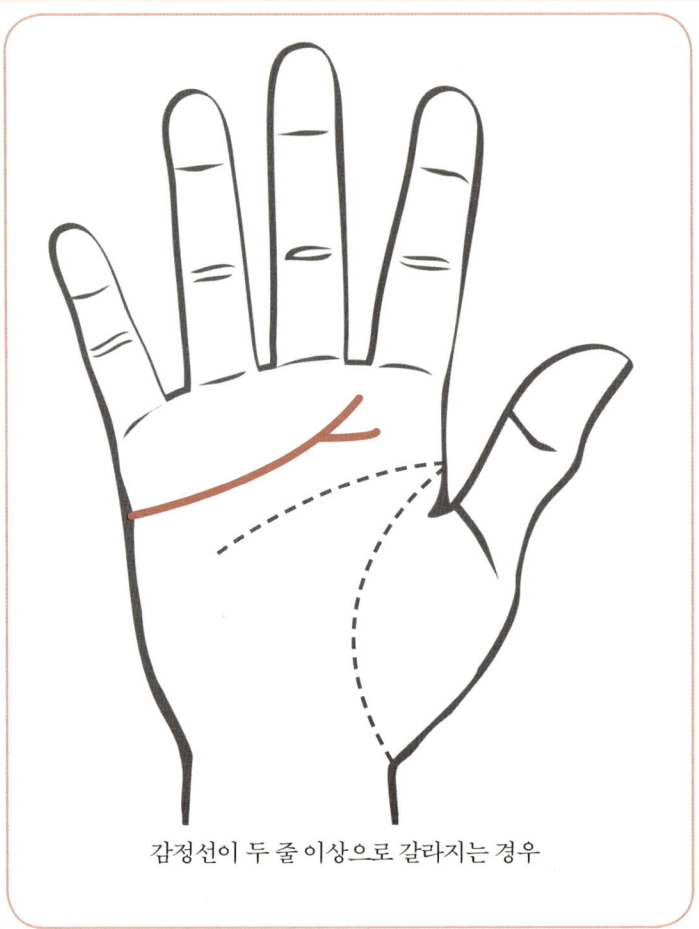

감정선이 두 줄 이상으로 갈라지는 경우

Point 1

감정선 끝부분이 두 갈래로 갈라지는 사람은 성실하고 상식 있는 태도로 사람들을 대할 줄 아는 타입입니다. 세 가닥 이상으로 갈라진 사람은 누구에게나 마음을 잘 쓰고, 능숙하게 배려할 줄 알기 때문에 결혼 상대자의 부모와도 관계가 좋습니다.

> **Point 2**

운명선이 진하지 않은 사람은 조심스러운 인상을 주며, 주변에 맞춰 살아가는 것이 익숙합니다. 또 협조심이 있어 집안을 소중하게 여기기 때문에 결혼 후에는 상대의 가족과 원만하게 지낼 수 있습니다.

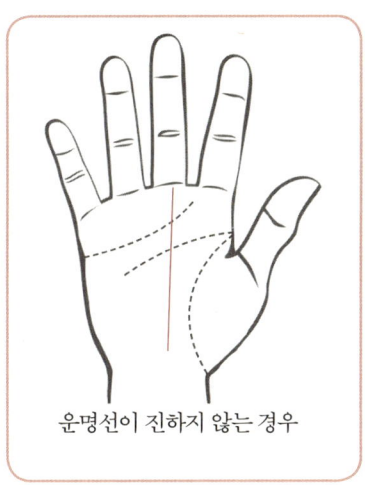

운명선이 진하지 않는 경우

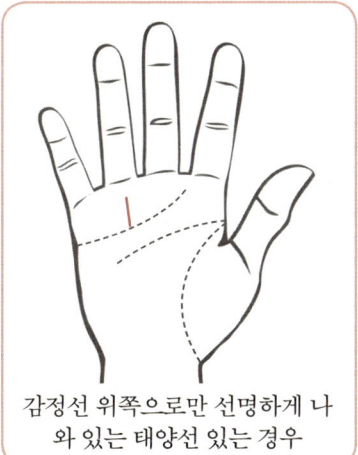

감정선 위쪽으로만 선명하게 나와 있는 태양선 있는 경우

> **Point 3**

이 타입은 견실한 성격을 나타내므로 결혼 후에도 상대의 부모에게 신뢰를 받으며 큰 트러블 없이 안정적으로 생활할 수 있습니다.

> **Point 4**

월구는 부모형제 이외의 사람과의 강한 인연을 상징합니다. 이 월구에서 운명선이 출발하는 사람은 다른 집에 들어가 사는 것이 잘 맞습니다. 또 커뮤니케이션 능력이 뛰어나기 때문에 결혼 후에는 상대의 부모와도 잘 지낼 수 있습니다.

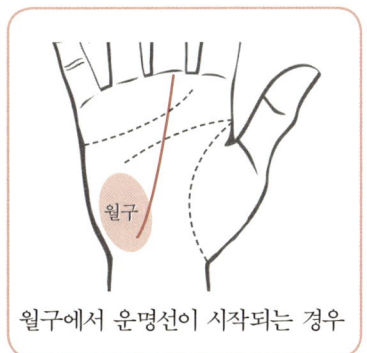

월구에서 운명선이 시작되는 경우

파트너와 충돌하기 쉬운 타입

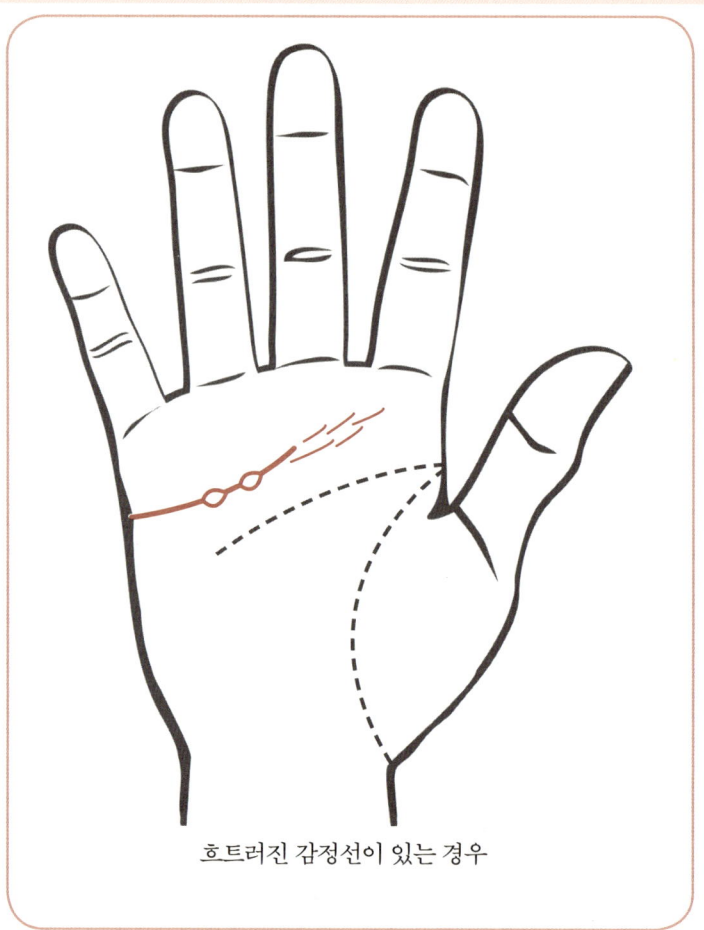

흐트러진 감정선이 있는 경우

Point 1

감정선에 섬 무늬가 있거나 토막토막 끊어진 시기는 신경과민으로 정서가 불안정해지기 쉽습니다. 상대방의 말이나 행동 등 사소한 것에 얽매여 싸우는 일이 잦습니다. 이 손금이 있는 사람은 매력적인 사람이 많기 때문에, 별 것 아닌 일에는 눈을 감도록 명심하면 충돌이 줄어들 것입니다.

Point 2

　결혼선에 있는 섬 무늬, 십자 무늬는 바람, 금전문제 등 파트너와의 사이에 어떠한 시련이 발생한다는 신호입니다. 하지만, 섬 무늬, 십자 무늬가 결혼선 중간 있는 경우에는 시련을 극복하면 이별을 피할 수 있다.

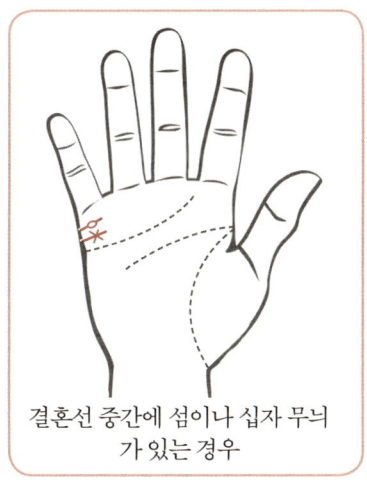

결혼선 중간에 섬이나 십자 무늬가 있는 경우

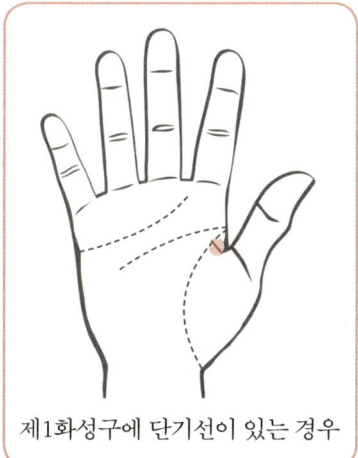

제1화성구에 단기선이 있는 경우

Point 3

　제1화성구에 있는 비스듬한 선인 '단기선'이 있는 사람은 쉽게 욱하는 성질에 투쟁 에너지가 있기 때문에 무의식 중에 파트너와 충돌하고 맙니다. 운동 등으로 몸을 마음껏 움직여 에너지를 발산하는 것도 중요합니다.

Point 4

　운명선이 진한 사람은 자기주장이 강하고, 무의식 중에 상대에게 지나친 말과 행동을 해버리곤 합니다. 자아가 강한 자신을 받아들여 주는 상대는 그렇게 많지 않으니 소중하게 여깁시다.

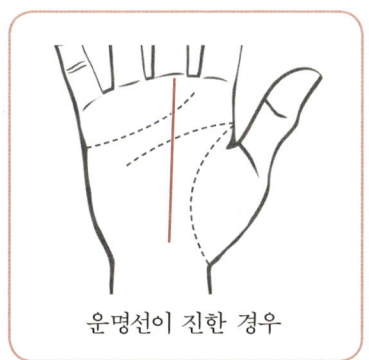

운명선이 진한 경우

제4장 | 당신의 손금은 무슨 타입일까? 215

사랑에 소극적인 타입

Point 1

감정선이 짧은 사람은 상대에게 자신의 마음을 잘 전달하지 못하는 타입. 연애에 관심이 있어도 상대의 마음을 잘 이해하지 못하고, 밀당도 서툴기 때문에 친구의 소개 등으로 결혼 상대를 찾는 것도 좋을 것 같습니다.

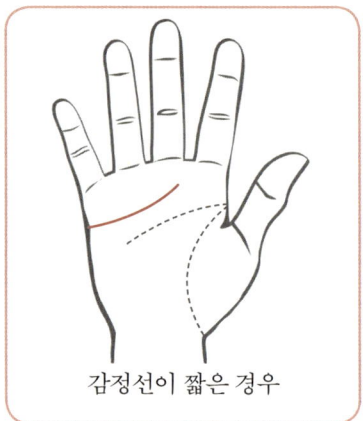

감정선이 짧은 경우

Point 2

이 타입은 매우 신중하기 때문에 오랜 시간을 들여 상대방을 살펴보는 사이에 타이밍을 놓칠 수도 있습니다. 실패를 두려워한 나머지 자신의 감정을 제대로 밀어붙이지 못하는 성격이기 때문에 사랑에 소극적인 경우가 많습니다.

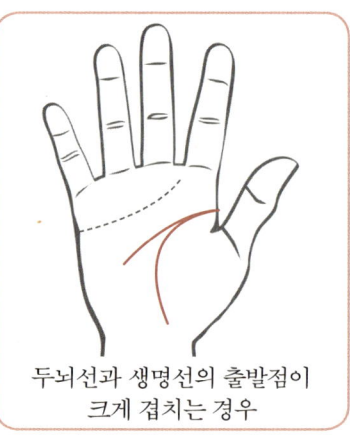

두뇌선과 생명선의 출발점이 크게 겹치는 경우

Point 3

감정선에서 아래쪽으로 향하는 지선은 '짝사랑 손금'이라고도 하며, 이 손금이 있는 사람은 솔직한 감정 표현이 서투르고, 애정적으로 수동적인 경향이 있습니다. 하지만, 사랑의 주도권을 잡지는 못해도 인간적으로는 매우 따뜻하고 애정이 깊은 사람입니다.

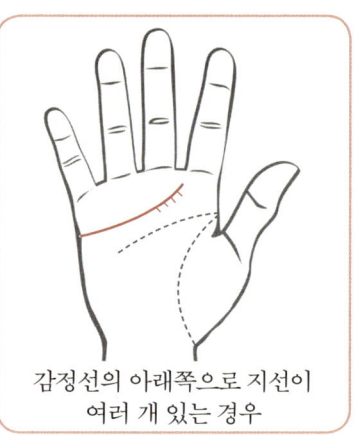

감정선의 아래쪽으로 지선이 여러 개 있는 경우

사랑에 실패하기 쉬운 타입

Point 1

연애는 현실적이기보다는 이상적인 꿈으로 가득 차 있는 타입입니다. 감정을 잘 컨트롤하지 못하기 때문에 연인과의 관계도 좋지 않습니다. 하지만, 애정은 풍부해 연애에 맞지 않는 타입은 아니며, 자신을 받아들여 주는 마음이 넓은 사람과 사귀면 원만한 관계를 이룰 수 있을 것입니다.

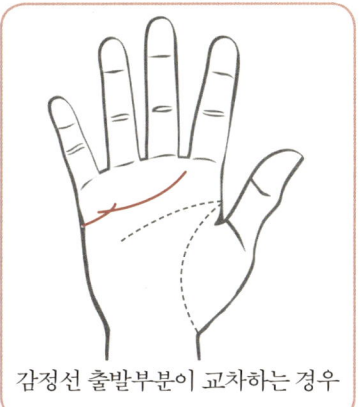

감정선 출발부분이 교차하는 경우

Point 2

미혼인 사람 가운데 결혼선이 아래로 내려가는 사람은 남녀 모두 상대를 마주 대하는 힘이 약해 더욱 적극적으로 행동해야 합니다. 현재 사귀는 사람에 대해 머리로만 판단하지 말고, 관계가 식기 전에 대화나 스킨십을 하는 것도 중요합니다.

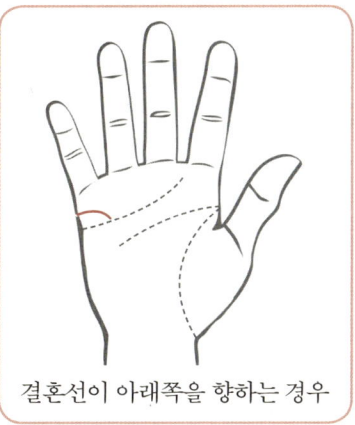

결혼선이 아래쪽을 향하는 경우

Point 3

갈라진 감정선이 밑으로 내려가 두뇌선에 닿는 사람은 연애가 서투른 타입입니다. 정이 깊지만, 감정 표현이 부족하거나 과거에 당한 실연의 트라우마에 사로잡히는 경우가 많습니다. 솔직하게 감정을 전달하고자 의식하다 보면 상황은 변화할 것입니다.

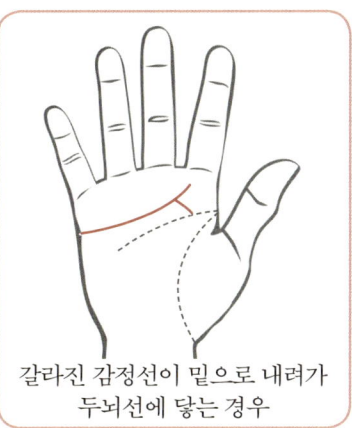

갈라진 감정선이 밑으로 내려가 두뇌선에 닿는 경우

여러 번 결혼할 가능성이 높은 타입

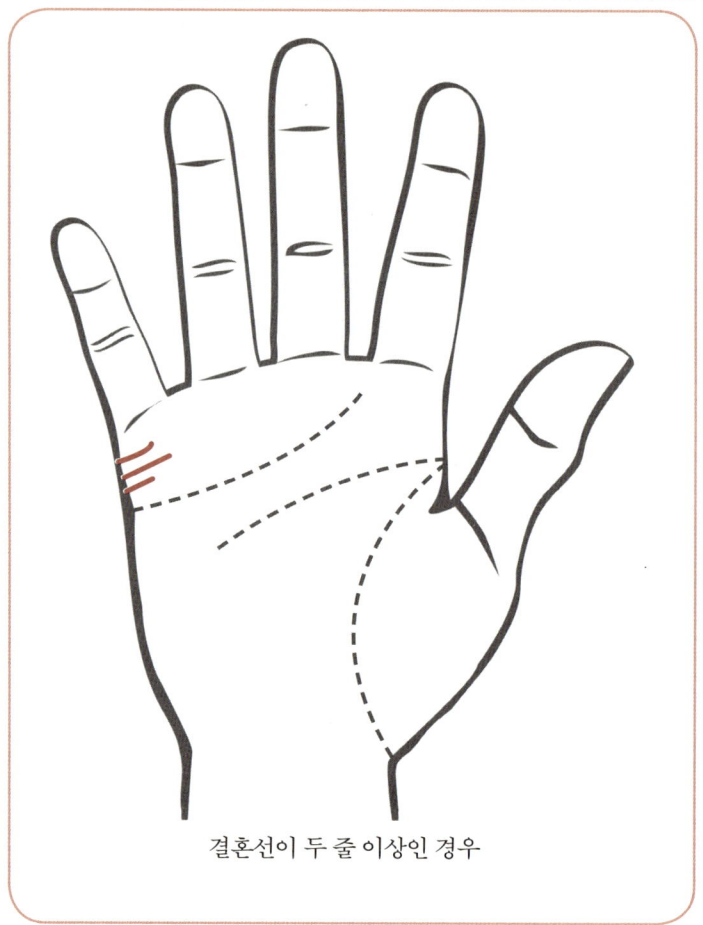

결혼선이 두 줄 이상인 경우

Point 1

결혼선이 두 줄 이상인 사람은 결혼으로 이어지는 만남운이 두세 번 정도 있다는 뜻입니다. 두 줄인 사람은 상대에 따라 한번으로 끝나겠지만, 세 줄 이상인 사람은 만남이 많기 때문에 여러 번 결혼할 가능성이 높습니다.

Point 2

애정선은 결혼으로 이어지는 운명적인 이성과의 만남을 나타내는 선입니다. 이 선이 한 번 끊어졌다 다시 나타나는 경우는 이별 후에 다시 운명적인 만남이 있다는 뜻이므로 이혼한 후에 재혼을 할 가능성도 있습니다.

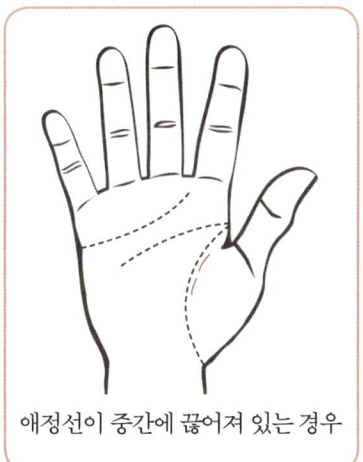

애정선이 중간에 끊어져 있는 경우

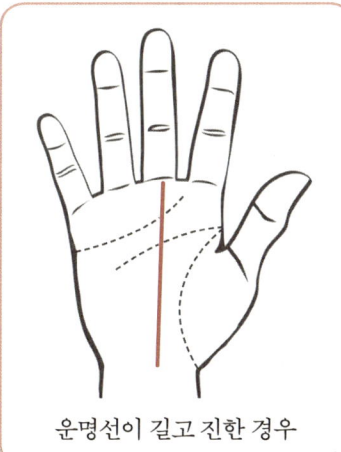

운명선이 길고 진한 경우

Point 3

특히, 여자 가운데 운명선이 길고 진한 사람은 확실한 자신의 의견을 가지고 있어 '무엇이든 내가 결정한다'고 생각하는 타입입니다. 드라마틱한 인생을 원하며 여러 번 결혼할 가능성도 있지만, 반드시 꼭 그렇게 된다는 것은 아닙니다. 본인이 '이 사람이다!' 하고 결정한 경우에는 한 번으로 끝날 것입니다.

Point 4

이중 감정선은 파워 풀하고 가족에 대한 마음이 깊은 사람에게 자주 나타납니다. 그러나 여자의 경우에는 기가 세고, 남성의 경우에는 힘을 주체하지 못해 그것이 이성관계로 표출되기도 합니다. 자신의 강한 에너지를 받아들여 주는 이성을 만나면 원활한 관계를 구축할 수 있을 것입니다.

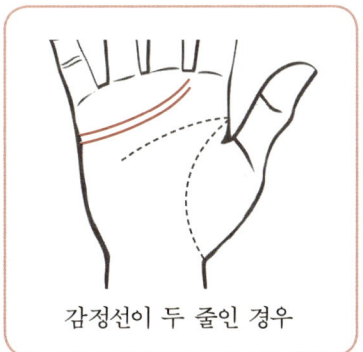

감정선이 두 줄인 경우

자산 운용이 능숙한 타입

Point 1

이 손금인 사람은 돈을 운용하는 센스가 뛰어납니다. 절약을 통해 열심히 모으는 것보다 현재 가지고 있는 돈을 굴려 늘리는 일에 관심이 있으므로 투자가에 맞는 타입입니다.

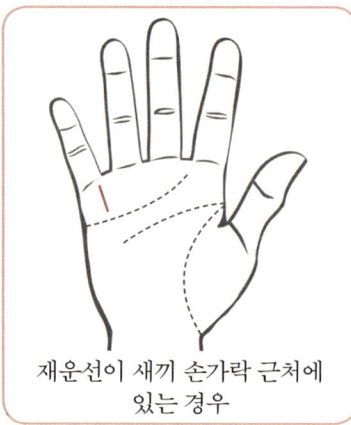

재운선이 새끼 손가락 근처에 있는 경우

Point 2

태양선이 두뇌선에서 나오는 사람은 자신의 아이디어로 돈을 벌 수 있는 재능이 있습니다. 시대의 니즈를 잘 파악할 줄 알기 때문에 세상사의 흐름을 캐치해 주식거래 등으로 성공할 수도 있습니다.

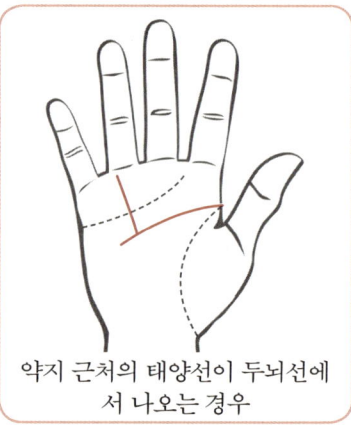

약지 근처의 태양선이 두뇌선에서 나오는 경우

Point 3

두뇌선이 재운과 지혜를 상징하는 수성구로 향하는 사람은 금전감각이 뛰어나고 기분에 휩쓸리지 않는 타입이기 때문에 투자가에 잘 맞는다고 할 수 있습니다.

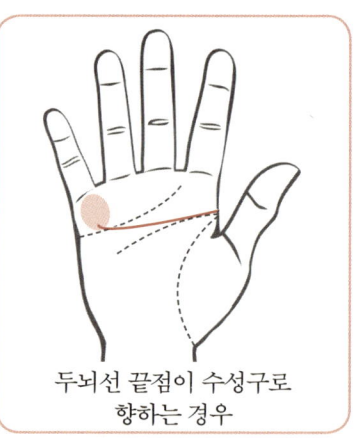

두뇌선 끝점이 수성구로 향하는 경우

상속문제로 가정불화가 발생할 타입

Point 1

태양선에 있는 섬, 십자 무늬 등은 장해표시로 금전운의 트러블을 나타내는 신호입니다. 이 손금인 사람은 유산 상속 문제로 가족간에 문제가 일어나는 등 집안에서 돈과 관련된 트러블이 발생할 수 있습니다. 신뢰를 잃을 위험성도 있으므로 냉정하게 대응해야 합니다.

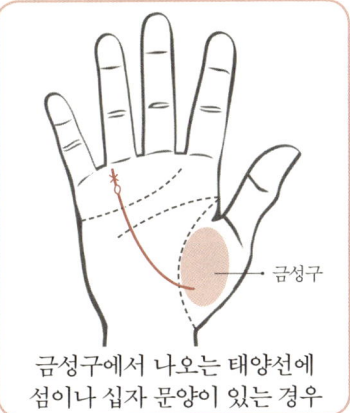

금성구에서 나오는 태양선에 섬이나 십자 문양이 있는 경우

Point 2

재운선이 토막토막 끊어진 시기는 금전운이 급격하게 떨어지고 있다는 뜻입니다. 돈과 관련된 고민이 있을 때 이렇게 변화합니다. 낙관은 금물이며, 금전적으로 신중해질 필요가 있습니다.

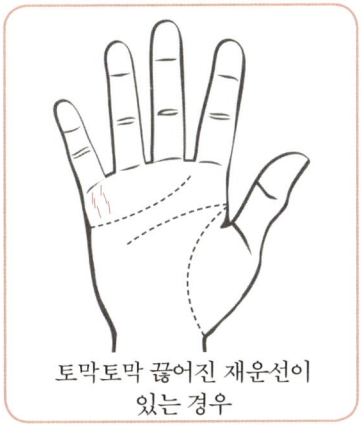

토막토막 끊어진 재운선이 있는 경우

Point 3

육친(부모형제) 연 등을 나타내는 금성구에서 토막토막 끊어진 재운선이 나오는 사람은 유산 상속 문제로 분쟁이 발생하기보다는 유산이 상속될 듯 하면서도 좀처럼 해결되지 않는 상태입니다. 문제점을 잘 파악하여 끈기 있게 대처할 필요가 있습니다.

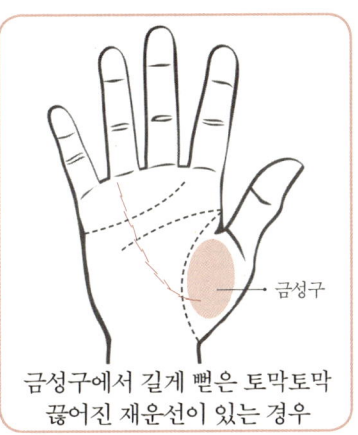

금성구에서 길게 뻗은 토막토막 끊어진 재운선이 있는 경우

자력으로 부자가 될 수 있는 타입

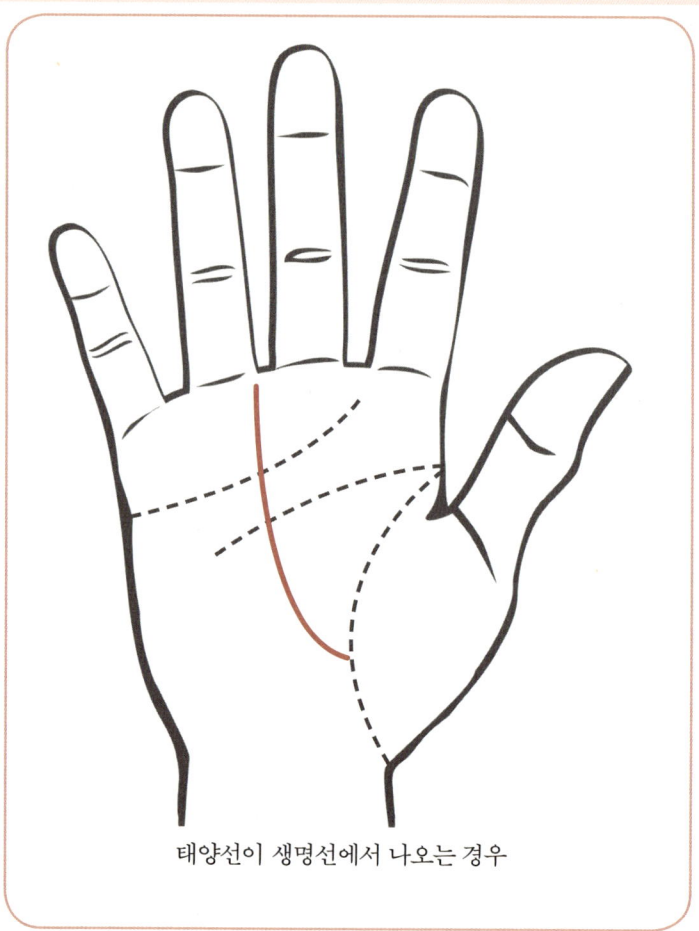

태양선이 생명선에서 나오는 경우

Point 1

태양선이 생명선 선상에서 나오는 사람은 독립심이 강하고, 자신의 힘으로 성공과 명예를 얻는 노력가 타입입니다. 태양선이 뚜렷할수록 금전운이 강하며, 한평생 부를 모을 수 있는 힘이 있습니다.

Point 2

수성구는 재운, 명석한 두뇌를 나타내기 때문에 이곳으로 두뇌선의 지선이 뻗어 수성구 안으로 확실히 들어가는 사람은 두뇌회전이 빠르고, 사업적으로 성공해 부를 얻을 수 있는 타입입니다. 수완가인 경영자들이 많이 가지고 있습니다.

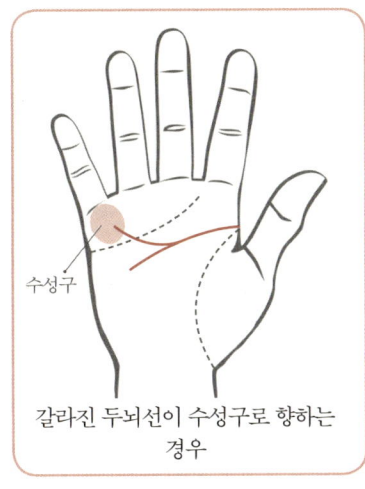

갈라진 두뇌선이 수성구로 향하는 경우

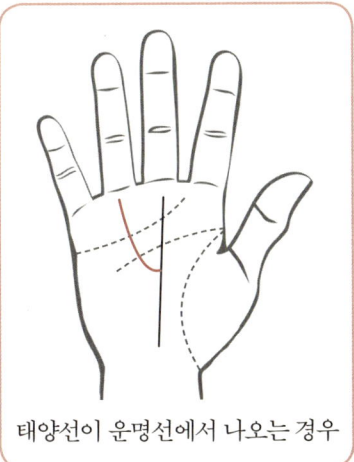

태양선이 운명선에서 나오는 경우

Point 3

이 손금인 사람은 직업운이 매우 좋고 돈 때문에 어려움에 빠지는 일이 없는 매우 좋은 금전운의 소유자로, 평안하고 태평한 인생을 보낼 수 있는 타입입니다. 새끼 손가락 아래의 수성구에 재운선이 비슷한 진하기로 있는 사람은 더욱 평안하게 살 수 있습니다.

Point 4

인내선은 어려운 일을 참고 견디며 스스로 길을 개척해 가는 강인함을 나타내는 선으로, 이 손금인 사람은 성공할 때까지 포기하지 않고 일을 추진하는 에너지를 가지고 있습니다.

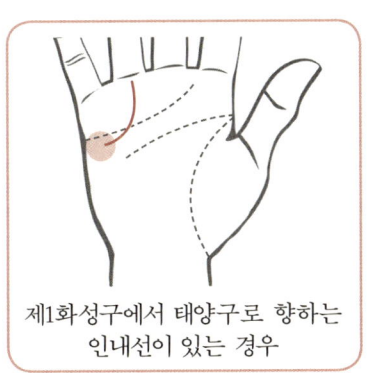

제1화성구에서 태양구로 향하는 인내선이 있는 경우

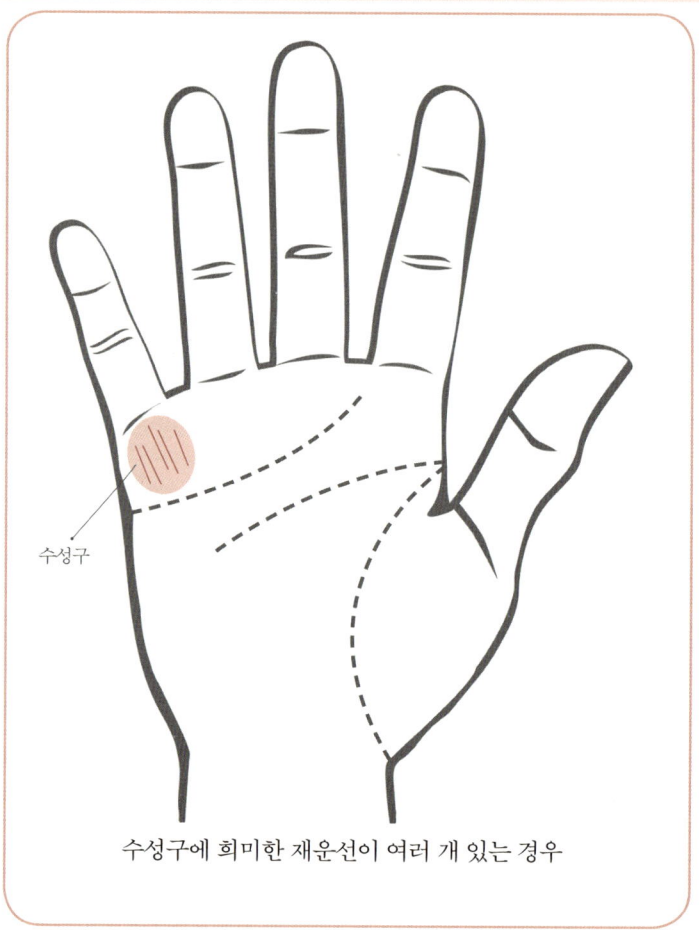

낭비하는 타입

수성구

수성구에 희미한 재운선이 여러 개 있는 경우

Point 1

이 손금인 사람은 돈이 있으면 있는 만큼 모두 써 버리는 낭비 타입입니다. 갖고 싶은 물건이 많다기보다는 돈을 씀으로써 인생을 즐기는 타입이기 때문에 피가 되고 살이 되는 유익한 것에 돈을 쓰는 편이 좋습니다.

Point 2

　두뇌선이 길고 밑으로 내려가는 사람은 취미와 일에 모두 돈을 쓰는 타입입니다. 하고 싶은 것을 위해서는 손익을 따지지 않고 돈을 쓰는 경우가 많습니다. 미래에 대해 상상해 본 후 금전감각을 확실히 가지도록 해야 합니다.

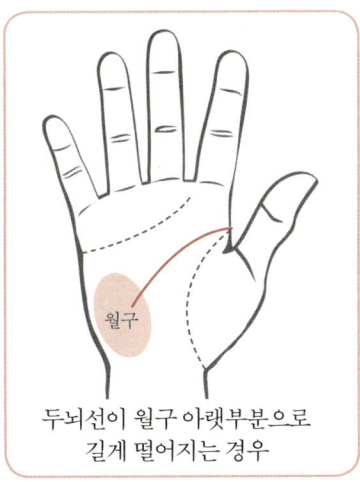

두뇌선이 월구 아랫부분으로
길게 떨어지는 경우

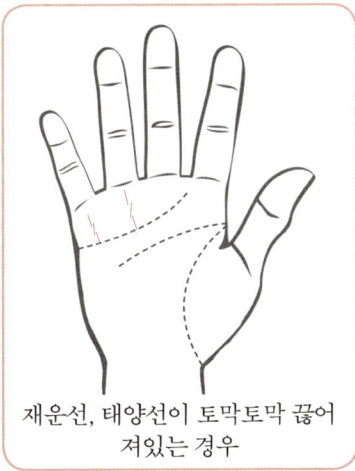

재운선, 태양선이 토막토막 끊어
져있는 경우

Point 3

　재운선 또는 태양선이 토막토막 끊어진 사람은 금전운이 떨어진 상태입니다. 들어오는 돈보다 나가는 돈이 많은 시기이지만, 선이 하나로 합쳐지면 금전운도 회복되므로 낭비를 줄이고 저축을 하는 것이 좋습니다.

Point 4

　두뇌선이 생명선에서 떨어져 중지 아래 쪽에서 시작되는 사람은 평소에 신중하게 생각하는 타입이라도 자신의 목적을 위해서라면 마음껏 돈을 써 버릴 위험성이 있으니 미래에 대해 곰곰이 생각해 보는 습관을 들이는 것이 좋습니다.

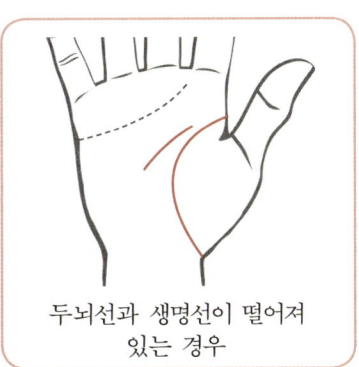

두뇌선과 생명선이 떨어져
있는 경우

절약하는 타입

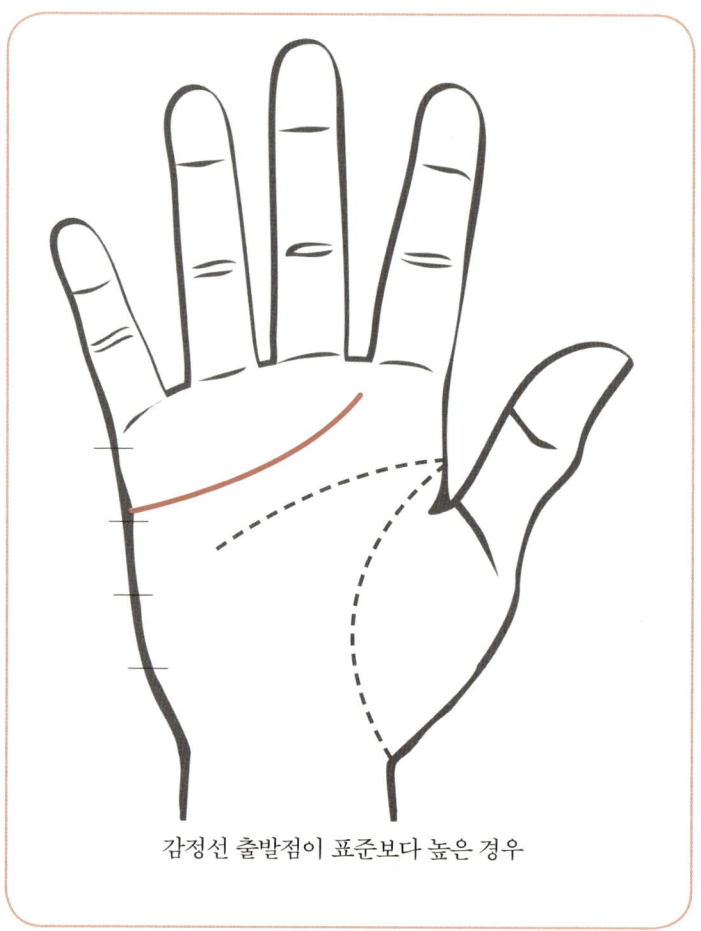

감정선 출발점이 표준보다 높은 경우

Point 1

새끼 손가락의 끝과 감정선 사이가 좁은 사람은 평소에 현실적으로 사고하는 타입이기 때문에 돈에도 엄격한 절약가입니다. 결혼 상대자에게도 경제력을 원하기 때문에 돈으로 인해 어려움에 빠지는 일은 별로 없을 듯합니다.

Point 2

중간 손가락이 안쪽으로 휘어진 사람은 경계심이 강하고, 알뜰한 타입입니다. 한번 얻은 것은 좀처럼 놓치지 않기 때문에 돈을 관리하는 일에 잘 맞습니다.

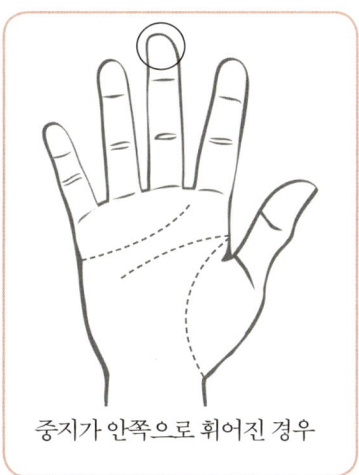

중지가 안쪽으로 휘어진 경우

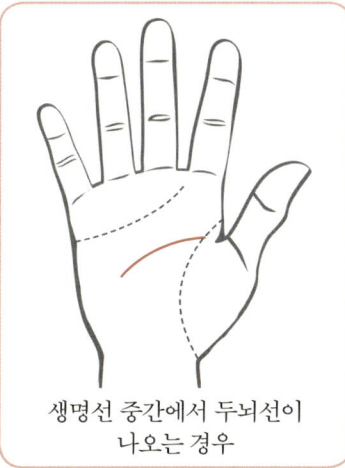

생명선 중간에서 두뇌선이 나오는 경우

Point 3

이 손금인 사람은 무엇이든 신중한 타입입니다. 안정을 지향하는 성향이 강하기 때문에 돈을 마음대로 쓰지 않고 많이 모을 수 있는 타입입니다.

Point 4

이 손금인 사람은 돈에 대한 집착이 강한 경향이 있습니다. 재력에 가치를 두기 때문에 결국에는 돈을 잘 모을 수 있습니다.

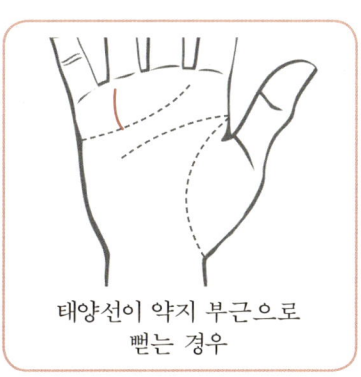

태양선이 약지 부근으로 뻗는 경우

변통을 잘하는 타입

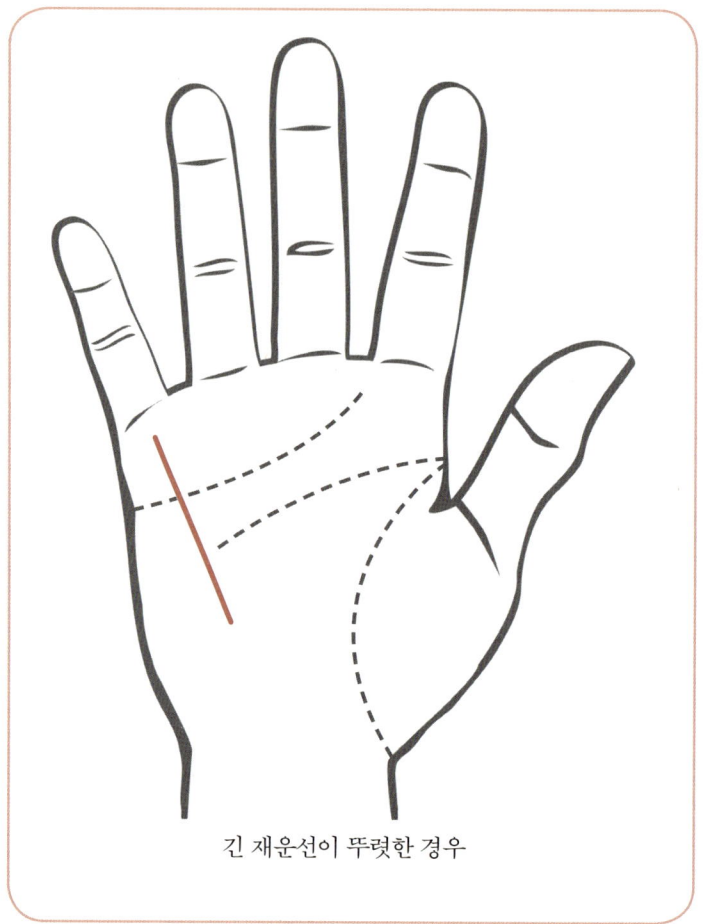

긴 재운선이 뚜렷한 경우

Point 1

길고 뚜렷한 재운선이 있는 사람은 두뇌회전이 빠르고, 생계를 잘 꾸릴 수 있는 타입. 재운선은 길수록 현실적인 경제관념이 강한 것으로 풀이됩니다. 긴 재운선은 돈을 만드는 창조성도 있어 금전감각이 매우 뛰어나다고 할 수 있습니다.

Point 2

운명선, 태양선, 재운선이 모두 있는 손금은 유복한 사람에게 자주 보이는 특징 중 하나입니다. 이 세 가닥이 감정선 윗부분에 선명하게 있는 사람은 평생 돈에 쪼들리지 않는 타입입니다.

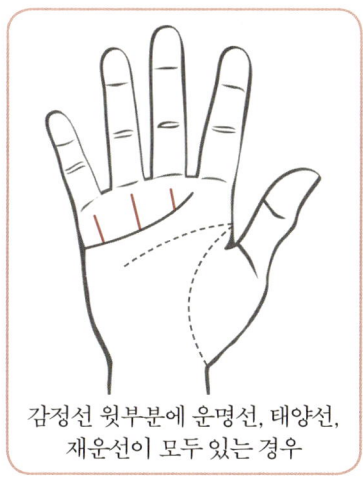

감정선 윗부분에 운명선, 태양선, 재운선이 모두 있는 경우

Point 3

감정선이 검지와 중지로 들어가는 사람은 지나치게 착실한 타입입니다. 계획적으로 돈을 쓸 수 있기 때문에 쓸데없이 낭비하지 않습니다. 여성의 경우는 좋은 아내가 될 수 있습니다.

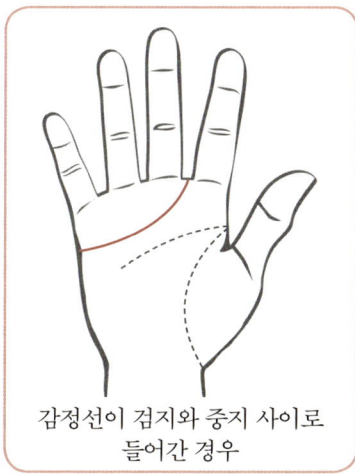

감정선이 검지와 중지 사이로 들어간 경우

Point 4

두뇌선이 월구 쪽으로 과도하게 내려가지 않는 사람은 현실적인 사고가 가능한 타입입니다. 돈을 쓸 때는 확 쓰지만, 손해를 볼 만큼의 낭비는 하지 않기 때문에 의식에 따라 착실하게 돈을 모을 수 있습니다.

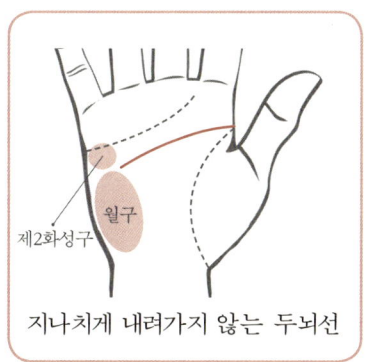

지나치게 내려가지 않는 두뇌선

건강

건강운 살펴보기

나이를 먹어도 건강하고 파워풀한 타입

Point 1

생명선이 아래로 갈수록 돌출되어 있는 사람은 나이를 먹어도 에너지가 쇠하지 않아 일과 여가를 모두 즐길 수 있는 사람입니다. 이 타입은 집에서 가만히 있지 못합니다.

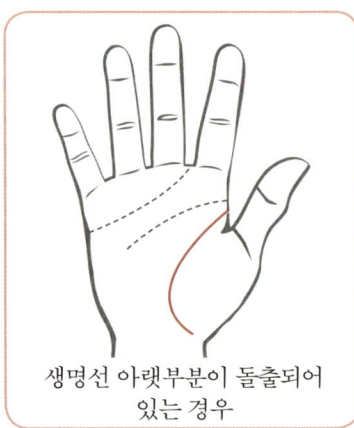

생명선 아랫부분이 돌출되어 있는 경우

Point 2

운명선이 길게 뻗은 사람은 주인공 기질이 두드러지는 사람입니다. 특히, 중지 부근까지 뻗은 사람은 평생 주인공 의식이 강해 주변 사람에게도 영향을 미칩니다.

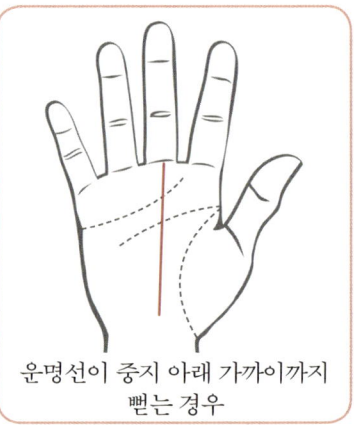

운명선이 중지 아래 가까이까지 뻗는 경우

Point 3

감정선이 긴 사람은 매우 열정적이고 살아가는 에너지가 강한 사람입니다. 검지까지 뻗은 사람은 나이를 먹어도 사랑을 하거나 젊은 사람들과도 사귈 수 있습니다.

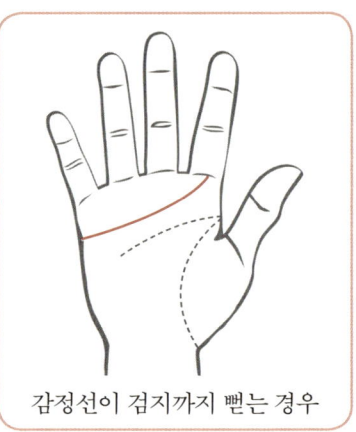

감정선이 검지까지 뻗는 경우

몸이 약한 타입

Point 1

생명선은 돌출이 크고 선이 선명할수록 몸이 건강한 사람입니다. 이러한 생명선이 다른 기본선에 비해 희미하거나 짧거나 흐트러졌을 경우에는 몸이 약하다는 뜻입니다. 자신의 몸을 잘 돌보면서 무리하지 말고 조금씩 체력을 키우는 것이 중요합니다.

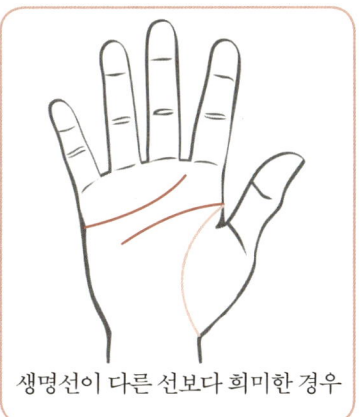

생명선이 다른 선보다 희미한 경우

Point 2

생명선이 조금밖에 돌출되지 않은 사람은 체력에 자신이 없고, 성격도 차분합니다. 타인의 무심한 한마디도 무겁게 받아들이는 경우가 많습니다. 가벼운 운동을 계속하면 금성구에 탄력이 생겨 몸도 마음도 튼튼해질 것입니다. 스트레스를 쌓아 두지 않는 것도 중요합니다.

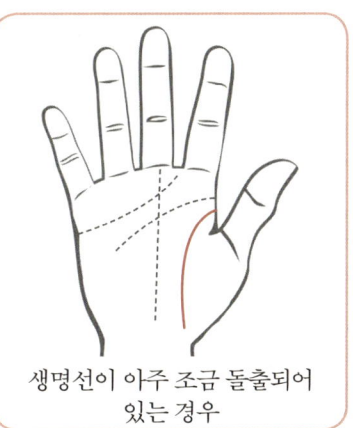

생명선이 아주 조금 돌출되어 있는 경우

Point 3

방종선은 육체피로를 나타내며, 체력을 소모하고 있을 때 나타나는 선입니다. 본인은 자각이 없어도 선명하고 길수록 몸의 피로가 축적되어 있는 것이므로 주의해야 합니다.

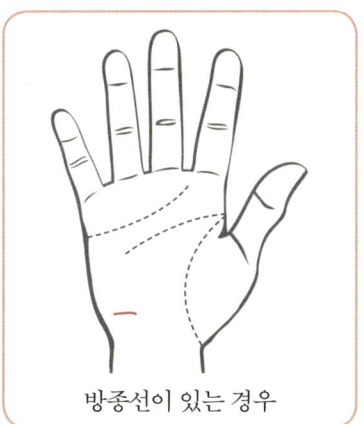

방종선이 있는 경우

건강

몸이 튼튼한 타입

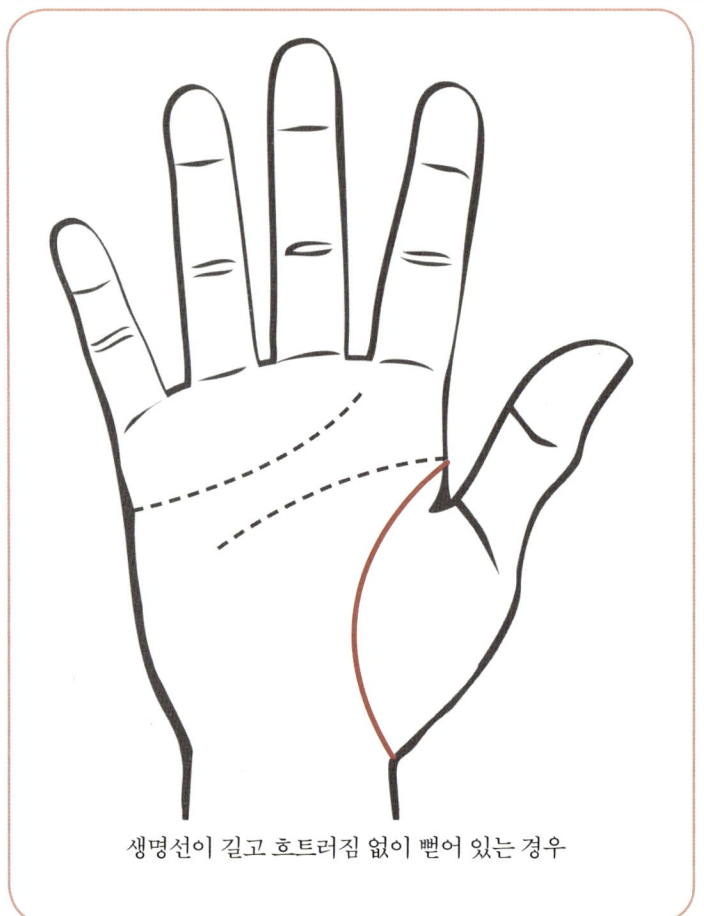

생명선이 길고 흐트러짐 없이 뻗어 있는 경우

Point 1

생명선은 길면 길수록 생명력이 강하다고 할 수 있습니다. 이 선이 길고 흐트러짐 없이 뻗어 있는 사람은 선천적으로 몸이 튼튼한 타입입니다. 하지만, 튼튼한 몸을 믿고 자기도 모르게 무리를 할 수 있으므로 가끔은 적당한 휴식을 취하도록 하는 것이 중요합니다.

Point 2

금성구가 볼록한 사람은 선천적으로 건강 체질이라 할 수 있습니다. 약간 무리를 해도 조금만 쉬면 금방 회복될 만큼 강한 스태미너의 소유자입니다. 정신적으로도 강하고 활동력이 있어 행동범위를 넓힘으로써 재능을 충분히 살릴 수 있습니다.

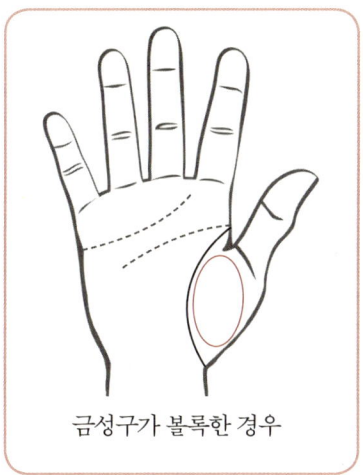

금성구가 볼록한 경우

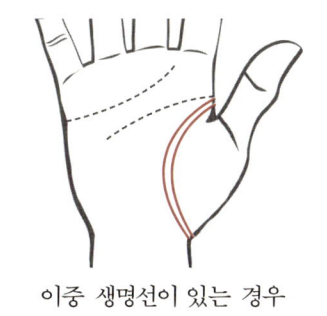

이중 생명선이 있는 경우

Point 3

생명선이 두 줄인 이중 생명선이 있는 사람은 보통사람의 2배에 달하는 생명력을 가진 건강한 사람입니다. 부분적으로 이중인 사람은 생명선 유년법을 통해 활력이 생기는 시기를 알 수 있습니다.

Point 4

세 기본선이 선명하게 눈에 띄는 사람은 몸이 튼튼한 타입입니다. 선이 선명하고, 손바닥에 자잘한 주름도 거의 없으면 사고가 심플하고 고민이 적기 때문에 몸과 마음 모두 안정적으로 균형이 이루어진 사람입니다.

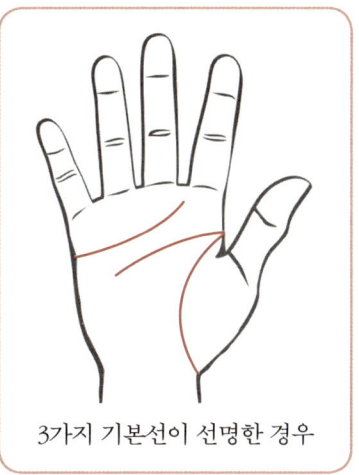

3가지 기본선이 선명한 경우

건강

기력이 좋은 타입

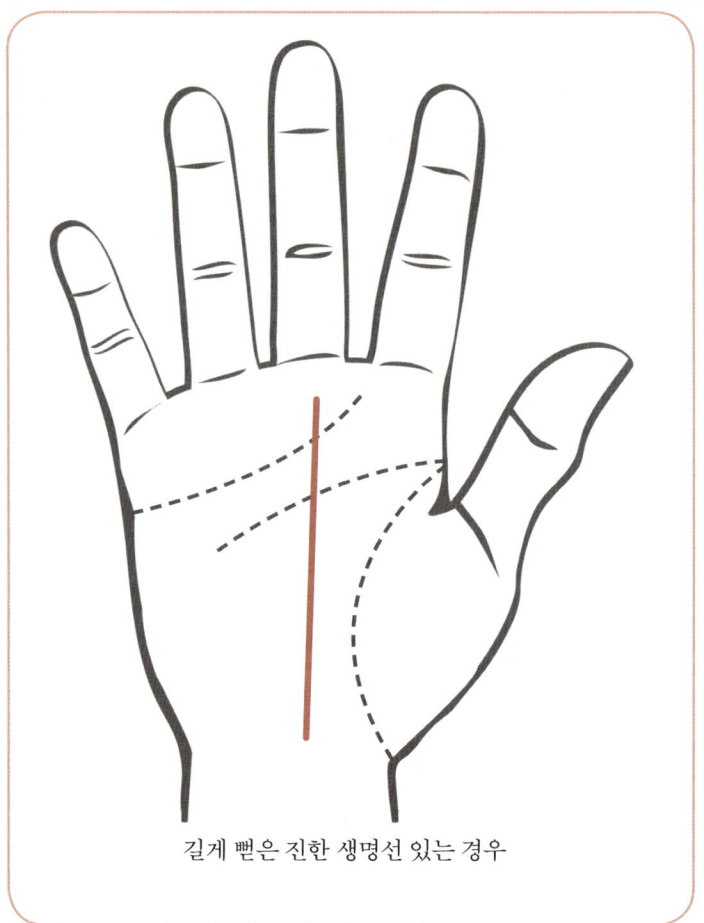

길게 뻗은 진한 생명선 있는 경우

Point 1

운명선이 길고 진한 사람은 기력이 충분하고 체력도 좋습니다. 일부가 진한 것은 그 시기에 기력이 가득해진다는 뜻이며, 운명선 유년법을 통해 파악할 수 있습니다. 이 시기에는 직업적으로도 좋은 결과를 얻을 수 있습니다.

Point 2

흐트러짐 없는 이중 감정선이 있는 사람은 정신력도 있고, 체력적으로도 건강하며 강한 힘을 지닌 사람입니다. 일과 여가생활 모두 진지한 자세로 임하며, 끈기 있는 사람에게 나타납니다.

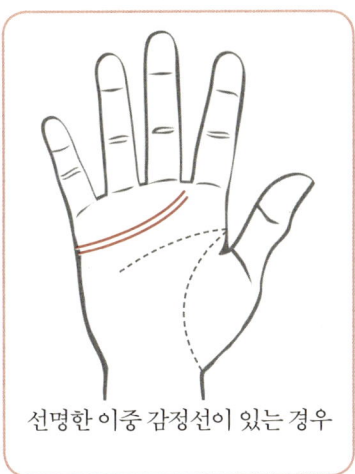

선명한 이중 감정선이 있는 경우

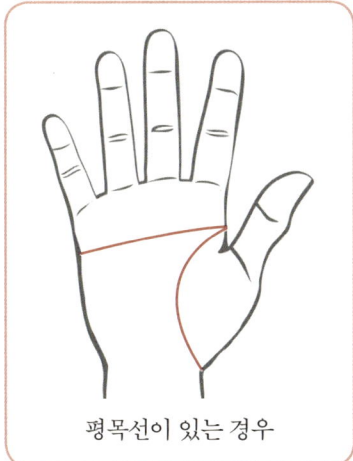

평목선이 있는 경우

Point 3

두뇌선과 감정선이 한 줄로 이어지는 평목선은 역경에 굴하지 않는 강인함을 나타냅니다. 이 손금인 사람은 어떠한 곤란도 자신의 힘으로 극복할 수 있는 힘을 가지고 있습니다.

Point 4

자신의 육체 자체인 생명선 선상에서 운명선이 시작되는 사람은 노력가 타입입니다. 타인에게 의지하지 않아도 목적을 향해 꾸준히 길을 개척해 가는 강인한 사람입니다.

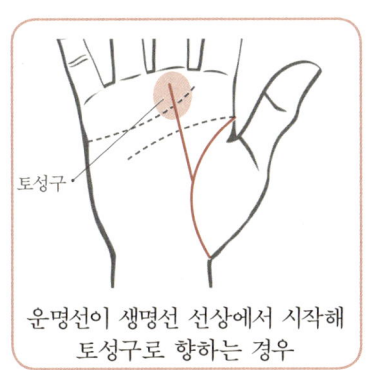

토성구

운명선이 생명선 선상에서 시작해 토성구로 향하는 경우

스트레스에 약한 타입

Point 1

손바닥에 연한 가로줄이 많은 사람은 매우 예민한 타입입니다. 민감하고 사소한 일에도 신경을 잘 쓰기 때문에 대인관계가 좋습니다. 하지만, 너무 많은 것에 신경을 곤두세우고 있는 나머지 스트레스가 쌓이기 쉽습니다. 스트레스를 발산할 수 있는 방법을 찾으면, 민감함은 장점으로 작용할 것입니다.

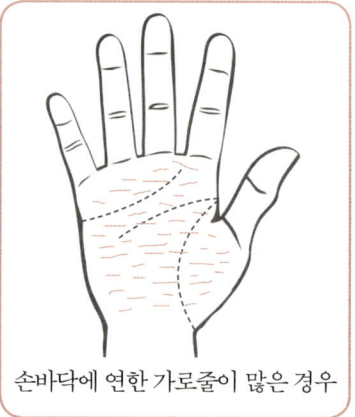

손바닥에 연한 가로줄이 많은 경우

Point 2

두뇌선이 월구로 향하는 사람은 자기만의 방식이 뚜렷하며, 상상력이 풍부한 예술가 타입입니다. 자신의 페이스를 쉽게 벗어나지 못하며, 과도하게 먼 일까지 생각하고 고민하는 경향이 있습니다. 아무 뜻 없는 다른 사람의 말과 행동도 무겁게 받아들이거나 속뜻이 무엇일까 생각하는 경우가 많습니다. 풍부한 상상력은 즐거운 일에만 사용하는 것이 좋습니다..

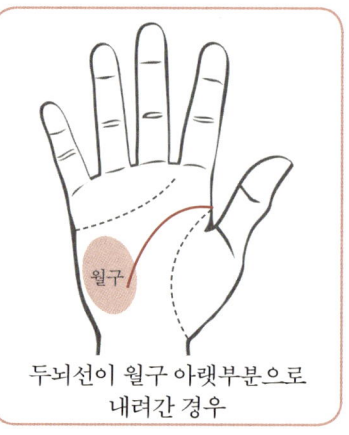

두뇌선이 월구 아랫부분으로 내려간 경우

Point 3

감정선이 사슬 모양으로 흐트러져 있는 사람은 감수성이 풍부한 타입입니다. 배려심이 있어 특히 여성의 경우, 더욱 매력적으로 보이지만 본인은 스트레스를 받을 때가 많습니다. 음악, 예술 등 감성을 살릴 수 있는 취미에 몰두하거나 힐링 수단을 제대로 활용하는 등 의식적으로 편안하게 쉴 수 있는 시간을 만들어야 합니다.

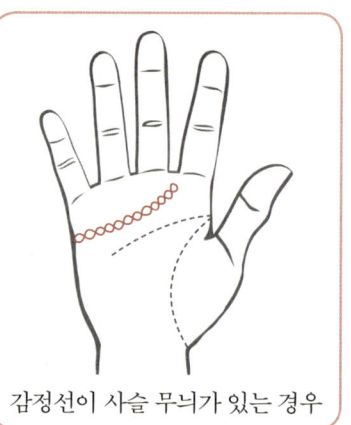

감정선이 사슬 무늬가 있는 경우

부인병 주의

Point 1

섬 무늬는 각각의 선이 가지는 에너지를 약화시킨다는 뜻입니다. 생명선에 있는 섬은 부상, 질환 등을 암시합니다. 생명선 아래쪽에 섬은 자궁에 관한 여성 특유의 질병에 걸릴 가능성이 높다는 의미입니다. 생명선이 쭉 뻗어 있으면 극복할 수 있으므로 정기적인 검진과 관리를 받아야 합니다.

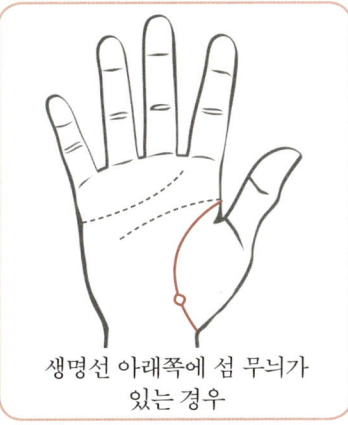

생명선 아래쪽에 섬 무늬가 있는 경우

Point 2

수성구는 생식기와 밀접한 관계가 있습니다. 수성구 아래의 감정선에 섬 무늬가 있을 때는 심한 생리통, 자궁근종 등 부인병에 유의하면서 몸이 차가워지지 않도록 잘 돌봐야 합니다.

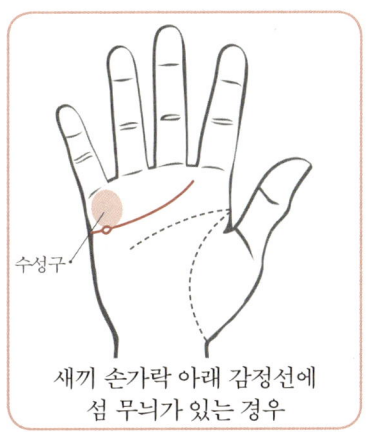

새끼 손가락 아래 감정선에 섬 무늬가 있는 경우

Point 3

생명선 끝 쪽이 희미하고 연한 빗자루 모양인 사람은 생식기능이 쇠약해진 상태입니다. 힘 있는 지선일 경우에는 단순한 과로일 수도 있지만, 피로가 너무 많이 쌓이지 않도록 주의해야 합니다.

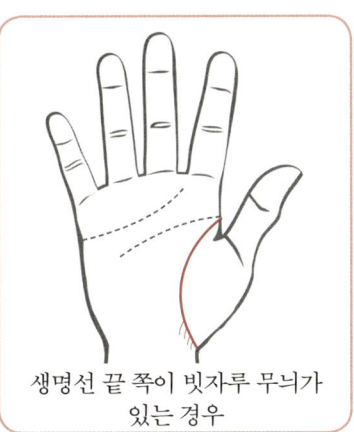

생명선 끝 쪽이 빗자루 무늬가 있는 경우

건강

내장이 피곤한 상태

Point 1

내장이 피곤할 때 월구에 자잘한 주름이 많이 생깁니다. 스트레스가 쌓여 위장이 약해지거나 피부 트러블이 있을 때도 이곳에 주름이 생기므로 월구에 자잘한 주름이 생기면 몸에 무리를 주지 않도록 주의합시다.

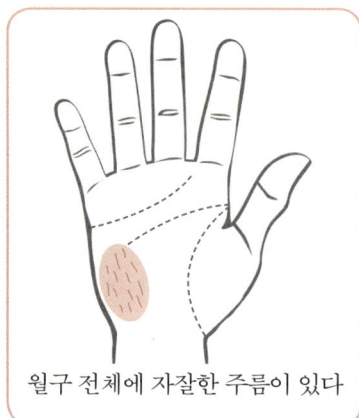

월구 전체에 자잘한 주름이 있다

Point 2

생명선에 사슬 무늬가 있는 사람은 원래 몸이 약하고, 만성적으로 위장이 약한 경우가 많습니다. 규칙적인 생활을 하고, 항상 건강에 대해 주의해야 합니다. 생명선이 꼬인 것처럼 흐트러져 있고, 한 가닥이 아닐 때도 주의가 필요합니다.

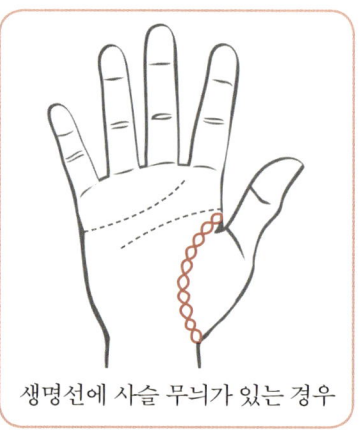

생명선에 사슬 무늬가 있는 경우

Point 3

생명선 아랫부분에서 엄지 쪽으로 연한 선이 많이 있는 사람은 위와 간이 약해진 상태입니다. 지선이 계속 사라지지 않고 있는 경우에는 만성적인 내장 피로일 가능성이 있으므로 몸 관리가 필요합니다.

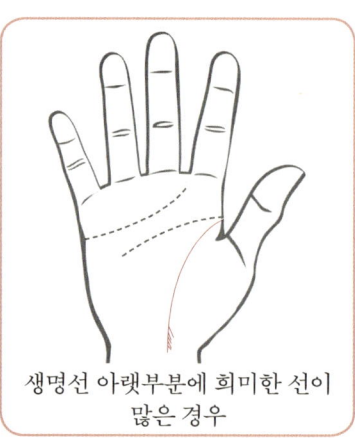

생명선 아랫부분에 희미한 선이 많은 경우

호흡기 계통이 약해진 상태

Point 1

생명선 시작점이 사슬 무늬 다수의 지선으로 흐트러져 있는 사람은 어린 시절에 몸이 약했다는 뜻입니다. 또 천식, 편도선 등 기관지계 질병에 걸린 적도 있습니다. 이후의 생명선이 흐트러짐 없이 뚜렷하게 뻗으면 점차 건강해지지만, 목감기에 잘 걸리는 등 약한 호흡기계의 영향이 남을 수도 있습니다.

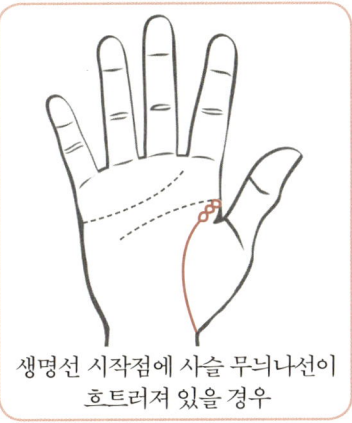

생명선 시작점에 사슬 무늬나선이 흐트러져 있을 경우

Point 2

지선, 사슬이 있거나 여러 겹이 엉킨 형태의 감정선이 있는 사람은 선천적으로 호흡기계가 약합니다. 담배, 매운 음식 등 자극적인 것은 피하는 것이 좋습니다.

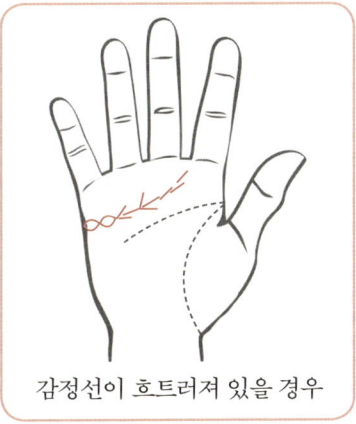

감정선이 흐트러져 있을 경우

Point 3

장해선이란 주요선을 가로지르는 선으로, 감정선에 장해선이 생긴 경우는 호흡기계가 약해져 감기 등에 걸리기 쉬운 상태임을 나타냅니다. 이제껏 없었던 장해선이 생긴 사람은 몸에 휴식을 갖는 것이 좋습니다.

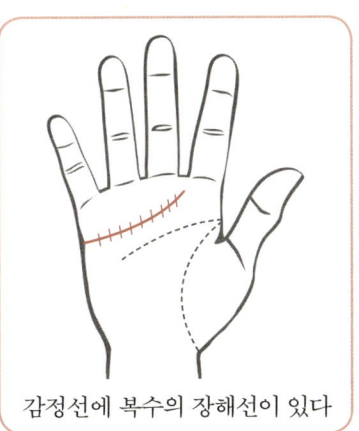

감정선에 복수의 장해선이 있다

사업으로 성공하는 타입

Point 1

이 손금인 사람은 호기심이 풍부하고, 시대의 요구를 캐치에 일로 연결할 수 있는 타입입니다. 금전감각도 뛰어나 사업으로 성공할 가능성이 높습니다.

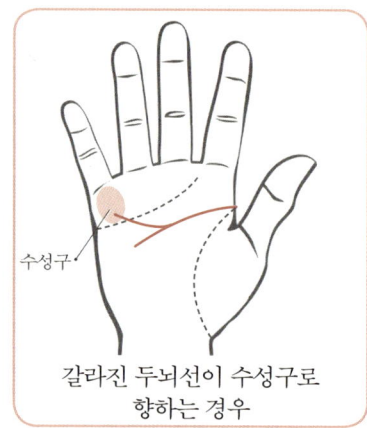

갈라진 두뇌선이 수성구로 향하는 경우

Point 2

재운선이 새끼 손가락에 가까운 사람은 금전감각이 뛰어나고, 투자나 운용 감각이 있습니다. 이 재운선이 긴 사람은 머리가 좋고 협상력도 있어 사업을 성공할 가능성이 매우 높습니다.

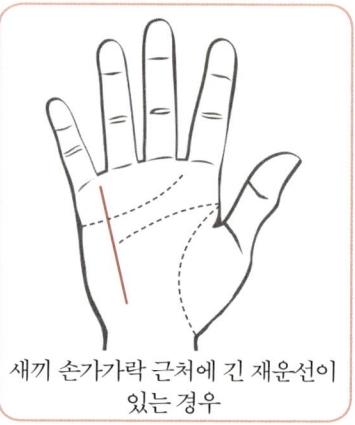

새끼 손가가락 근처에 긴 재운선이 있는 경우

Point 3

태양선이 월구에서 뻗어 나오는 사람은 상상력, 독창성이 있는 타입입니다. 독자의 아이디어가 많은 사람들의 지지를 받아 큰 성공을 거둘 수 있습니다.

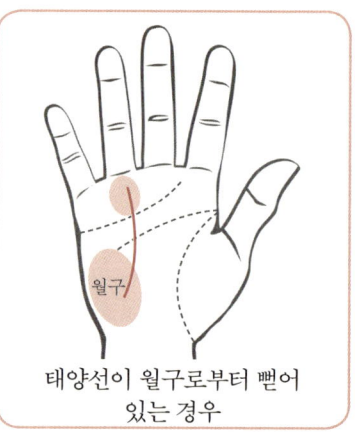

태양선이 월구로부터 뻗어 있는 경우

직장을 옮기는 시기

Point 1

운명선 유년법으로 볼 때 선이 끊어졌다 다시 생기는 시기는 이직 등 운명의 전환기를 나타냅니다. 끊어졌다 다시 생기는 부분이 진하거나 검지 가까이에 있으면 이직으로 인해 운기가 올라갈 것입니다.

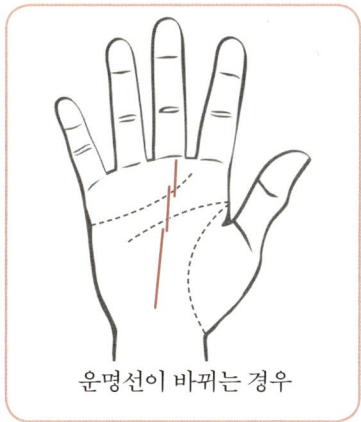

운명선이 바뀌는 경우

Point 2

생명선 유년법으로 볼 때 확실한 향상선이 생기는 시기는 이직의 기회입니다. 약지 아래에 태양선이 함께 생기면 이직은 확실히 성공할 수 있습니다.

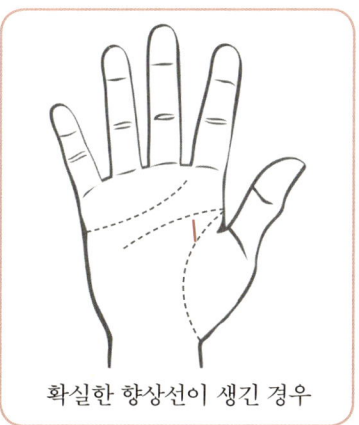

확실한 향상선이 생긴 경우

Point 3

행운선은 자신의 인생을 호전시킬 수 있는 인물과 우연히 만나는 행운을 뜻하는 선입니다. 이 선이 있는 시기는 적극적으로 행동하고, 다양한 사람과의 만남을 소중하게 여기면 찬스를 잡을 수 있습니다.

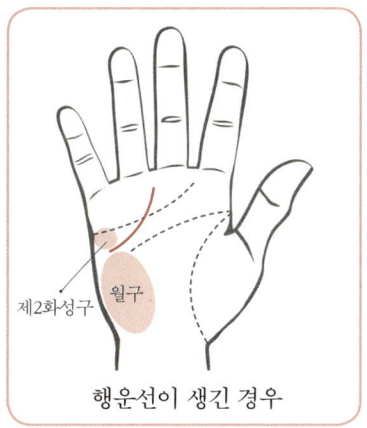

행운선이 생긴 경우

출세하는 시기

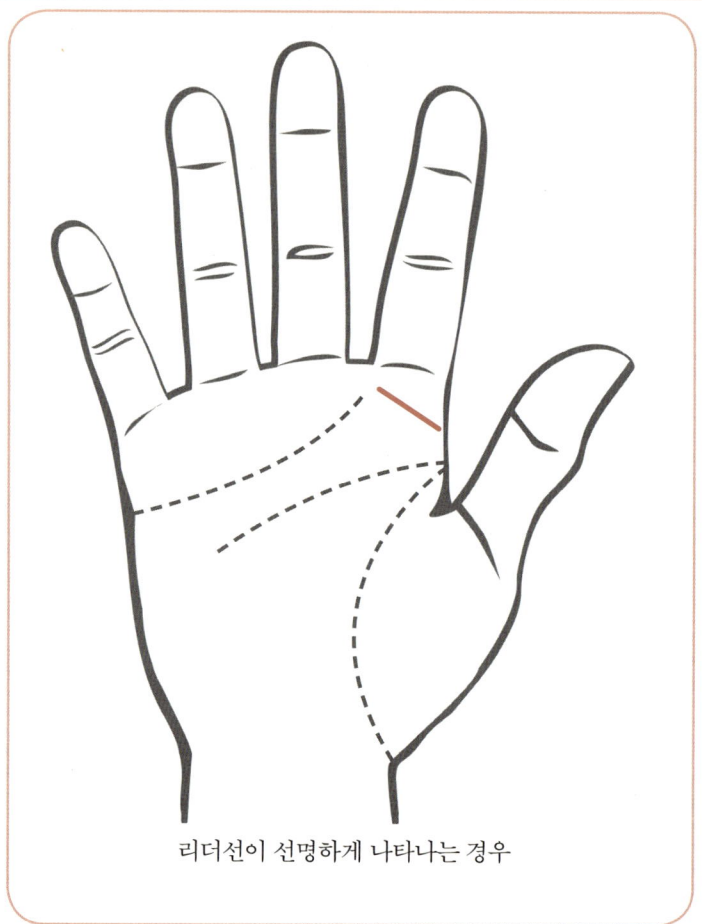

리더선이 선명하게 나타나는 경우

Point 1

리더선이 있는 사람은 책임감이 강하고 많은 사람을 관리하는 능력이 있습니다. 이 선이 선명해지면 출세가 가까이 다가온 것이라고 보여집니다.

Point 2

희망선이 있는 사람은 야심가로 목표를 향해 노력하는 타입입니다. 일단 목표를 정하면 장애물에 지지 않고 헤쳐 나가기 때문에 명확한 꿈과 목표를 가지는 것이 좋습니다.

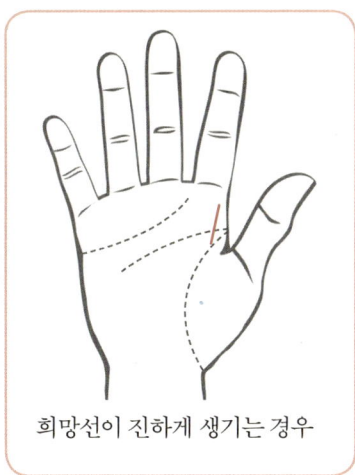

희망선이 진하게 생기는 경우

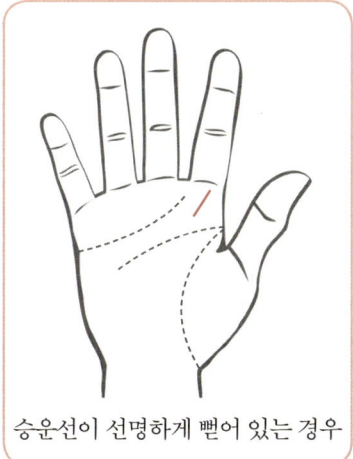

승운선이 선명하게 뻗어 있는 경우

Point 3

승운선은 상승하고자 하는 의욕이 강한 자신감 있는 사람에게 생기는 선입니다. 일에 대한 의욕이 강하고, 협력자 또는 상사의 도움을 많이 받을 수 있어 출세할 가능성이 높습니다.

Point 4

태양선이 운명선으로 이어지는 것은 평소의 노력이 결국 평가를 받게 된다는 의미입니다. 이 손금인 사람은 직업운이 좋으며 확실하게 출세할 수 있습니다.

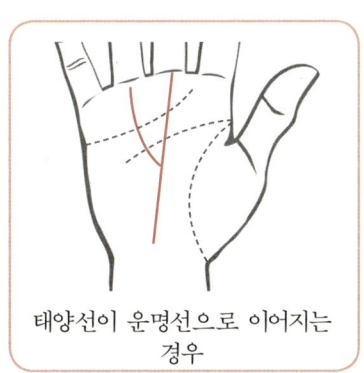

태양선이 운명선으로 이어지는 경우

세계무대에서 활동하는 타입

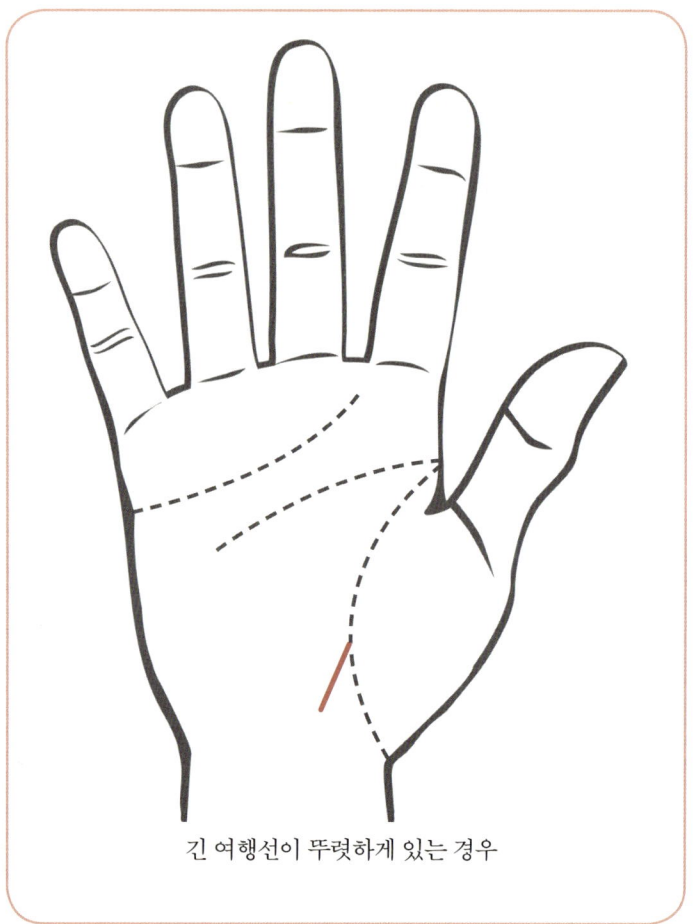

긴 여행선이 뚜렷하게 있는 경우

Point 1

여행선이 있는 사람은 태어난 장소를 떠나 활약할 수 있습니다. 길게 뻗은 경우는 해외와 연이 있습니다. 매우 드물지만, 물고기 표시(286페이지 참조)가 생기면 해외에서 대성공을 거둘 수 있는 것이 확실합니다.

Point 2

이 손금인 사람은 비즈니스 감각과 언어능력이 뛰어나기 때문에 해외에서도 활약할 수 있는 타입입니다. 호기심이 왕성하고, 임기응변에 능하며, 사업을 일으키고자 하는 의욕도 강합니다.

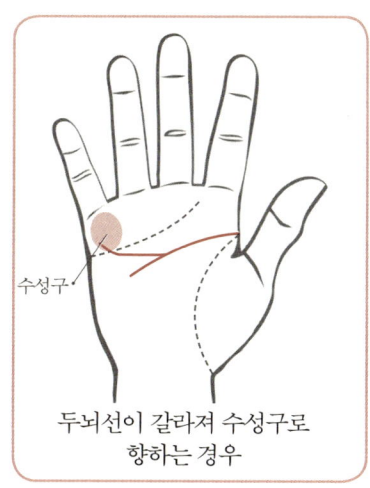

두뇌선이 갈라져 수성구로 향하는 경우

Point 3

운명선이 월구에서 출발하는 사람은 고향을 떠나 활약할 수 있는 타입입니다. 세계 어디에서나 받아들여질 수 있는 타입이므로 해외에서 도전해 보는 것도 좋을 것 같습니다.

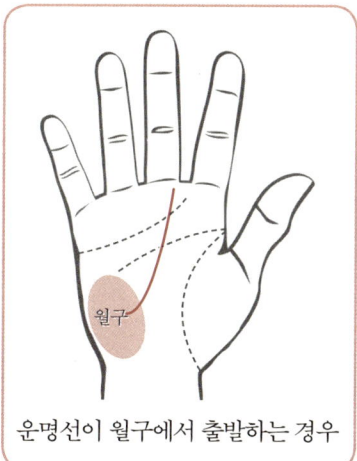

운명선이 월구에서 출발하는 경우

Point 4

생명선과 두뇌선이 떨어져 있는 사람은 다이나믹하고 독립심이 있는 타입입니다. 무엇이든 자유롭게 정하고 독립심도 강하기 때문에 해외에서도 원만하게 살아갈 수 있습니다.

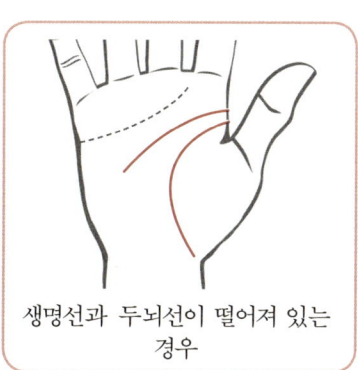

생명선과 두뇌선이 떨어져 있는 경우

근속하기 어려운 타입

Point 1

운명선이 토막토막 끊어진 사람은 변화가 많은 인생으로, 일도 오래 지속하기 어려운 경향이 있습니다. 하지만, 포기하지 않고 무엇이든 끈기 있게 임하다 보면, 반드시 운이 열리고 선도 깨끗하게 정리될 것입니다.

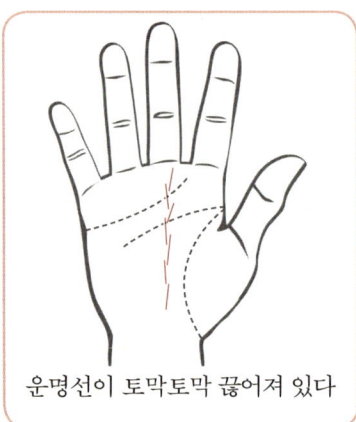

운명선이 토막토막 끊어져 있다

Point 2

두뇌선에 사슬 모양인 부분이 있는 사람은 변덕이 심해 다양한 일에 마음이 향합니다. 장르를 압축하고, 집중과 휴식을 번갈아 가며 행동하다 보면 무엇이든 오래 지속할 수 있을 것입니다.

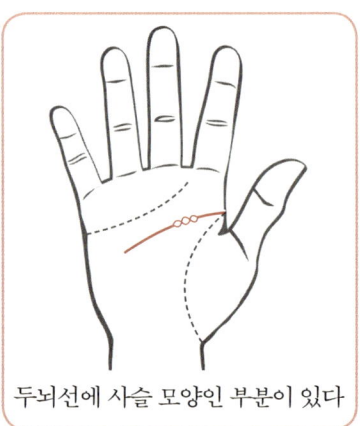

두뇌선에 사슬 모양인 부분이 있다

Point 3

생명선이 토막토막 끊어진 사람은 기력이 오래가지 못해 일을 오랫동안 지속하지 못할 수도 있습니다. 우선은 체력을 키우고, 자신만의 방식으로 할 수 있는 일을 선택하는 것이 좋을 것 같습니다.

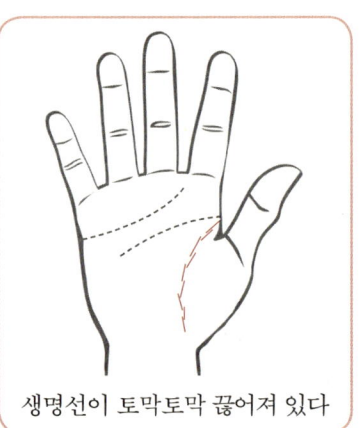

생명선이 토막토막 끊어져 있다

영업직에 잘 맞는 타입

Point 1

두뇌선이 갈라진 사람은 호기심이 왕성하고, 유연하게 대응할 수 있는 타입입니다. 요령 파악에 능하며, 타인과도 원만하게 지낼 수 있는 성격이기 때문에 사람들과의 만남이 많은 직업에 잘 맞습니다.

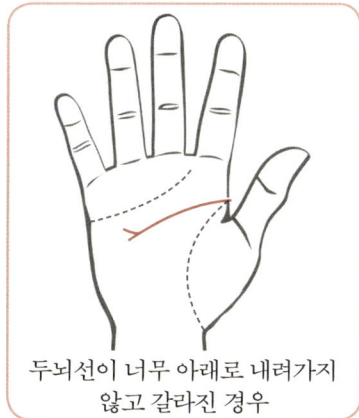

두뇌선이 너무 아래로 내려가지 않고 갈라진 경우

Point 2

생명선이 뚜렷한 사람은 몸이 튼튼하고 기력이 강하며 끈기가 있는 성격입니다. 지속력도 있고 쾌활하기 때문에 영업직에 취직하면 크게 활약할 수 있습니다.

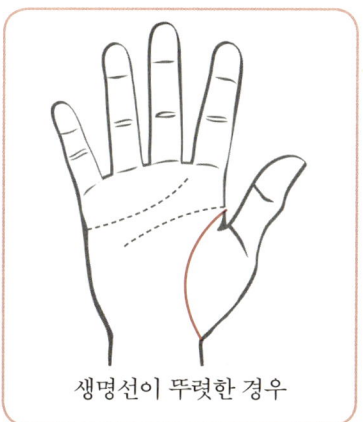

생명선이 뚜렷한 경우

Point 3

이 선이 있는 사람은 높은 자리에 오르고자 하는 상승욕이 강하고, 목표를 위해서라면 어려움도 극복할 수 있는 타입입니다. 목표가 있어야 의욕이 생기는 타입이기 때문에 영업직과 같이 숫자로 평가 받는 직업에 잘 맞습니다.

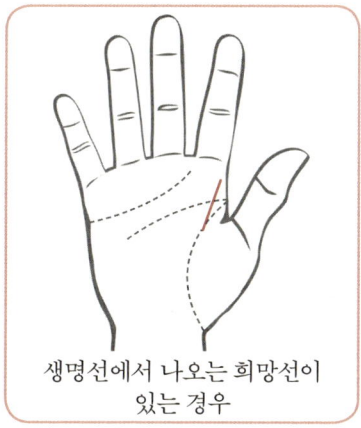

생명선에서 나오는 희망선이 있는 경우

사무직에 어울리는 타입

Point 1

이 손금인 사람은 밸런스 감각이 뛰어나며, 인간미가 있으면서 합리적인 사고도 가능한 타입으로, 관리직 등에도 잘 맞습니다. 제2화성구에 직선으로 뻗은 사람은 회계사, 세무사도 좋습니다.

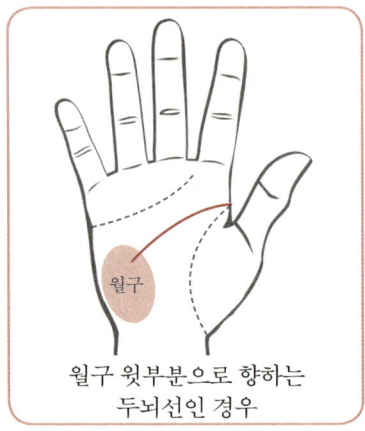

월구 윗부분으로 향하는 두뇌선인 경우

Point 2

운명선이 연한 사람은 주변에 맞추는 일을 잘하며, 협조심이 있습니다. 또 신중한 면도 있어 타인을 서포트하는 일에 잘 맞습니다.

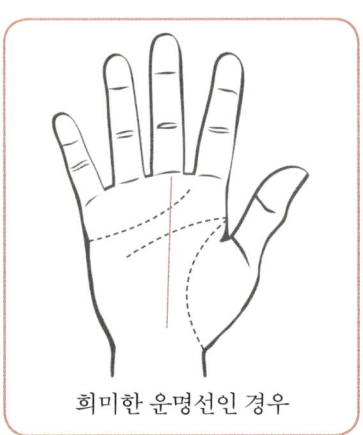

희미한 운명선인 경우

Point 3

두뇌선과 생명선의 시작점이 붙어 있는 사람은 협조심이 있고, 견실합니다. 변화에는 조금 약한 면이 있지만, 흐름에 따라 일할 줄 알기 때문에 사무 쪽에서 능력을 발휘할 수 있습니다.

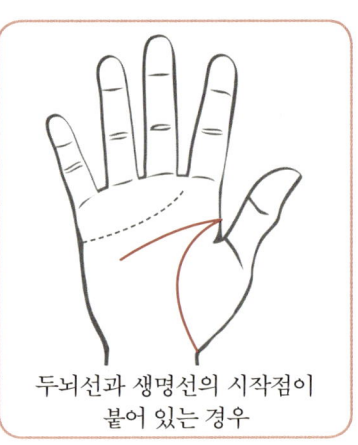

두뇌선과 생명선의 시작점이 붙어 있는 경우

직업

IT 관련업무에 잘 맞는 타입

Point 1

두뇌선이 두 줄인 사람은 독창적인 발상으로 사고할 수 있는 아이디어맨입니다. IT계 회사에서 그 아이디어를 살려 일하면 IT 재벌을 꿈꿀 수가 있습니다.

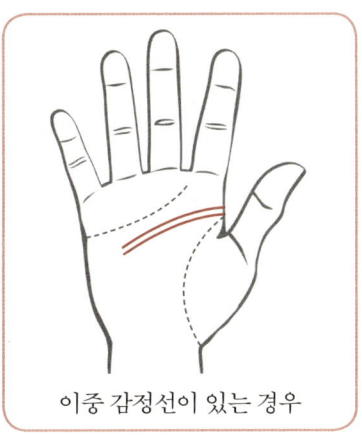

이중 감정선이 있는 경우

Point 2

두뇌선의 지선이 새끼 손가락 쪽으로 튀어 오르는 사람은 두뇌회전이 빠릅니다. 요령이 좋고, 숫자에 강하며, 분석력이 있기 때문에 IT계 직업이 잘 맞습니다.

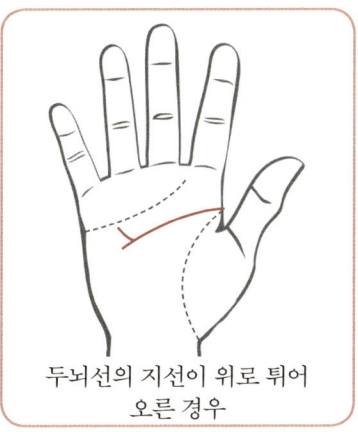

두뇌선의 지선이 위로 튀어 오른 경우

Point 3

두뇌선이 제2화성구로 향하는 사람은 논리적으로 사고할 수 있습니다. 이 손금인 사람은 시스템엔지니어 등 시스템을 구축하는 일에 잘 맞습니다.

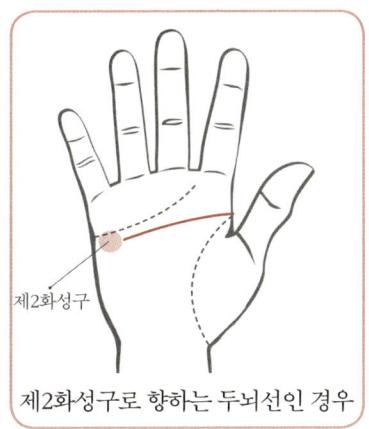

제2화성구

제2화성구로 향하는 두뇌선인 경우

제4장 | 당신의 손금은 무슨 타입일까? 249

창의성을 요구하는 일에 잘 맞는 타입

Point 1

이 손금인 사람은 상상력이 풍부하고, 호기심도 왕성합니다. 작가, 기획자, 매스컴 관련 등 크리에이티브한 일 전반에 잘 맞습니다. 타인과 함께 일하기보다는 자유롭게 있고 싶어 하는 타입이기 때문에 편하게 일할 수 있는 환경이나 프리한 입장에서 장점을 잘 발휘할 수 있을 것입니다.

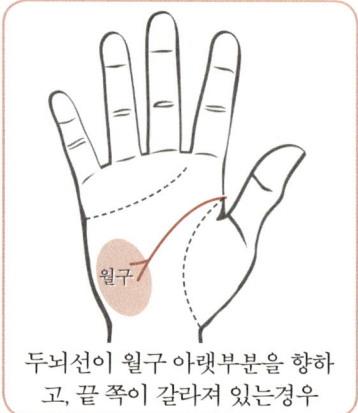

두뇌선이 월구 아랫부분을 향하고, 끝 쪽이 갈라져 있는경우

Point 2

끝이 뾰족한 손가락이 있는 사람은 감성이 예민하고, 독특한 영감을 가지고 있습니다. 특히, 검지와 새끼 손가락이 뾰족한 타입이 많습니다. 손가락이 뾰족한 사람은 디자이너 등 그 감성을 살린 직업에 잘 맞습니다.

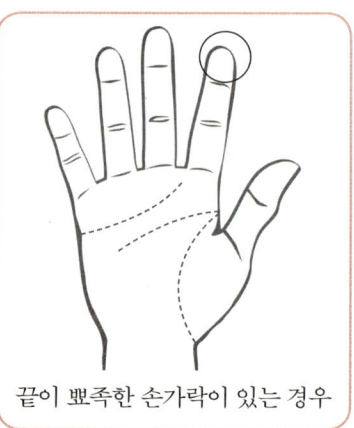

끝이 뾰족한 손가락이 있는 경우

Point 3

감정선이 흐트러져 있는 사람은 감성이 풍부하고, 사물을 예민하게 캐치할 수 있는 능력이 있습니다. 미적 감각이 뛰어난 사람이 많으므로 일러스트레이터 등의 직업을 가지면 재능을 살릴 수 있습니다.

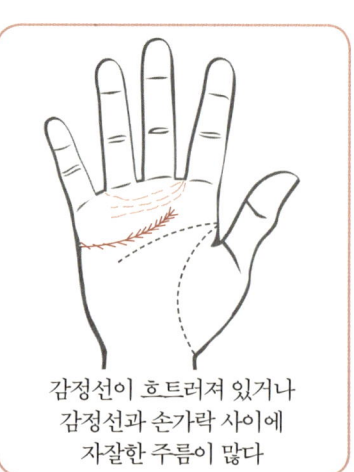

감정선이 흐트러져 있거나 감정선과 손가락 사이에 자잘한 주름이 많다

교사가 어울리는 타입

Point 1

이 표시는 리더선과 희망선으로 이루어집니다. 리더십이 있으며, 타인을 관리하고 가르치는 능력도 뛰어나 교사, 세미나 강사에 잘 맞습니다. 사각 표시가 아니라 격자 무늬인 경우도 마찬가지 입니다

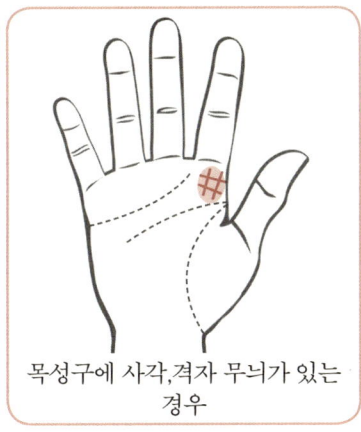

목성구에 사각,격자 무늬가 있는 경우

Point 2

솔로몬고리가 있는 사람은 지혜와 향상심이 있습니다. 또 자신감이 있어 사람들의 위에 서는 지도자적인 일이 잘 맞습니다.

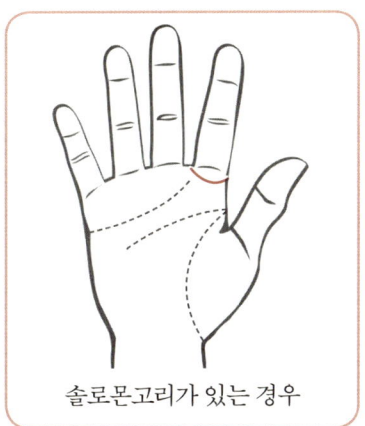

솔로몬고리가 있는 경우

Point 3

평목선의 의미가 더해져 남을 잘 돌보고 끈기 있는 사람에게 나타나는 형태입니다. 여기에 운명선이 생기면 신비의 십자선이 되어 지식을 다음 세대에게 전달하는 데에 기쁨을 느끼는 타입입니다.

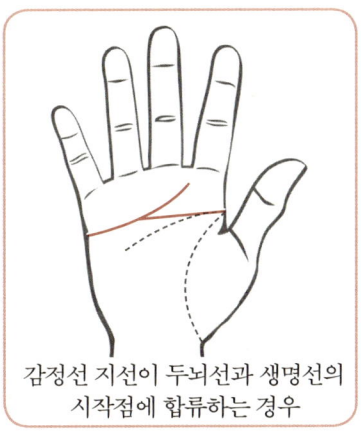

감정선 지선이 두뇌선과 생명선의 시작점에 합류하는 경우

의료인, 사회복지사가 잘 맞는 타입

Point 1

손바닥이 두꺼운 사람은 타인을 잘 돌보는 따뜻한 성격의 소유자입니다. 타인을 위해 노력할 수 있으므로 남을 위해 봉사하는 직업이 잘 맞습니다.

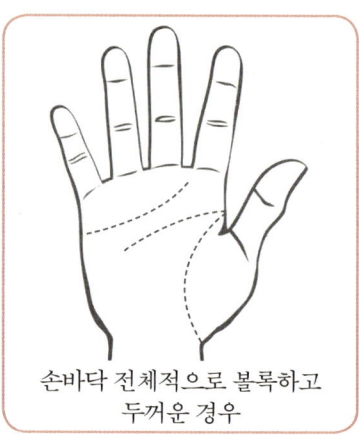

손바닥 전체적으로 볼록하고 두꺼운 경우

Point 2

두뇌선이 밑으로 조금만 내려가는 사람은 현실적으로 사고하고, 주위에 맞춰 행동할 수 있는 타입입니다. 또한, 끝이 갈라진 경우는 대응력도 있다는 뜻이므로 간호사 등에 잘 맞습니다.

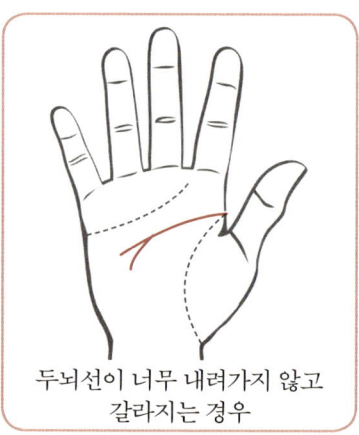

두뇌선이 너무 내려가지 않고 갈라지는 경우

Point 3

의료선이 있는 사람은 매우 드뭅니다. 이 선이 있는 사람은 상대의 안색이나 태도 변화를 빠르게 알아차릴 수 있기 때문에 의사나 사회복지사 일이 제격입니다.

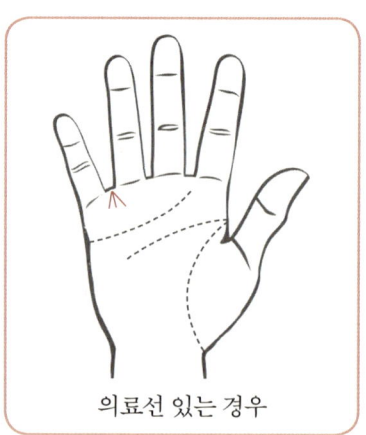

의료선 있는 경우

연구원, 과학자가 어울리는 타입

Point 1

이 손금인 사람은 분석력이 있고, 열정적인 타입입니다. 사사로운 정에 휩쓸리지 않고 합리적으로 판단할 수 있기 때문에 연구자, 과학자 등에 잘 맞습니다.

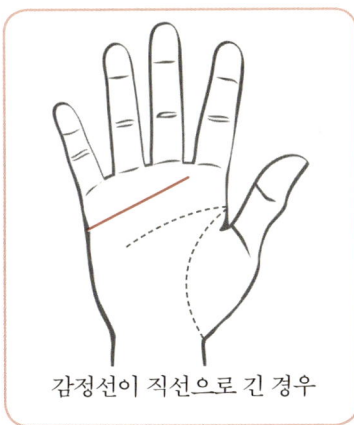

감정선이 직선으로 긴 경우

Point 2

두뇌선이 길게 뻗은 사람은 차분히 무언가에 몰두할 수 있는 타입입니다. 밑으로 길게 뻗은 경우는 문과계 연구원에 잘 맞습니다.

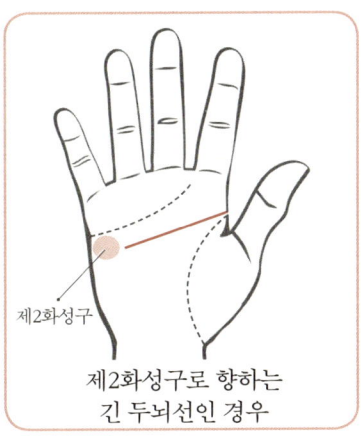

제2화성구

제2화성구로 향하는 긴 두뇌선인 경우

Point 3

평목선이 있는 사람은 한 가지 일에 끈기 있게 몰두하는 일에 잘 맞습니다. 관심이 있는 연구분야라면 실패를 거듭해도 굴하지 않고 끝까지 해내 성공을 거둘 수 있습니다.

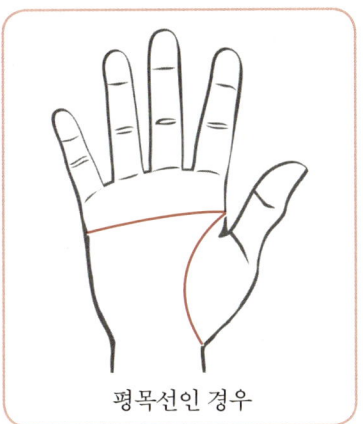

평목선인 경우

직업

금융업이 잘 맞는 타입

Point 1

재운선이 약지 근처에 있는 사람은 금전감각이 뛰어난 타입입니다. 경제에도 민감하기 때문에 자산운용 관련 등 돈을 다루는 직업을 갖는 것이 좋습니다.

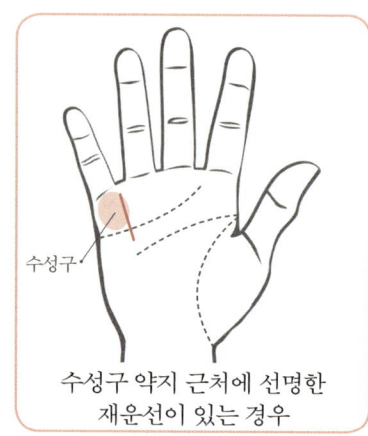

수성구 약지 근처에 선명한 재운선이 있는 경우

Point 2

두뇌선이 직선인 사람은 성실하고 정직하며, 합리적으로 사고할 수 있습니다. 따라서 정에 휩쓸리지 않고 단호하게 일을 처리할 수 있는 타입입니다. 은행원 등 때로는 엄격함이 필요한 직업에 잘 맞습니다.

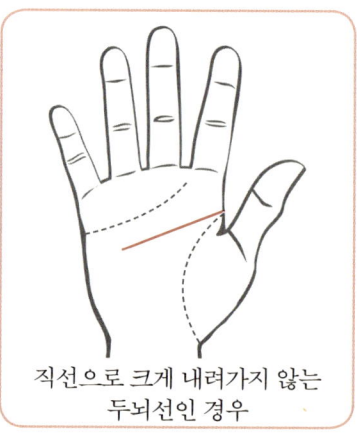

직선으로 크게 내려가지 않는 두뇌선인 경우

Point 3

재운, 비즈니스 능력을 의미하는 수성구로 두뇌선이 튀어 오르는 사람은 돈에 관한 직업에 잘 맞습니다. 현실적이고 이지적인 사람이기 때문에 돈 관리를 확실하게 할 수 있습니다.

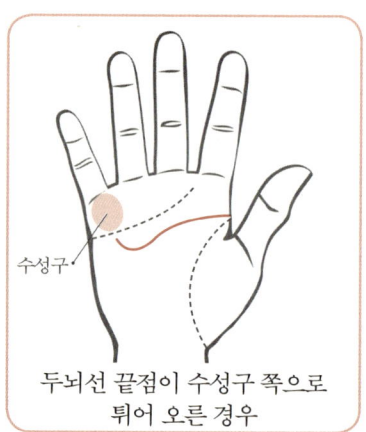

두뇌선 끝점이 수성구 쪽으로 튀어 오른 경우

통역사, 여행가이드가 잘 맞는 타입

Point 1

수성구는 지혜를 의미하기도 합니다. 이 구로 두뇌선 지선이 향하는 사람은 요령이 좋고 언어 및 커뮤니케이션 능력이 뛰어나기 때문에 재주를 살릴 수 있는 직업이 제격입니다. 갈라지지 않고 두뇌선 본선이 목성구로 향하는 사람 또한 통역사가 잘 맞습니다.

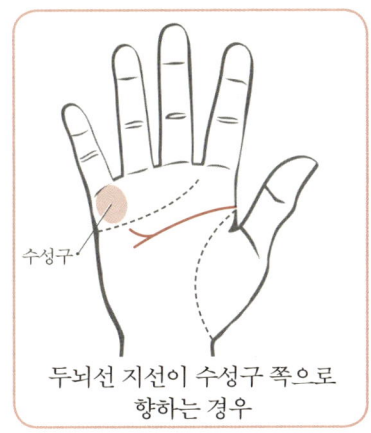

두뇌선 지선이 수성구 쪽으로 향하는 경우

Point 2

이 선이 있는 사람은 해외와 연이 있다고 할 수 있습니다. 해외에서 기회를 잡는 사람에게 나타나는 형태로, 외국과 연관이 있는 일을 찾는 것이 좋습니다.

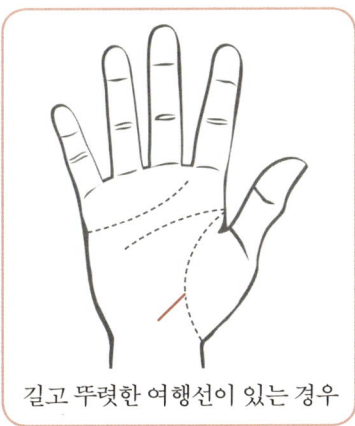

길고 뚜렷한 여행선이 있는 경우

Point 3

운명선이 월구에서 출발하는 사람은 커뮤니케이션 능력이 뛰어나 어떤 사람과도 원만하게 지낼 수 있는 타입입니다. 다양한 나라의 사람과 사귀어야 하는 직업에서 장점을 발휘할 수 있습니다.

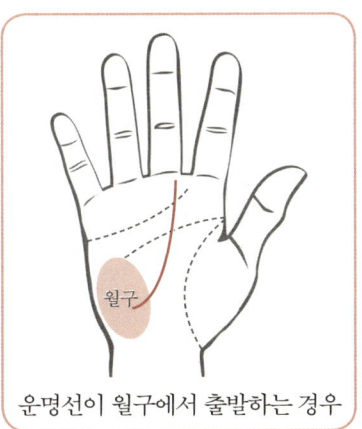

운명선이 월구에서 출발하는 경우

운명상담사가 어울리는 타입

Point 1

이 선이 있는 사람은 직감, 영감이 강한 타입입니다. 봉사정신도 강하기 때문에 남의 고민을 상담해 주거나 남을 돌보는 일에 잘 맞습니다.

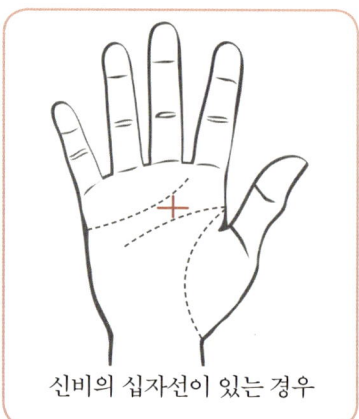

신비의 십자선이 있는 경우

Point 2

짧아도 지구에 세로줄이 있는 사람은 영감이 강한 경향이 있습니다. 정신적으로도 확실한 면이 있어 남에게 강력하게 조언을 해줄 수 있는 사람입니다.

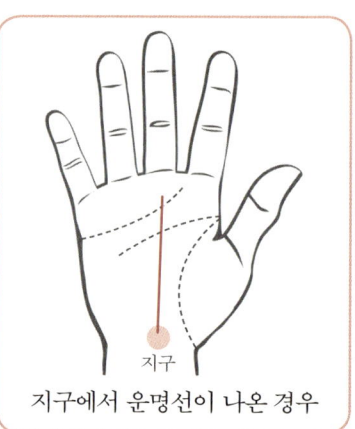

지구에서 운명선이 나온 경우

Point 3

이 선은 의지와 주변에 대한 영향력이 강한 사람에게 나타나는 선입니다. 조언자로서 타인에게 가르침을 주거나 무언가를 전달하는 능력도 있습니다.

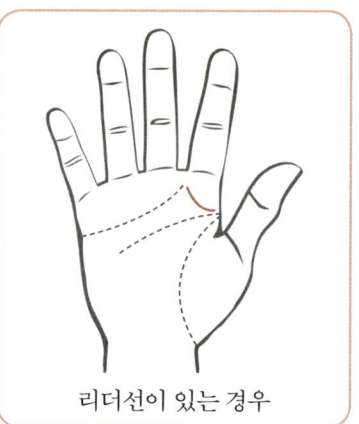

리더선이 있는 경우

운동선수가 잘 맞는 타입

Point 1

제1화성구는 투쟁심, 금성구는 강한 육체를 나타냅니다. 이 두 가지가 발달된 사람은 몸을 쓰는 승부의 세계에서 살아가면 크게 활약할 수 있습니다.

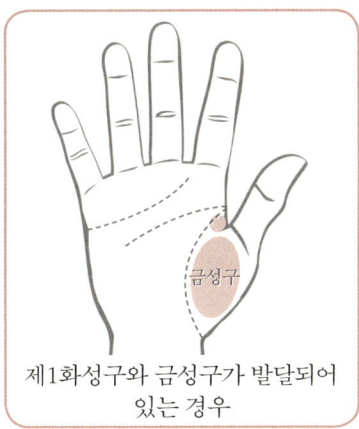

제1화성구와 금성구가 발달되어 있는 경우

Point 2

이중 감정선이 있는 사람은 끈기가 있고 파워풀 합니다. 어떤 운동이든 힘든 연습 끝에 반드시 결과를 낼수 있는 타입입니다.

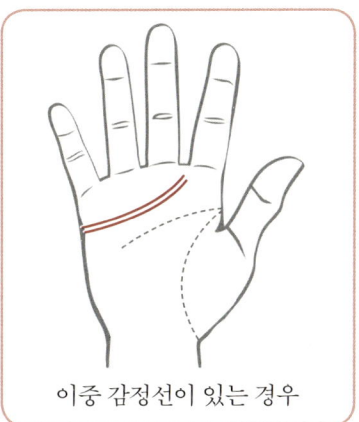

이중 감정선이 있는 경우

Point 3

3대 기본선이 진하고 두드러진 사람은 육체적으로도 정신적으로도 모두 파워풀한 타입입니다. 이 손금인 사람은 몸을 사용해 돈을 버는 일에 잘 맞습니다.

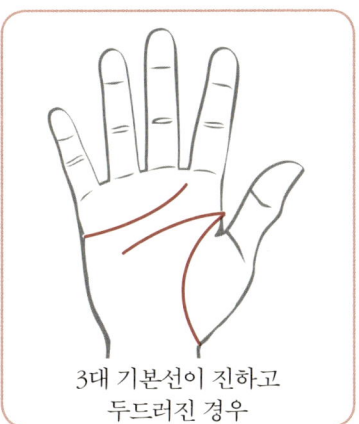

3대 기본선이 진하고 두드러진 경우

연예인이 어울리는 타입

Point 1

이 손금인 사람은 지금까지와는 다른 세계에 주저 없이 뛰어들 수 있는 사람입니다. 타인으로부터 사랑 받는 타입으로, 실제 연예인 중에도 운명선이 월구에서 출발하는 사람이 많습니다.

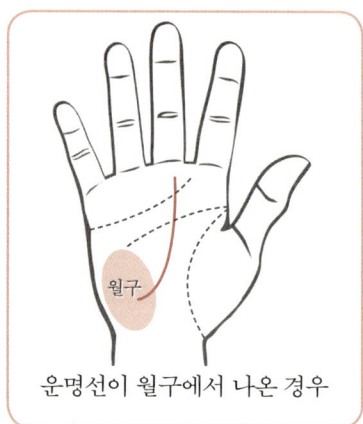

운명선이 월구에서 나온 경우

Point 2

금성대가 있으며, 그 사이가 끊어져 있는 사람은 자기만의 미적감각을 가지고 있습니다. 선이 길수록 그러한 성향이 강하며, 유행에 민감하고 이성을 끌어당기는 매력이 있습니다.

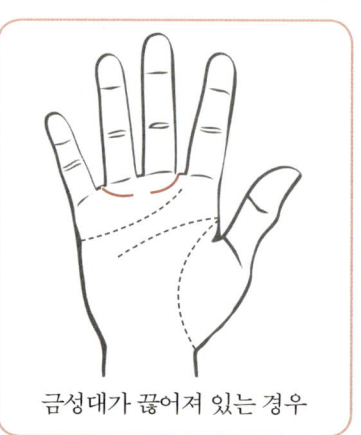

금성대가 끊어져 있는 경우

Point 3

운명선이 약지에 가까운 사람은 사람들의 애정을 받는 타입입니다. 주목 받기를 좋아하는 성격이어서 인기를 먹고 사는 직업에 잘 맞습니다.

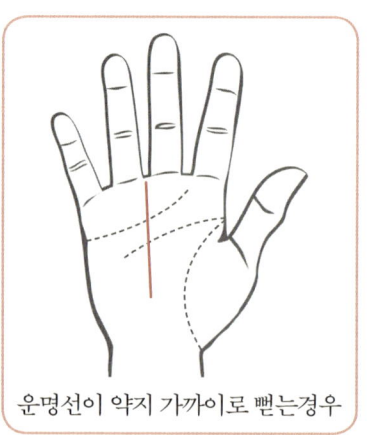

운명선이 약지 가까이로 뻗는경우

공무원이 어울리는 타입

Point 1

4대 기본선이 균형을 이루어 럭키M과 같은 형태인 사람은 성품도 균형적인 사람입니다. 상식적이고 성품이 좋아 견실한 직업에서 실적을 남길 수 있습니다.

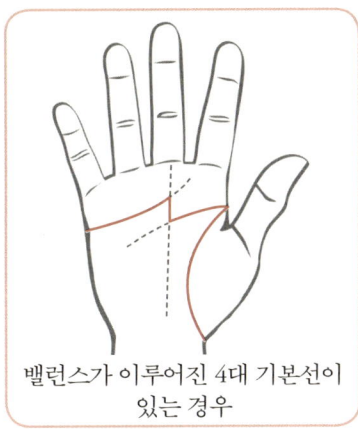

밸런스가 이루어진 4대 기본선이 있는 경우

Point 2

이 손금인 사람은 남을 잘 돌보고, 강한 의지와 신념을 가지고 있습니다. 사회를 위해 봉사하고자 하는 마음이 나이를 먹을 때마다 더욱 높아지기 때문에 경찰 등에 잘 맞습니다.

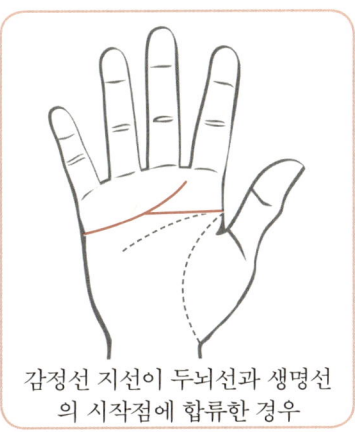

감정선 지선이 두뇌선과 생명선의 시작점에 합류한 경우

Point 3

희미한 운명선이 깨끗하게 뻗어 있는 사람은 협조심이 있고, 흐름에 따라 살아갈 수 있는 타입입니다. 남을 서포트하는 일에 잘 맞기 때문에, 공무원과 같이 일정한 직무를 중시하는 조직적인 곳에서 장점을 발휘할 수 있습니다.

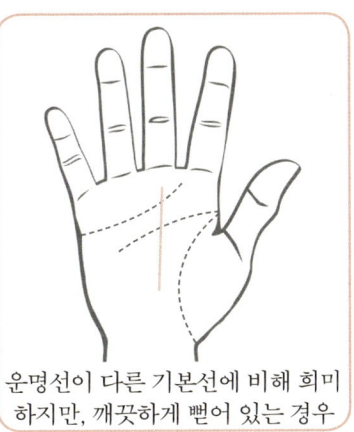

운명선이 다른 기본선에 비해 희미하지만, 깨끗하게 뻗어 있는 경우

헤어 디자이너가 어울리는 타입

Point 1

금성대가 있는 사람은 미적감각이 뛰어납니다. 중간에 공백이 있어도 깔끔하게 곡선으로 이루어져 있으면 자기만의 센스와 미적감각의 소유자라 할 수 있습니다. 미의식이 높고, 유행에도 민감하며, 타인의 마음을 잡는 매력도 있습니다.

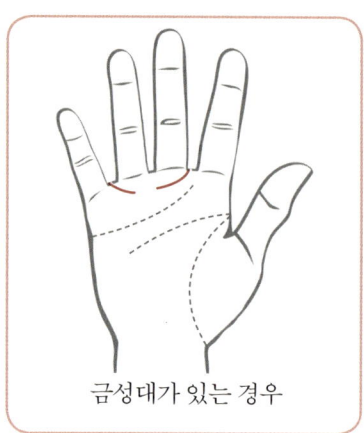

금성대가 있는 경우

Point 2

이 손금인 사람은 타인의 매력을 끌어내는 재능이 있습니다. 또 상대의 마음을 헤아릴 줄 알고 애교도 있어 손님을 대하는 직업에 잘 맞습니다.

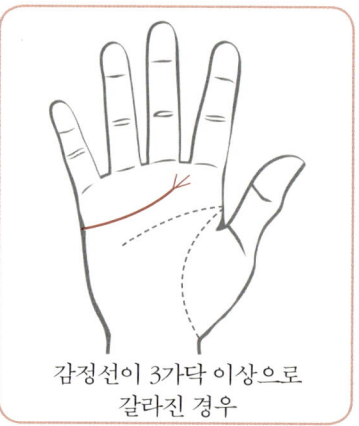

감정선이 3가닥 이상으로 갈라진 경우

Point 3

두뇌선이 갈라진 사람은 창의력이 풍부합니다. 일을 능숙하게 해내며 유연한 대응력도 가지고 있어 미용사가 되면 인기를 얻을 수 있습니다.

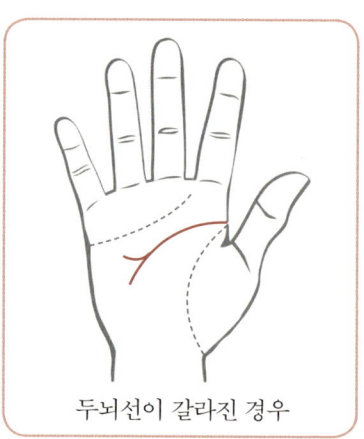

두뇌선이 갈라진 경우

파일럿이 어울리는 타입

Point 1

이 두 가지 구가 볼록하고 탄력 있는 사람은 활동력이 매우 뛰어납니다. 어떤 어려움이 있어도 극복할 수 있는 강인함과 추진력이 있으며, 생명력도 매우 강합니다.

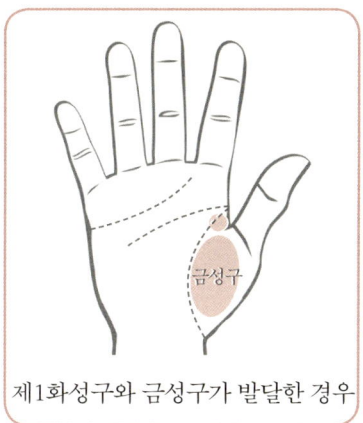

제1화성구와 금성구가 발달한 경우

Point 2

평목선인 사람은 역경에 강해 스스로의 힘으로 곤란에 맞설 수 있는 타입입니다. 그림과 같은 변형 평목선인 사람은 정규 평목선보다 유연성과 협조심이 있기 때문에 국적이 다른 사람들 사이에서도 원만하게 지낼 수 있습니다.

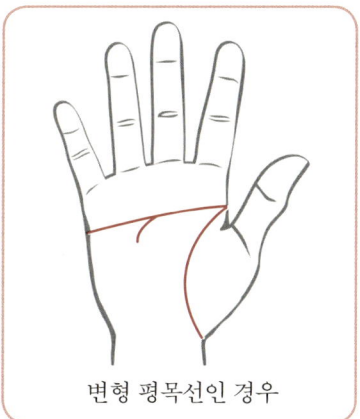

변형 평목선인 경우

Point 3

확실한 이중 감정선이 있는 사람은 매우 파워풀합니다. 인내심이 강하고, 열정도 있으며, 커뮤니케이션 능력이 뛰어나기 때문에 비행사 등 큰 꿈을 목표로 할 수 있습니다.

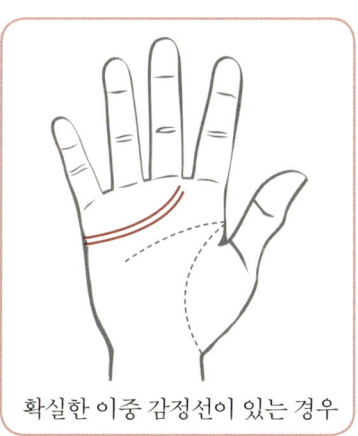

확실한 이중 감정선이 있는 경우

사교성이 좋은 타입

Point 1

이 손금인 사람은 사교성이 좋으며, 서비스 정신이 왕성합니다. 주변에 대한 배려도 잊지 않고 타인을 위해 행동할 수 있는 사람이기 때문에 좋은 대인관계를 형성할 수 있습니다.

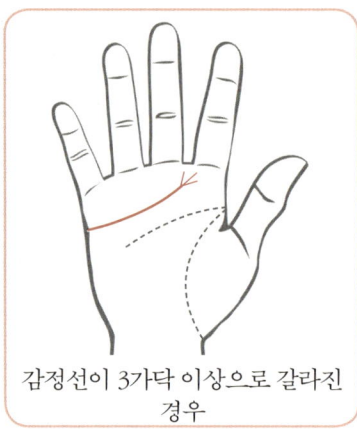

감정선이 3가닥 이상으로 갈라진 경우

Point 2

사교선이 있는 사람은 협조심이 매우 뛰어납니다. 다양한 분야의 사람들을 만나고, 그를 통해 기회를 잡는 인생을 살 수 있습니다. 통솔력도 있어 조직 안에서 리더로 발탁될 수도 있습니다.

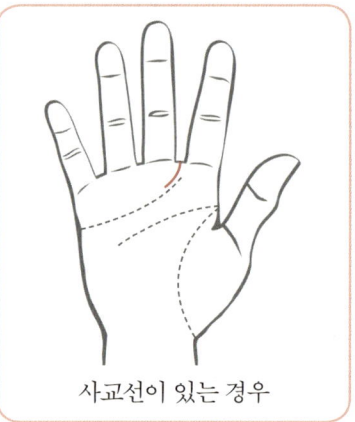

사교선이 있는 경우

Point 3

월구 위쪽으로 두뇌선이 향하는 사람은 균형감각이 뛰어납니다. 사교성이 좋고 친절하기 때문에 직장에서도 원만하게 지낼 수 있습니다.

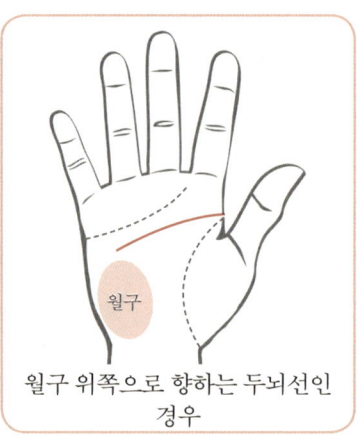

월구 위쪽으로 향하는 두뇌선인 경우

기분파 타입

Point 1

감정선 위아래에 지선이 있거나 사슬 모양인 사람은 기분이 일정하지 않고 쉽게 질리는 성격입니다. 한편으로는 타인의 기분 변화에 민감하고, 감수성도 예민한 편입니다. 감성을 살릴 수 있는 분야가 잘 맞습니다.

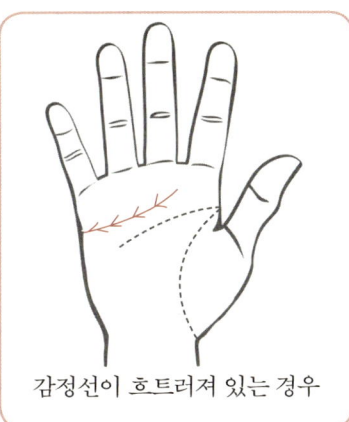

감정선이 흐트러져 있는 경우

Point 2

운명선이 토막토막 끊어진 사람은 끈기가 없어 일이나 취미를 오래 지속하지 못하는 경향이 있습니다. 마음과 운기는 있으므로 조금 어려운 벽에 부딪히더라도 바로 포기하지 않는 것이 중요합니다.

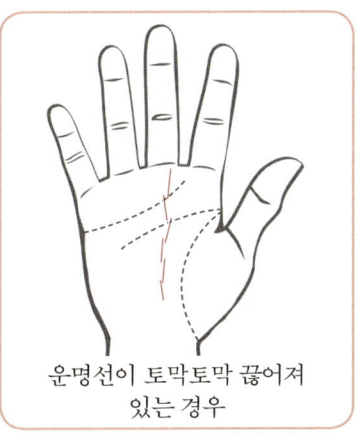

운명선이 토막토막 끊어져 있는 경우

Point 3

지문이 활 모양인 사람은 기분이 자주 변하고 개성이 있는 사람입니다. 전체적으로 활 모양인 사람은 드물며, 한 줄이라도 활 모양이면 이러한 경향이 있다고 할 수 있습니다. 열중하면 오로지 거기에만 빠지는 타입이므로 자신이 관심 있는 분야로 진출하는 것이 좋을 것 같습니다.

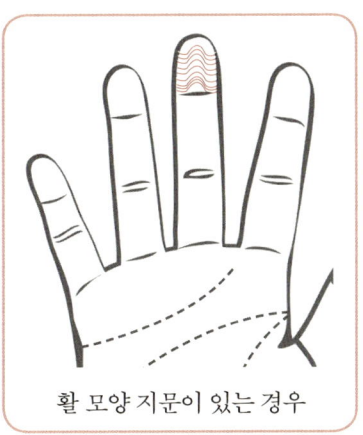

활 모양 지문이 있는 경우

덜렁이거리는 타입

Point 1

두뇌선에 사슬이 있는 사람은 매우 신경이 과민한 타입입니다. 하지만, 여기저기에 신경이 향해 있어 무의식 중에 깜박하는 등 어딘가 모자란 구석이 있습니다. 한번 더 수첩을 열어 스케줄을 확인해 보는 것이 좋을 듯합니다.

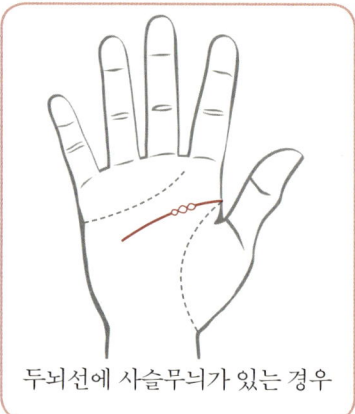

두뇌선에 사슬무늬가 있는 경우

Point 2

이 손금인 사람은 직감으로 판단해 행동하는 타입입니다. 겉으로는 차분해 보여도 갑자기 대담한 행동을 함으로써 주변사람들을 놀라게 하기도 합니다. 앞뒤를 곰곰이 생각한 후에 손해를 보지 않도록 행동합시다.

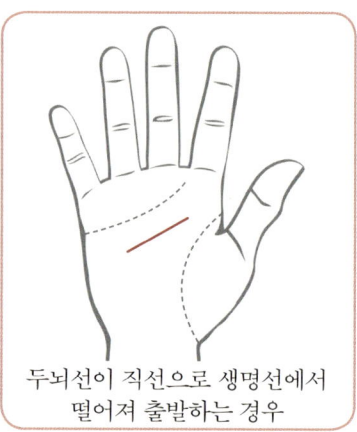

두뇌선이 직선으로 생명선에서 떨어져 출발하는 경우

Point 3

운명선이 두뇌선에서 멈추는 사람은 약간 경솔한 경향이 있습니다. 지레짐작으로 실수를 하지 않도록 보고, 연락, 상담을 소홀히 해서는 안 된다는 것을 명심합시다.

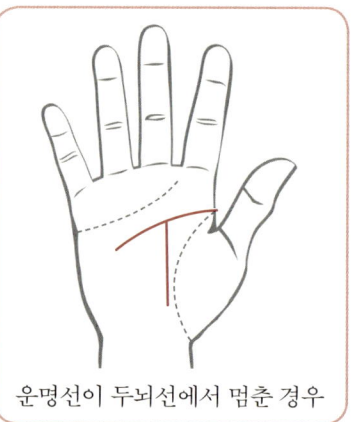

운명선이 두뇌선에서 멈춘 경우

성격이 급한 타입

Point 1

제2화성구가 볼록하고 짧은 선이 있는 사람은 무엇이든 흑백을 확실히 가려 추진하는 타입입니다. 그 중에는 성격이 급해 쉽게 욱하는 사람도 있지만, 오기가 있고 활동적인 부분이 매력적으로 보이기도 합니다.

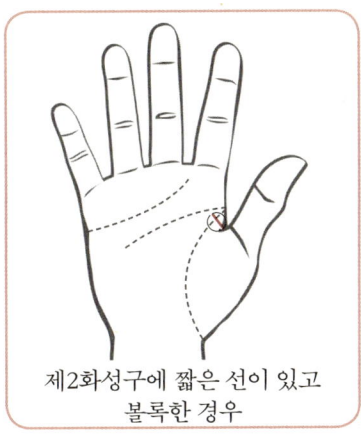

제2화성구에 짧은 선이 있고 볼록한 경우

Point 2

이 손금인 사람은 생각한 바를 그대로 입 밖으로 꺼내 성미가 급해 보입니다. 한편으로는 눈앞에 있는 문제를 정에 휩쓸리지 않고 합리적으로 해결할 수 있는 능력을 가지고 있습니다.

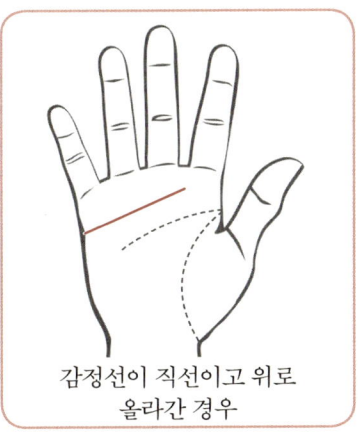

감정선이 직선이고 위로 올라간 경우

Point 3

이 손금인 사람은 성격이 급하다기보다는 무슨 일이든 척척 해낼 수 있는 활발한 타입입니다. 가만히 있기 힘들어하는 성격이어서 생각하는 것보다 먼저 행동을 해 버릴 때가 많아 경솔한 면도 있지만, 그 행동력은 장점이라 할 수 있습니다.

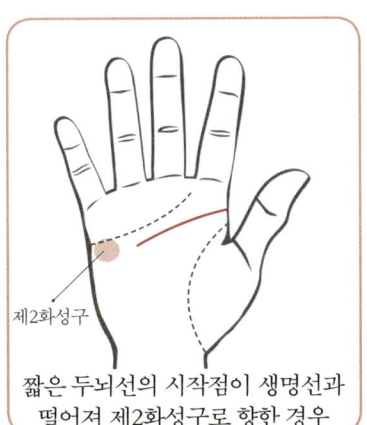

짧은 두뇌선의 시작점이 생명선과 떨어져 제2화성구로 향한 경우

냉정한 이성의 소유자 타입

Point 1

긴 두뇌선이 제2화성구로 가까이 향하는 사람은 이과적이고 논리적인 사고의 소유자입니다. 상식적이며, 정에 휩쓸리지 않고 합리적으로 판단하는 경향이 있습니다.

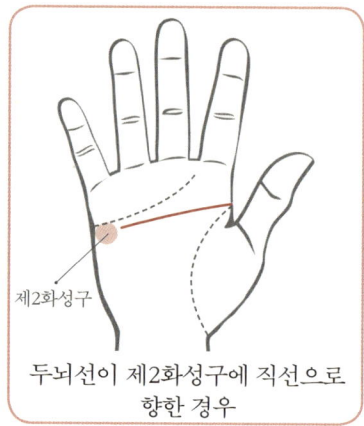

두뇌선이 제2화성구에 직선으로 향한 경우

Point 2

이 손금인 사람은 사고방식이 시원시원하고, 감정적이지 않으며, 이성에게도 별로 집착하지 않는 타입입니다. 이성과 교제해도 항상 냉정한 편이어서 차가운 사람으로 받아들여질 가능성이 높습니다.

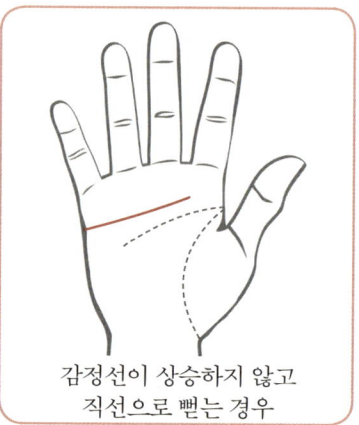

감정선이 상승하지 않고 직선으로 뻗는 경우

Point 3

손가락 아래가 올록볼록하지 않고 평평하면 분석력이 있고, 객관적으로 사물을 볼 수 있는 쿨한 사람입니다. 또한, 합리주의적인 면이 있어 남에게 차가운 인상을 줄 수도 있습니다.

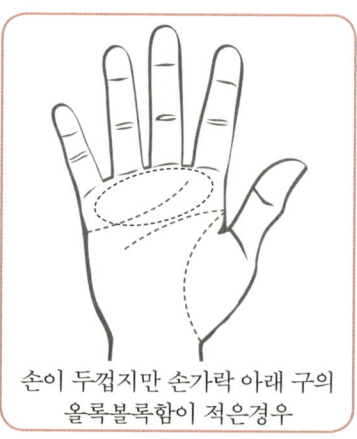

손이 두껍지만 손가락 아래 구의 올록볼록함이 적은경우

자기중심적인 타입

Point 1

운명선이 다른 기본선과 비슷하게 진하고 긴 사람은 항상 주인공이어야 하는 타입입니다. 선두에 서서 주변사람을 이끌어 가는 리더 기질이 있지만, 강제적이고 항상 자신이 중심이 아니면 만족하지 못하는 성격이기 때문에 고집이 센 사람으로 인식될 수 있습니다.

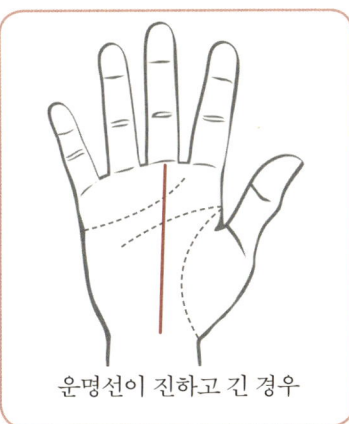

운명선이 진하고 긴 경우

Point 2

생명선 곡선의 활 모양이 크면 클수록 스태미너가 좋은 사람입니다. 스태미너가 좋기 때문에 혼자서만 이리저리 움직여 독재자가 될 가능성이 있지만, 그만큼 남을 위해 행동하는 사람에게도 많이 나타나는 형태입니다.

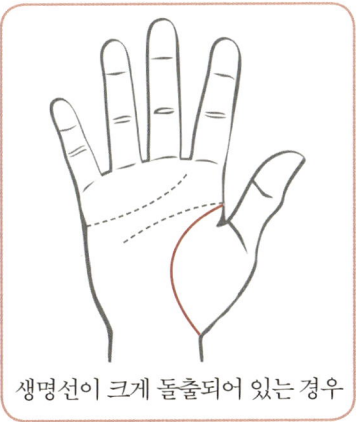

생명선이 크게 돌출되어 있는 경우

Point 3

특별의식이 갖는 사람에게 나타나는 손금입니다. 선이 목성구에 가깝기 때문에 과시욕과 권력욕이 강하지만, 해야 할 일은 인내심 있게 책임감을 가지고 해내는 타입입니다.

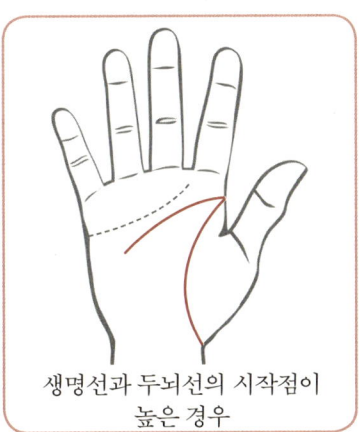

생명선과 두뇌선의 시작점이 높은 경우

자기만의 세계를 갖고 있는 타입

Point 1

두뇌선이 월구 아래쪽으로 내려가는 사람은 상상력이 풍부하고 착실하게 노력해 가는 타입입니다. 남들과 다른 자신만의 세계를 가지고 있어 크리에이티브한 분야에서 힘을 발휘합니다. 이 손금인 사람은 정신세계에도 관심이 깊어 타인의 입장에서는 무슨 생각을 하고 있는지 모르겠다는 생각이 들 수도 있습니다.

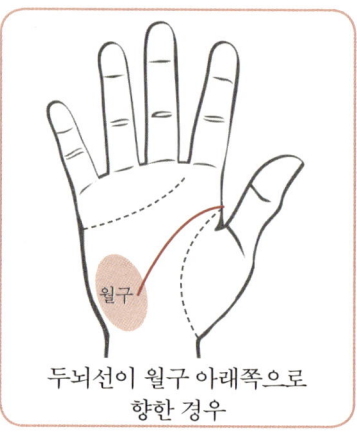

두뇌선이 월구 아래쪽으로 향한 경우

Point 2

손바닥에 주름이 많은 사람은 매우 섬세한 타입입니다. 감성이 예민해 음악 등 예술 방면으로 나아가면 능력을 발휘할 수 있습니다. 하지만, 상처를 잘 받는 성격이기 때문에 무언가를 무겁게 받아들이지 않도록 합시다.

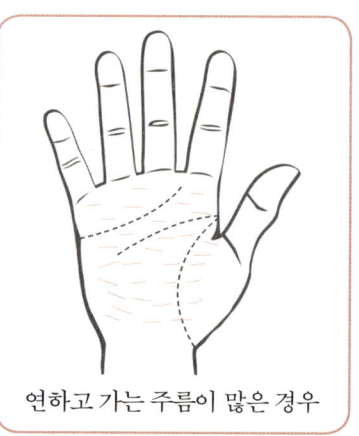

연하고 가는 주름이 많은 경우

Point 3

토성고리가 있는 사람은 내성적이고 혼자만의 시간을 좋아합니다. 탐구심이 강한 사람에게 나타나며, 그 장점을 살리면 매력이 될 수 있습니다. 하지만, 도가 지나치면 고독성이 강해지므로 자신만의 세계에 너무 빠지지 않는 것이 좋습니다..

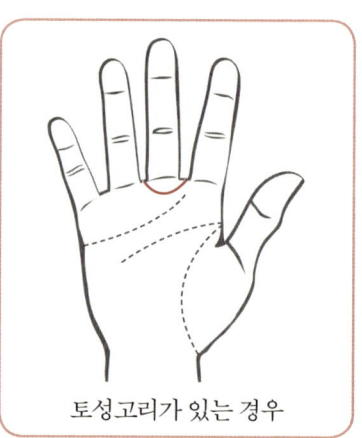

토성고리가 있는 경우

사람들의 사랑을 받는 타입

성격

Point 1

후원선이 있는 사람은 만남운, 타인운이 매우 강한 타입입니다. 이 손금인 사람은 항상 다른 사람의 지지와 도움을 받습니다. 따라서 사람들의 사랑을 당연한 것으로 여기지 말고, 본인도 주변사람들을 소중하게 여기면 언제까지나 사랑을 받는 사람이 될 것입니다

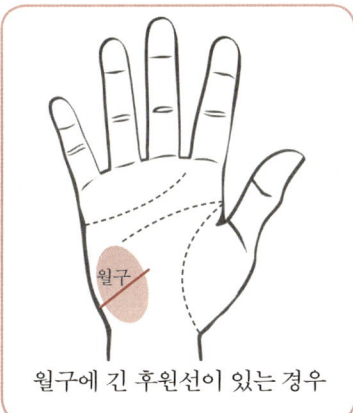

월구에 긴 후원선이 있는 경우

Point 2

운명선이 월구에서 출발하는 사람은 타인과의 연이 강한 타입으로, 어디서나 인기를 얻을 수 있습니다. 태어난 고향에서만 계속 살기보다 행동범위를 넓혀 멀리 떨어진 땅으로 가는 것이 좋습니다.

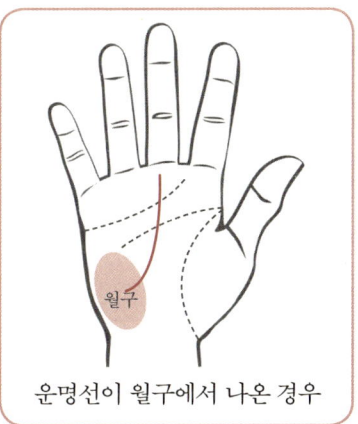

운명선이 월구에서 나온 경우

Point 3

이 손금인 사람은 이성을 끌어당기는 독특한 매력이 있습니다. 동성이 봐도 독특한 감성이 느껴지는 매력이 있어 금성대가 있는 사람은 남녀를 불문하고 사랑 받는 타입입니다.

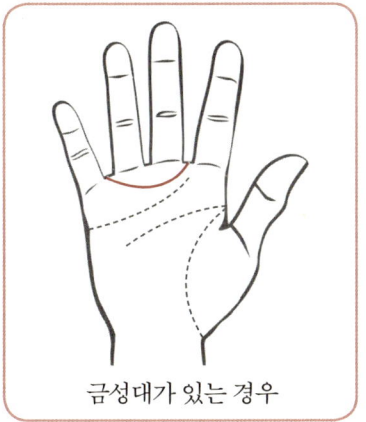

금성대가 있는 경우

제4장 | 당신의 손금은 무슨 타입일까? 269

성격

낙천적인 타입

Point 1

손이 도톰한 사람은 밝고 명랑한 타입입니다. 도톰한 데다 자잘한 주름이 적은 사람은 근심 걱정이 없고 느긋하게 자기만의 페이스로 살아갈 수 있습니다.

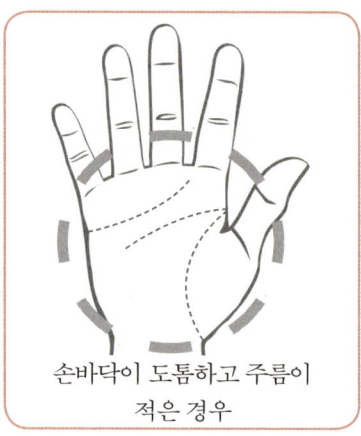

손바닥이 도톰하고 주름이 적은 경우

Point 2

검지와 엄지 사이가 크게 벌어진 사람은 매우 명랑한 타입입니다. 일반적으로 90도 정도 벌어지는 사람이 이 타입이라 할 수 있습니다.

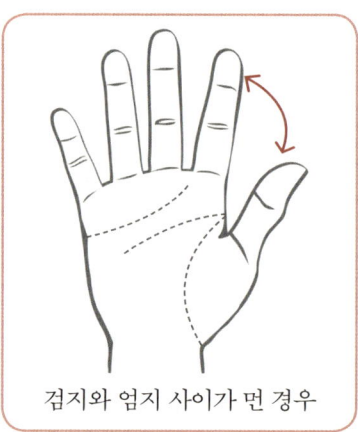

검지와 엄지 사이가 먼 경우

Point 3

감정선에 위로 향하는 지선이 많은 사람은 적극적이고 명랑한 타입입니다. 연애에도 밝고 긍정적인 사고로 임하기 때문에 연애관계도 원만합니다.

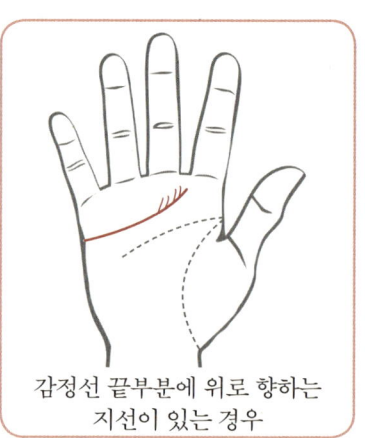

감정선 끝부분에 위로 향하는 지선이 있는 경우

신중한 타입

Point 1

감정선이 검지에 닿지 않는 사람은 진심을 밖으로 내뱉지 않는 타입입니다. 수다스러운 사람이라도 감정 표현을 잘하지 못하기 때문에 진심이 전달되지 않을 수도 있습니다. 마음속에 담아두지 말고, 적절하게 자신의 감정을 전달하는 것이 좋습니다.

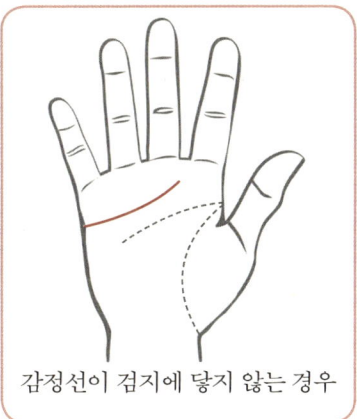

감정선이 검지에 닿지 않는 경우

Point 2

이 손금인 사람은 경계심이 매우 강하고 신중한 타입입니다. 딱딱한 사람으로 여겨질 수 있지만, 성실하고 견실하기 때문에 그 장점을 살리면 시간을 걸리겠지만 반드시 사람들로부터 신뢰를 얻어 인정 받을 수 있을 것입니다.

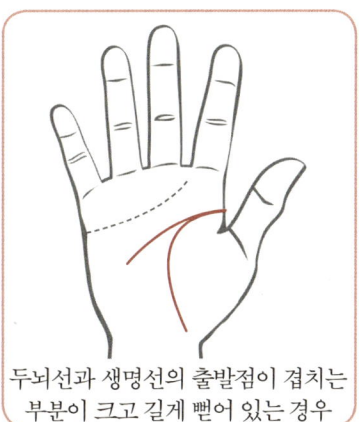

두뇌선과 생명선의 출발점이 겹치는 부분이 크고 길게 뻗어 있는 경우

Point 3

운명선이 흐릿한 사람은 신중한 타입입니다. 노후를 대비해 저축을 하거나 무엇이든 신중하게 추진합니다. 관혼상제 등 필요할 때에는 돈을 아끼지 않고 협조심도 있어 매우 원활하게 살아갈 수 있지만, 남에게 지나치게 맞추다 중심을 잡지 못하는 경우도 있습니다.

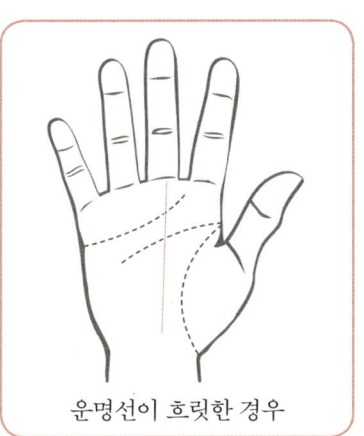

운명선이 흐릿한 경우

제4장 | 당신의 손금은 무슨 타입일까? 271

성격

리더십을 발휘하는 타입

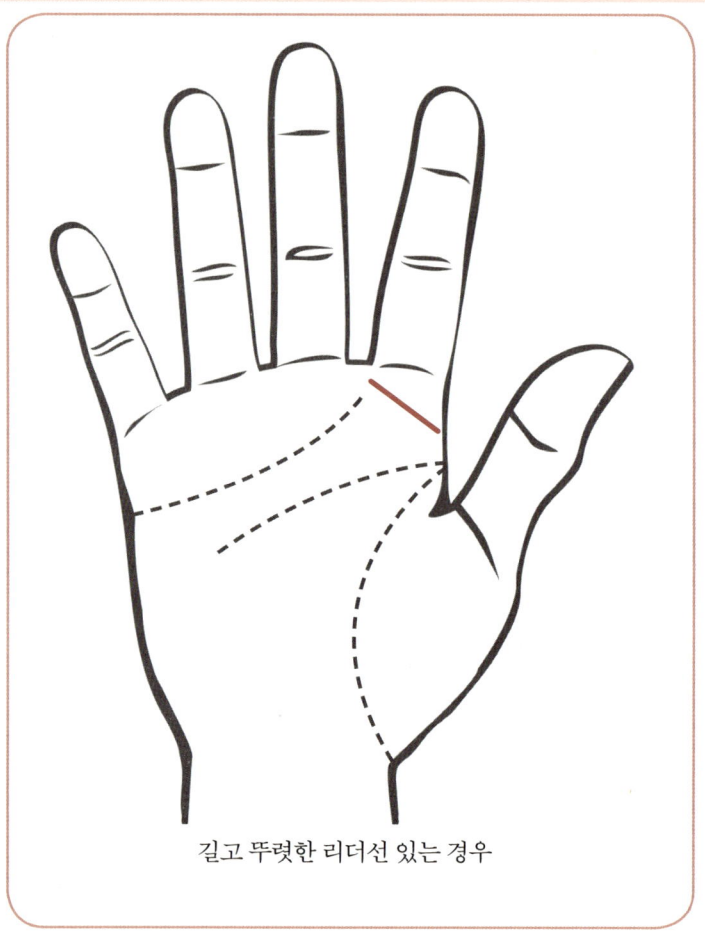

길고 뚜렷한 리더선 있는 경우

Point 1

리더선은 명칭대로 리더십을 나타내는 선입니다. 이 선이 있는 사람은 책임감이 강하고 관리능력이 뛰어나기 때문에 신뢰를 얻어 리더로 등용될 가능성이 높습니다

Point 2

운명선이 진한 사람은 자신이 방패막이가 되어 집단을 이끌어갈 수 있는 타입입니다. 결단력과 실행력도 있어 리더에 안성맞춤인 성격이라 할 수 있습니다. 이 손금인 여성은 결혼한 후에도 가사와 일을 모두 훌륭하게 해내는 매우 에너지 있는 사람입니다.

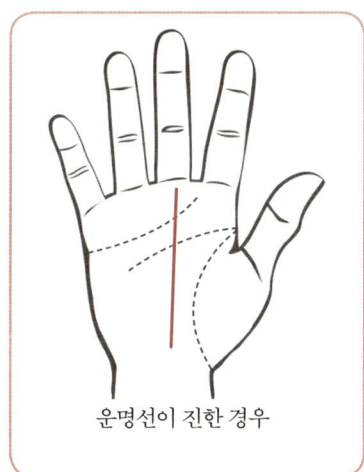

운명선이 진한 경우

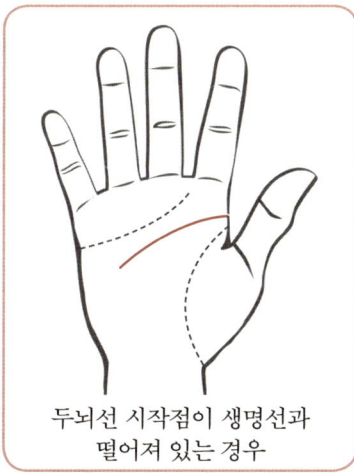

두뇌선 시작점이 생명선과 떨어져 있는 경우

Point 3

두뇌선과 생명선의 시작점이 떨어져 있는 사람은 성격이 적극적이고 대담합니다. 남의 지시를 받아 일하기보다 스스로 사업을 시작해 가장 높은 자리에서 운영하는 것이 잘 어울립니다. 실제로 사업가, 본부장, 팀장 등 리더 자리에 있는 사람에게 많이 나타나는 형태입니다.

Point 4

이 손금인 사람은 열정적이고, 상승욕이 있으며, 무엇이든 자기 생각대로 추진하고 싶어하는 타입이기 때문에 리더에 잘 맞습니다. 남에게 지시 받는 것을 좋아하지 않지만, 자신을 따르는 사람을 잘 돌보는 타입이므로 좋은 리더가 될 수 있습니다.

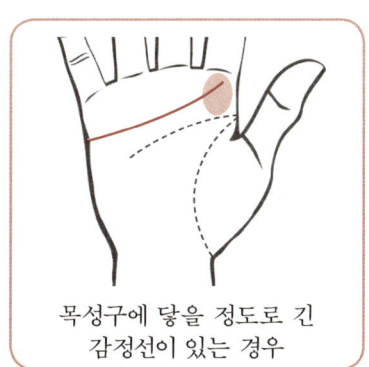

목성구에 닿을 정도로 긴 감정선이 있는 경우

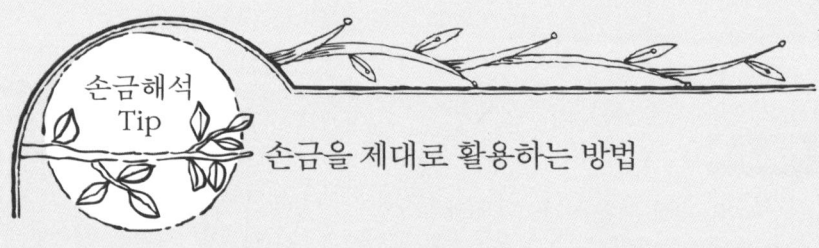

손금해석 Tip
손금을 제대로 활용하는 방법

손톱이 울퉁불퉁 변형되는 것은 심신 상태가 좋지 않다는 뜻입니다. 특히, 손톱이 계단 모양인 사람은 스트레스를 잘 받는 타입이므로 걱정거리를 혼자 떠안지 않도록 하고, 가능한 한 스트레스로부터 달아날 필요가 있습니다.

나이가 많아지면 손톱에 얇은 줄기가 생기는 사람은 많습니다. 하지만, 손톱이 까맣고 딱딱해지는 경우는 드문데 이는 심신의 악화, 운기의 저하를 의미합니다. 손이나 손톱에 생기는 검은 표시나 선은 대체로 좋지 못한 것으로 여겨집니다. 손바닥 전체가 연한 갈색으로 변하면 질병일 가능성이 있으므로 병원에서 확인해 보는 것이 좋습니다.

손바닥 전체적으로 가로줄이 늘어난 시기에는 곧바로 병에 걸리지는 않아도 마음고생이 많고 인간관계 등으로 고민할 가능성이 높습니다. 정신적으로 편안한 시기에는 이 선들이 흐릿해집니다. 손바닥에 있는 가로줄은 몸에 부담이 가해지고 있다는 표시입니다. 병에 걸리지 않도록, 가로줄이 진해지지 않도록 편안하게 생활하고 스트레스 해소에 힘쓰며 몸을 마음을 돌보아야 합니다.

손에 질병의 징후가 뚜렷하게 생기게 되면 그것은 확실히 병이 진행되고 있음을 암시합니다. 따라서, 손금을 살펴봤을 때 생명력이 강한 것으로 풀이되는 사람은 뛰어난 생명력을 그대로 활용할 수 있도록 무리하지 말아야 합니다. 반대로 약한 부분이 있는 사람이라면 개선할 수 있도록 컨디션을 관리해야 합니다.

그리고 손금을 보고 좋지 않은 이야기를 전달할 때에는 충분히 유의해야 합니다. 미래의 불행을 단정적으로 선고하는 것은 감정자의 자기 만족에 불과합니다. 불행을 최소화 할 수 있는 희망의 메시지도 함께 전할 수 있어야 합니다. 이것이 손금을 제대로 활용하는 방법입니다.

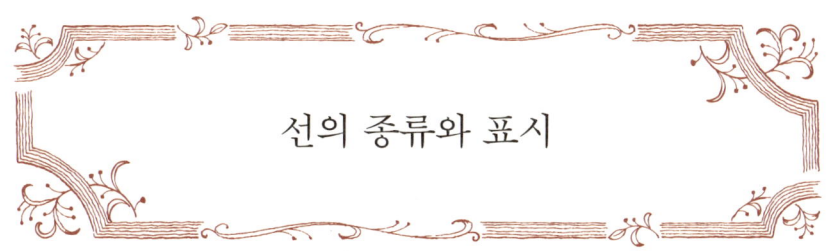

선의 종류와 표시

지선

선상에서 나오는 짧은 선으로 위로 향하는 경우는 선의 의미를 강화시키고, 밑으로 향하는 경우는 의미를 약화시킵니다.

분기선

끝점이 갈라진 선으로, 선에 다면성을 부여합니다.

토막토막 끊어진 선(중단선)

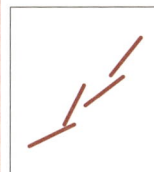

중간에 끊어진 선은 선이 가지는 의미에 부정적인 요소가 추가됩니다.

빗자루선

끝점이 빗자루 모양으로 갈라진 선으로, 선의 의미를 약화시킵니다.

서포트선(자매선)

선을 서포트하는 것 같은 가는 선으로 부정적인 면을 보충하는 의미를 가집니다.

물결선

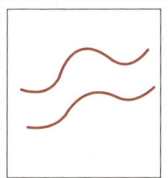

물결 모양으로 꾸불거리는 선으로, 선이 가지는 의미가 불안정해짐을 나타냅니다.

사슬무늬(선)

사슬이 연결된 사슬 모양의 선으로, 그 선이 가지는 의미를 약화시킵니다.

별 무늬

여러 개의 짧은 선이 모여 별 모양이 된 것입니다. 구에 있을 때는 행운의 징표인 경우가 많습니다. 예를 들어 목성구에 있으면 목성구가 가지는 지위, 권력의 의미가 강조되어 직업운 등이 올라갑니다. 태양구에 있으면 태양구가 가지는 명예, 재운의 의미가 강해져 금전운이 크게 올라갑니다. 토성구에 있는 경우만 흉상으로 여겨지는데 이는 트러블을 암시하므로 평소보다 신중하게 행동하는 등 조심스럽게 대처해야 합니다.

물고기 무늬

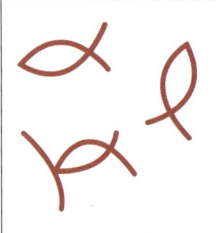

활을 그리는 선이 2개가 모여 물고기와 같은 형태가 된 것입니다. 매우 드문 표시로 흔히 볼 수 없지만, 행운이 찾아온다는 뜻입니다. 예를 들어 여행선에 물고기가 있으면 여행지에서 행운을 만날 수 있음을 암시합니다. 태양구에 있는 경우도 많은데 흉상인 섬 무늬와 비슷하기 때문에 선상에 있을 때는 구별해 판단해야 합니다.

격자 무늬

복수의 가로선과 세로선이 만나 격자 무늬가 된 것입니다. 생기는 위치에 따라 의미가 다르며, 구의 좋은 의미를 강화하기도 하고 불안정하게 만들기도 합니다. 수성구에 있는 경우는 이성운이 불안정하다는 뜻이며, 태양구에 있는 경우는 생각하는 힘이 강화되어 성공한다는 뜻입니다.

동그라미

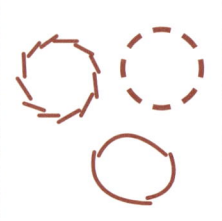

선이 원을 그리는 형태입니다. 좀처럼 볼 수 없는 표시로 깔끔한 원인 경우와 토막토막 끊어진 원인 경우가 있습니다. 월구에 생기면 수난의 상으로 여겨지는 반면, 태양구에 생기면 사업의 성공을 암시하는 등 위치에 따라 길흉의 의미가 크게 다릅니다.

섬 무늬

선 중간에 동그라미 무늬가 있는 것입니다. 위치를 불문하고 해당 선의 의미를 약화시키는 부정적인 의미를 가지고 있습니다. 예를 들어 재운선에 있는 섬은 돈 관련 트러블을 암시하고, 결혼선에 있는 섬은 연애나 결혼이 원활하게 진행되지 않는 상태를 나타냅니다. 섬은 일시적으로 생겼다 사라질 수도 계속 남을 수도 있습니다. 상태가 좋아지면 섬이 눈에 띄지 않게 됩니다.

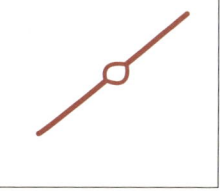

반점

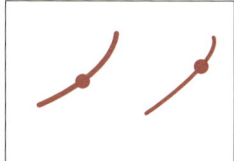

선이나 구에 나타나는 검은색 또는 빨간색 점입니다. 위치를 불문하고 부정적인 의미가 있어 해당 선이나 구의 의미를 약화시킵니다. 특히, 선상에 있는 경우에는 돌발적인 재난을 나타내는데 일시적으로 생기는 경우가 많으며 재난의 위험이 지나가면 반점도 사라질 수 있습니다. 반점은 진할수록 의미가 강해집니다.

십자 무늬

두 줄의 짧은 선이 크로스한 것입니다. 위치를 불문하고 부정적인 의미를 지니지만, 예외적으로 신비의 십자선, 태양십자 등은 행운의 상징입니다. 특히, 목성구에 있는 경우에는 꿈이 이루어지는 징조, 사업의 성공 등을 의미합니다.

삼각형 무늬

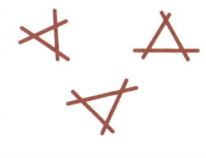

세 줄의 짧은 선이 삼각형을 이루는 것입니다. 구에 있으면 해당 구의 좋은 의미를 강화시키지만, 삼각형이 선에 닿아 있으면 해당 선의 의미를 약화시킵니다. 다만, 감정선에 있는 삼각형은 한 가지 재주가 뛰어난 사람에게 생기는 것으로, 나쁜 의미가 아닙니다.

사각형 무늬

네 줄의 짧은 선이 한자 '우물 정(井)' 자와 같은 형태를 이루어 사각형 모양이 된 것입니다. 구나 선이 약해지고 있는 시기에 의미를 보충하는 작용을 합니다. 예를 들어 생명선에 끊어진 자국이 있으면 선의 의미가 약화되는데 여기에 사각형이 있으면 부정적인 의미가 커버되어 심각한 사태에 이르지 않을 것입니다. 한편, 감정선에 있는 사각형은 애정운의 혼란을 나타냅니다.